2010

国务院发展研究中心研究丛书

DEVELOPMENT RESEARCH CENTER
OF THE STATE COUNCIL

中国石油资源的开发与利用政策研究

POLICY RESEARCH ON CHINA'S PETROLEUM RESOURCES EXPLOITATION AND DEVELOPMENT

国务院发展研究中心资源与环境政策研究所 著

中国发展出版社

图书在版编目（CIP）数据

中国石油资源的开发与利用政策研究/国务院发展研究中心资源与环境政策研究所著. —北京：中国发展出版社，2010.7

ISBN 978-7-80234-559-1

Ⅰ.中… Ⅱ.国… Ⅲ.①石油资源—资源开发—经济政策—研究—中国 ②石油资源—资源利用—经济政策—研究—中国
Ⅳ.F426.22

中国版本图书馆 CIP 数据核字（2010）第 119362 号

书　　名：中国石油资源的开发与利用政策研究
著作责任者：国务院发展研究中心资源与环境政策研究所
出 版 发 行：中国发展出版社
（北京市西城区百万庄大街 16 号 8 层　100037）
标 准 书 号：ISBN 978-7-80234-559-1
经　销　者：各地新华书店
印　刷　者：北京科信印刷厂
开　　本：700×1000mm　1/16
印　　张：16
字　　数：215 千字
版　　次：2010 年 7 月第 1 版
印　　次：2010 年 7 月第 1 次印刷
定　　价：38.00 元
咨 询 电 话：（010）68990692　68990622
购 书 热 线：（010）68990682　68990686
网　　址：http://www.develpress.com.cn
电 子 邮 件：fazhan@drc.gov.cn

国务院发展研究中心研究丛书

编委会名单

《中国石油资源的开发与利用政策研究》

编委会名单

课 题 顾 问：刘世锦

课题负责人：曹小奇

课题执行人：郭焦锋

课题组成员：郭焦锋　洪　涛　武　旭

倪红日　罗冬梅

主要执笔人：郭焦锋　洪　涛　武　旭

前言

Foreword

我国石油资源比较丰富，但以品位较差、地理地质条件较复杂的油气资源为主，与我国经济高速增长对石油的需求相比，石油供给相对不足，国家石油安全面临严峻形势。解决我国石油供应不足的问题，应首先立足于开发利用国内的油气资源，不断提高油气资源综合利用水平，对油气矿产资源实行综合勘查、综合评价、综合开发、综合利用，使经济可利用性差的资源加快转化为经济可利用的资源。开展资源综合利用是我国油气资源勘查、开发的一项重大技术经济政策。

我国石油资源开发利用的管理体制和政策的现状及存在的问题主要表现在：一是石油勘探开发监管体系不健全，缺乏独立统一的监管部门和行之有效的监管政策；二是我国石油资源矿业权“一家独大”，不利于我国石油资源的合理配置，影响到石油资源的合理勘探开发利用；三是我国现行法律设置的石油资源矿业权的划分法，已不适应“勘探开发一体化”的石油生产运行的基本规律和勘查开采实践的要求；四是石油税费制度在促进石油资源合理开发利用上有缺陷等方面。

本书从我国石油资源的基本经济特点入手，全面梳理了我国石油上游产业的管理体制及相关的法律、法规和政策，通过深入分析我国石油资源开发利用的管理体制和政策的现状及存在的问题，借鉴石油资源合理开发利用的国际经验，并结合我国石油上游产业自身的发展规律，以改革和完善石油资源矿业权为核心，提出了一系列有关我国石油资源合理开发利用的体制和政策建议，同时对改革方向和目标进行了探讨与展望，提出了改革的目标、要点与任务。

在转型期的中国，深化能源上游领域改革是一项极为复杂、艰巨的任务，为其创造合理开发利用的体制和政策环境，理顺政府、能源企业、个人等相关主体的利益分配机制，是我们的愿望和矢志不渝的奋斗方向，我们将为此而不懈努力。

国务院发展研究中心资源与环境政策研究所

“我国石油资源合理开发利用的体制和政策研究”课题组

2010 年 6 月

目录

Contents

总报告

我国石油资源比较丰富，但以品位较差、地理地质条件较复杂的油气资源为主，与我国经济高速增长对石油的需求相比，石油供给相对不足，国家石油安全面临严峻形势。解决我国石油供应不足的问题，应首先立足于开发利用国内的油气资源，不断提高油气资源综合利用水平，对油气矿产资源实行综合勘查、综合评价、综合开发、综合利用，使经济可利用性差的资源加快转化为经济可利用的资源。开展资源综合利用是我国油气资源勘查、开发的一项重大技术经济政策。

本书从我国石油资源的基本经济特点入手，全面梳理了我国石油上游产业的管理体制及相关的法律、法规和政策，通过深入分析我国石油资源开发利用的管理体制和政策的现状及存在的问题，借鉴石油资源合理开发利用的国际经验，并结合我国石油上游产业自身的发展规律，提出了一系列改革和完善我国石油资源合理开发利用的体制和政策建议。

一、我国石油资源开发利用的基本特点

我国石油资源开发利用的基本特点主要体现在以下几点。

1. 石油资源地质条件复杂

根据全国第三次油气资源评价结果，我国石油可采资源量为212亿

吨，天然气可采资源量为22万亿立方米，石油可采资源量居世界第4位，剩余石油资源地质条件复杂、埋藏深，开发难度较大，勘探开发技术要求较高，可动用储量的比例不断下降。

2. “勘探开发一体化”的生产规律

随着勘探和开发的对象从整装的构造油藏向复杂的“低、深、难、杂”小油田转移，我国油气生产运行中长期以来形成的“勘探开发一体化”的基本规律更为突出，其运行方式表现为：勘探、开发专业的相互交叉、有机结合，在同时做好不同勘探开发阶段一体化方案编制的基础上，整体勘探、整体评价、整体开发，分步实施，以减少重复建设和不必要的调整。

石油公司实施勘探开发一体化战略可使公司各生产经营环节紧密配合，把原来经过市场或行政机构联系的各个环节内部化，节约中间环节的交易费用，取得规模经济效益。

3. 石油上游产业市场的寡头垄断性

石油上游产业的勘探开发一体化和规模经济性、石油勘探和开采环节的高风险性和高资本密集度、石油资源的稀缺性和分布不均衡性以及石油上游产业的经济战略性等基本经济特征，决定了石油上游产业在发展过程中垄断和竞争并存。

石油作为一种具有战略资源性质的特殊商品，不仅仅是一个简单的商品，而是和地缘政治、国家经济利益等紧密相连，甚至成为少数国家谋求政治、经济利益的重要战略武器。150年来，世界石油上游产业一直处在垄断和竞争的状态中发展。从发展趋势看，世界各国对油气资源的控制程度越来越高，一家或少数几家石油公司掌控国家油气资源的居多，国有石油公司占主导地位，国有化程度加强，寡头垄断的趋势将长久持续下去。

二、我国石油资源开发利用的体制和政策现状

（一）管理体制

我国现行石油管理体制形成于2002～2008年，各项管理职能分散于国家发展和改革委员会（含国家能源局）、国土资源部、商务部、国有资产监督管理委员会、科技部、国家安全生产监督管理总局、国家环境保护部等部委或国务院派出机构（参见表1）。

表1　　我国现行油气管理机构及其职能

部门名称	主要职能	涉及油气管理的主要职能
国家发展和改革委员会	拟订并组织实施国民经济和社会发展战略、中长期规划和年度计划，统筹协调经济社会发展，研究分析国内外经济形势，提出国民经济发展、价格总水平调控和优化重大经济结构的目标、政策，提出综合运用各种经济手段和政策的建议，受国务院委托，向全国人大提交国民经济和社会发展计划的报告	1. 综合平衡，主要通过国民经济综合司确定石油、天然气及重要石油产品的总量平衡计划。2. 发展规划，指导石油产业编制中长期规划（发展规划司）。3. 产业发展，确定石油上游产业发展的重大项目和布局，综合平衡能源发展规划，审批石油资源对外合作区块和开发方案（基础产业司、产业发展司）。4. 基本建设，安排和审批重大建设项目投资计划（投资司、国外资金利用司）。5. 价格管理，确定和颁布原油、天然气、管道输送、成品油等价格及政策，组织实施价格监督检查（价格司、价格监督检查司）。6. 高技术产业发展，提出安排高技术产业重大项目投资政策和计划（高技术产业发展司）
商务部	负责监测宏观经济和社会发展态势，承担预测预警和信息引导的责任，研究宏观经济运行、总量平衡、国家经济安全	1. 石油经济运行，组织、协调和解决石油生产运行中总量控制等问题（经济运行局）。2. 政策法规制定，拟定相应的法规及产业政策（政策法规司、产业政策司）。3. 规划与项目、技改投资管理，拟定石油产业规划，管理和审

续表

部门名称	主要职能	涉及油气管理的主要职能
商务部	和总体产业安全等重要问题，并提出宏观调控政策建议，负责协调解决经济运行中的重大问题，调节经济运行，负责组织重要物资的紧急调度和交通运输协调	批石油技术改造项目投资计划（投资司、产业规划司）。4. 石油流通和贸易管理，管理和审批石油及其部分产品进出口配额和成品油流通企业的资质（市场司、外经司）。5. 安全生产管理，组织协调重大安全事故的处理（安全生产管理局）
国土资源部	主管土地资源、矿产资源、海洋资源等自然资源的规划、管理、保护与合理利用	1. 拟定矿产资源的有关法律法规和技术规范（政策法规司）。2. 依法管理石油资源探矿权、采矿权的审批登记发证和转让审批登记（地质勘查司）。3. 地质勘查行业管理，审查确定地质勘查单位资格，管理地勘成果（地勘司）。4. 承担油气储量管理工作，管理地质资料汇交（储量司）
国资委	根据国务院授权，监管中央所属企业（不含金融类企业）的国有资产，加强国有资产的管理工作；承担监督所监管企业国有资产保值增值的责任，按照有关规定，代表国务院向所监管企业派出监事会，负责监事会的日常管理工作；按照出资人职责，负责督促检查所监管企业贯彻落实国家安全生产方针政策及有关法律法规、标准等工作	1. 提出国有经济布局和结构战略性调整的政策建议；研究提出发展具有国际竞争力的大公司大企业集团的政策、措施；指导所监管企业布局和结构调整；审核所监管企业的发展战略和规划，承担对所监管企业重大投资决策履行出资人职责的工作（规划发展局）。2. 综合研究国有经济和所监管企业的运行状况；联系所监管企业安全生产、应急管理、节能减排、环境保护和维护稳定等工作；承担指导和监督地方国有资产管理的具体工作（综合局）。3. 研究提出国有企业改革的政策建议；指导国有企业的现代企业制度建设；拟订所监督企业合并、股份制改造、上市、合资等重组方案和国有资产经营公司的组建方案，对其中需要国有股东决定的事项提出意见；承办所出资的国有独资公司章程的审核工作（企业改革局）

续表

部门名称	主要职能	涉及油气管理的主要职能
国家能源局	研究国内外能源开发利用情况，提出能源发展战略和重大政策；研究拟订能源发展规划、提出体制改革的建议；实施对石油、天然气、煤炭、电力等行业的管理，指导地方能源发展建设；提出能源节约和发展新能源的政策措施；管理国家石油储备；履行政府能源对外合作和协调管理	1. 能源重大问题，有关能源法律法规和规章草案，有关规范性文件、合法性审核工作、行政复议、行政应诉工作（政策法规司）。2. 能源发展战略的建议，拟订能源发展规划、年度计划和产业政策、能源体制改革和其他综合工作（发展规划司）。3. 指导能源行业节能和资源综合利用工作；承担科技进步和装备相关工作；组织拟订能源行业标准（能源节约和科技装备司）。4. 石油、天然气行业管理工作，拟订油气开发、炼油发展规划、计划和政策并组织实施，石油天然气体制改革有关工作、国家石油储备管理工作，监督管理商业石油储备（石油天然气司，国家石油储备办公室）。5. 能源国际合作工作，拟订能源对外开放战略、规划及政策，境外能源开发利用（国际合作司）

资料来源：据我国政府各部委官方网站资料整理。

我国石油上游产业的管理体制范畴涵盖了资源保护、资源发现与开发利用、行业准入、投资审批、资源价格、出让与转让以及环境、安全等多方面内容，石油资源勘探开发作为整个石油行业产业链的前端，受到了国务院和多个政府部门的管理，涉及的政府部门包括国家发展和改革委员会（含国家能源局）、国土资源部、商务部、财政部、环保部、国家税务总局、国家海洋局等。其针对石油资源上游产业管理职能可归纳为以下几种：宏观决策职能、行政许可职能、监督检查职能、规划计划职能等。

政府越来越重视石油资源勘探开发利用的整个产业链管理，把以

《矿产资源法》为基础的法律法规体系作为石油上游产业管理的重要依据，采用法律、行政和经济手段相结合的方式进行资源管理，如重视资源、土地和环境以及资源利用效率和综合开发利用等方面的综合管理等。

（二）石油资源矿业权

石油资源矿业权是指法人单位依法向国家管理机关提出申请，经审查批准后取得石油（包括原油和天然气）勘查、开采许可证，在规定的区块范围和期限内，按批准的内容进行石油资源勘查或开采等一系列经济活动并排除他人干涉的权利。在立法上，我国采取二分法，即把石油资源矿业权分为探矿权和采矿权。

我国的石油资源矿业权具有以下特征：

第一，国家垄断性。石油资源归国家所有，由国务院代表国家行使占有、使用、收益和处分的权利。中华人民共和国是我国全部石油资源的惟一所有权主体，基于对石油资源的主权，国家有权决定石油资源的勘探、开发和利用，并依法统一管理。

第二，用益物权。石油资源矿业权作为一项派生权利，受石油资源所有权的制约，其虽具备物权的独立性、排他性和对世性的共性，但因受公法的调整，使其属于受限制的物权。这表明石油资源矿业权人必须依法勘查、开采石油资源，必须依照矿产资源法律法规履行安全生产、环境保护等法定义务，决不能凭借矿业权侵犯国家所有权、任意破坏石油资源。

第三，国家实行一级登记管理和监督。矿业权申请人申请勘查、开采石油、天然气的，必须经过国务院的批准；石油、天然气勘查的申请人必须是法人，石油、天然气开采的申请人必须是企业法人，而且申请人必须符合一定的资质条件；石油勘查采矿资质、勘查许可和采矿许可申请，必须到国土资源部审核、登记。石油资源探矿权、采矿权属于一级行政许可，直接由国土资源部负责登记和监督管理。

第四，确定的有效期限。只有在法定的有效期限内，矿业权人进行石油资源勘查、开采活动才是合法的，否则将受到法律的制裁。

第五，有偿取得。在国务院于 1998 年颁布的《矿产资源勘查区块登记管理办法》、《矿产资源开采登记管理办法》和《探矿权采矿权转让管理办法》三个配套法规中，对此进行了明确规定。首先，明确规定必须缴纳探矿权、采矿权使用费，使用费按照面积大小逐年缴纳。其次，对于国家出资形成的探矿权、采矿权，在出让给矿权投资人时，投资人应缴纳探矿权、采矿权价款。其三，探矿权、采矿权可以通过招标方式有偿取得。

第六，以最低勘探投入为约束的退出机制。《矿产资源勘查区块登记管理办法》规定，探矿权人领取了勘查许可证后应该完成最低勘查投入，该最低投入逐年累加，同时，对违反上述要求的行为作出了行政处罚规定。

第七，石油资源的保护性开采。国家保护合法的矿业权，前提是石油资源勘查和开采者必须符合规定的资质条件。任何组织或者个人用任何手段侵占或者破坏石油资源将受到法律的制裁。

（三）流通体制

石油资源矿业权市场的运作是通过石油资源矿业权的流转来实现的，即在石油资源矿业权市场中，不同的经济主体之间发生的相互让渡探矿权和采矿权的矿业权交易活动。石油资源矿业权市场包括一级出让市场和二级转让市场。

我国的石油资源矿业权一级市场由国家垄断，矿业权呈纵向流通，国土资源主管部门代表国家向申请人出让石油资源矿业权。此时，政府不仅代表国家（石油资源所有者身份）与矿业权受让人之间形成了平等的民事法律关系，而且政府作为监督管理机构与矿业权受让人之间维系了管理与被管理的行政关系。

石油资源矿业权的转让是指矿业权在不同经济主体之间转移的行

为，是一级市场的延伸和扩大。其是平等的民事主体之间的经济行为，体现为石油资源矿业权的横向流通。在二级市场中，政府与矿业权交易主体之间是纯粹的管理关系，而不涉及其他的经济利益。

从广义上讲，石油资源矿业权市场是一个系统，是由若干相互作用和相互依赖的要素（交易对象、交易主体、投资机构、各类交易中介机构和政府矿政管理部门等）结合而成，具有通过市场竞争机制配置石油资源矿业权这种特定功能的有机整体，以实现石油资源矿业权的优化配置和石油资源的合理开发利用这一共同目标，并且受到法制环境、政策环境、石油矿业投资环境、石油矿业资本市场、石油矿业劳动力市场和石油矿产品市场等环境要素的影响。

1. *石油资源矿业权流通体制*

石油资源矿业权流通体制是由规范石油资源矿业权市场的一系列制度所组成的，主要包括石油资源矿业权市场的准入条件、一级市场出让制度和二级市场转让制度三个方面。

（1）准入条件。石油资源探矿权人的准入条件主要包括：具有法人资格；勘查单位具备一定的资质条件；具有国务院批准设立石油公司或同意进行石油、天然气勘查的批准文件；依法办理勘查登记，获得勘查许可证等。而石油资源采矿权人的准入条件主要包括：具有企业法人资格；开采企业具备一定的资质条件；具有国务院批准设立石油公司或同意进行石油、天然气开采的批准文件；依法办理开采登记，获得开采许可证等。

目前，国务院批准的有资格从事石油资源勘查和开采的主体有中国石油天然气集团公司（核心企业为中国石油天然气股份有限公司，以下简称中国石油）、中国石油化工集团公司（核心企业为中国石油化工股份有限公司，以下简称中国石化）、中国海洋石油总公司（以下简称中国海油）和延长油矿管理局（以下简称延长油矿）。

（2）一级市场出让制度。根据国土资源部分别于2003年和2006年颁布实施的《探矿权采矿权招标拍卖挂牌管理办法（试行）》和《关于进一步规范矿业权出让管理的通知》的规定，矿业权的出让方式包括招拍挂、协议、申请在先三种方式。此外，石油资源矿业权的审批发证权限、出让年限和延展登记等方面都有详细的法律规定。

（3）二级市场转让制度。根据《矿产资源法》、《探矿权采矿权转让管理办法》、《矿业权出让转让管理暂行规定》的规定，我国石油资源矿业权可以通过石油勘查开采企业分立、合并以及整体出售资产或变更企业资产产权、出售、合作、合资或作价出资等方式进行二级市场的交易。而且，石油资源探矿权的转让必须具备一定的条件，主要包括自颁发许可证起的年限、矿业权属无争议、完成最低勘探投入以及缴纳相关税费等。

2. *石油资源矿业权市场*

石油资源矿业权市场作为一种生产要素市场，是我国社会主义市场经济体系中的一个重要组成部分。石油资源矿业权流通机制的建立和完善，是随着我国经济体制改革和相关主体认识的不断深化而逐渐推进的。目前我国石油资源矿业权市场主要呈现出以下几个特点。

（1）石油资源矿业权市场主体相对单一。目前，我国石油上游产业仍然没有脱离原有的国家石油公司垄断性经营的模式。主要表现在：第一，石油资源矿业权市场形成了以中国石油、中国石化、中国海油为主体的寡头垄断格局；第二，在油气对外合作方面，国家授权由三大国家石油公司专营；第三，在对地方石油企业开放方面，除经国务院批准具有石油资源探矿权和采矿权的陕西延长油矿外，国家同意授予特定范围采矿权的企业有上海天然气总公司、齐齐哈尔富拉尔基油田和广西田东油矿三家以及三大石油公司和延长油矿衍生的近百家小石油企业。

（2）石油资源矿业权出让以非市场化方式为主。根据我国石油资源矿业权许可证审批制度，授予对象主要为三大国有石油公司。一级市场的出让以申请登记、行政审批的非市场化方式为主，缺乏有效的竞争机制，制约了石油资源在不同竞争主体之间的优化配置。

（3）石油资源矿业权二级转让市场基本上处于空白。在目前的体制和政策下，我国石油资源矿业权二级转让市场仍然还不发育，石油资源矿业权分布格局长期相对固化。

（四）财税政策

我国现行石油资源相关税费主要包括以下几项。

1. 增值税

原油税率为17%（包括天然原油和人造原油），天然气税率为13%（包括气田天然气、油田天然气、煤田天然气和其他天然气），允许实行进项税额抵扣（部分固定资产除外）。而中国海洋石油总公司海上自营油田和中外合作油（气）田开采的原油、天然气则按实物征收增值税，征收率为5%，不得抵扣进项税额。增值税收入中海关代征部分归中央政府，其余部分中央政府分享75%，地方政府分享25%。

2. 企业所得税

税率为25%，计税依据为按照所得税法规定计算的应纳税所得额。除了规定的中央政府收入以外，其余部分中央政府分享60%，地方政府分享40%。

3. 资源税

按从量定额办法征税，税率为浮动定额税率。开采的天然原油税额为8～30元/吨；人造石油不征税，独自开采的天然气和与原油同时开采的天然气税额为2～15元/千立方米；煤矿生产的天然气暂不征税。开采海洋石油资源的中外企业以及合作开采陆上石油资源的企业暂不缴纳资源税。资源税收入由中央政府和地方政府共享，其中海洋石油企业缴纳的部分归中央政府，其余部分归地方政府。

4. 矿区使用费

在我国境内从事开采海洋石油资源的中外企业以及从事合作开采陆上石油资源的企业，须缴纳矿区使用费。该费以每个海洋、陆上油

（气）田日历年度原油、天然气的总产量为计税依据，以实物缴纳。超过规定的免征额的部分实行超额累进费率。原油费率从2% ~12.5%不等，天然气费率从1% ~3%不等。矿区使用费为中央与地方共享收入，其中海上石油矿区使用费归中央所有，陆上石油矿区使用费归地方所有。

5. *矿产资源补偿费*

矿产资源补偿费按照矿产品销售收入的一定比例计征。矿产资源品种不同，费率不同。计算公式为：征收矿产资源补偿费金额＝矿产品销售收入×补偿费费率×开采回采率系数。其为中央与地方共享收入，中央与一般省、直辖市的分成比例为5∶5，与广西、西藏、新疆、内蒙古、宁夏和青海的分成比例为4∶6。

6. *石油特别收益金*

国家对石油开采企业销售国产原油，因为价格超过一定水平（40美元/桶）所获得的超额收入，按比例征收石油特别收益金。石油特别收益金实行5级超额累进从价定率计征，按月计算、按季缴纳，起征点为40美元/桶。石油特别收益金属中央财政非税收入，纳入中央财政预算管理。

7. *矿业权使用费和价款*

国家出让石油资源矿业权，按规定向矿业权人收取使用费。探矿权使用费的收费标准为：以勘查年度计算，按区块面积逐年缴纳，第一个勘查年度至第三个勘查年度，每平方公里每年缴纳100元，从第四个勘查年度起每平方公里每年增加100元，最高不超过每平方公里每年500元。采矿权使用费的收费标准为：按矿区范围面积逐年缴纳，每平方公里每年1000元。矿业权使用费属于国家资源性资产所有权的合法收益，相当于国际上通行的“矿地租”、“入门费”或“矿地使用费”等。

国家将其出资勘查形成的矿业权出让给矿业权人，按规定向矿业权人收取价款。矿业权价款是国家出让由其勘查探明的矿产地应取得的平均投资收益。矿业权价款以国务院地质矿产主管部门确认的评估价格为依据，一次或分期缴纳，但探矿权价款缴纳期限最长不得超过 2 年，第一年度缴纳比例不低于 60%；采矿权价款缴纳期限最长不得超过 10 年，第一年度缴纳比例不低于 20%。

矿业权使用费所得收入由中央和省两级财政共享，而国家出资形成的矿业权价款收入按固定比例进行分成，其中 20% 归中央，80% 归地方。

三、我国石油资源开发利用的体制和政策存在的主要问题

（一）监管体系、监管政策不健全

石油勘探开发监管体系不健全，缺乏独立统一的监管部门和行之有效的监管政策，是我国石油资源开发利用管理体制存在的主要问题。

目前我国没有对石油行业进行监管的专门机构和法律，而且对石油行业的政策制定和监督管理都分散在国家发展改革委、能源局和其他各部委，对石油资源的管理基本上采取政策制定与监督实施合二为一的方式，政监不分。这一方面使得我国对石油行业的监管不能开展独立的工作，另一方面也使得政府机构陷入协调、仲裁、监督等纷繁复杂的事务中，不能集中精力研究制定石油资源管理的重大政策和战略，同时也导致了监管不力。这些问题主要表现在以下几点：

（1）对石油公司的勘探投入是否满足最低标准监督不够，使石油资源矿业权退出机制形同虚设，导致“跑马圈地”（参见表 2、图 1）、“圈而不（少）探”（参见表 3、图 2）等现象的发生（据调查，总体上看，近年来石油公司 90% 的勘探投资集中于 10% 的矿权面积区域内，10% 的勘探投资散布于 90% 的矿权面积区域内，勘探投入极不均匀）。

表 2　　2001～2008 年中国石油资源矿业权变动情况表

年份	探矿权		矿业权总计		探矿权面积增速（%）	矿业权面积增速（%）
	项目数	面积（km^2）	项目数	面积（km^2）		
2001	956	2683600	1599	2740858		
2002	992	3118289	1653	3186431	16.20	16.26
2003	1135	4230470	1808	4302406	35.67	35.02
2004	1135	4389936	1756	4467110	3.77	3.83
2005	1131	4301994	1767	4382347	-2.00	-1.90
2006	1159	4344518	1806	4426374	0.92	1.00
2007	1153	4415830	1770	4523025	1.64	2.18
2008	1117	4234400	1741	4344500	-4.11	-3.95

资料来源：国土资源部。

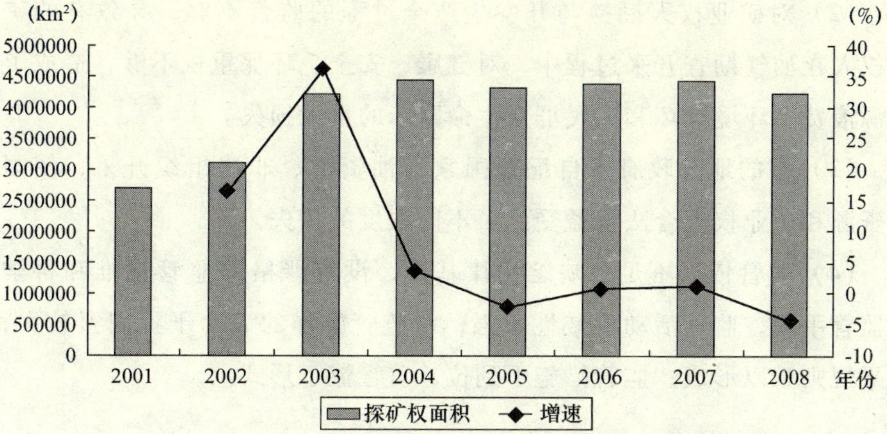

图 1　2001～2008 年中国石油资源探矿权面积及增速比

资料来源：国土资源部。

表 3　　2006～2008 年各石油公司石油资源采矿权与矿业权面积比

石油资源矿业权 / 年份 / 石油公司	采矿权面积/矿业权面积（%）		
	2006	2007	2008
中国石油	3.53	4.44	4.71
中国石化	1.09	1.63	1.84
中国海油	0.29	0.29	0.32
其　他	0.52	0.52	0.66

资料来源：国土资源部。

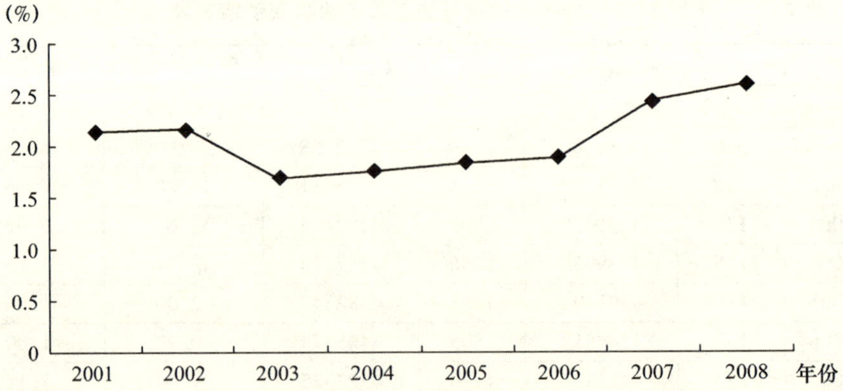

图 2　2001～2008 年中国石油资源采矿权与探矿权面积比

资料来源：国土资源部。

（2）对矿业权人勘探与开发生产全过程的监督不够，导致有的矿业权人在油气勘查开采过程中，对健康、安全、环保重视不够，造成了资源浪费、环境破坏和人民群众生命财产的重大损失。

（3）有的地方政府擅自配置国家石油资源、非法组织开采，使国家资源和矿业权人合法权益受到了不同程度的损失。

（4）监管依据不足，缺乏法律基础，没有严格的监管标准和科学的监管手段，监管活动权威性不强；对监管施加的人为干扰因素较大，公平规则难以形成；监管措施不到位，监管流于形式。

（二）我国石油资源矿业权呈现“一家独大”的局面

根据国土资源部资料，截至 2008 年底，中国石油探矿权、采矿权面积分别为 175.36 万平方公里和 8.67 万平方公里，分别占全国的 41.41% 和 78.75%，采矿权和探矿权面积分别比中国石化、中国海油多出 10% ～70% 不等。数据显示（参见图 3、图 4），2006～2008 年中国石油探矿权、采矿权面积占全国的比例一直保持在 40% 和 80% 左右，长期以来稳居榜首。而且，中国石油登记的 170 多万平方公里的探矿权面积，主要集中在我国油气最富集的松辽、辽河、鄂尔多斯、准噶尔、塔里木、吐哈、柴达木等Ⅰ类大型含油气盆地，因此，陆域较有利的油气勘探区目前主要在中国石油名下，中国石油一家公司基本上掌控了中国陆域的石油勘探开发。

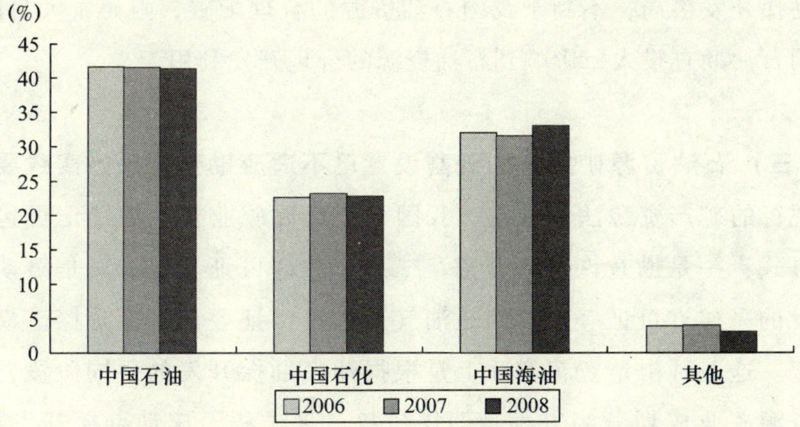

图 3　2006～2008 年各石油公司探矿权面积占全国的比重

资料来源：国土资源部。

截至 2008 年底，中国海油探矿权面积是 138.52 万平方公里，占全国的 32.71%，而且登记的全部是海域面积。数据显示（参见图 3、图 4），2006～2008 年中国海油探矿权面积占全国的比例一直保持在 30%～35%左右。海域油气勘探长期是中国海油一家国有公司从事勘探开发，因此，海域较有利的油气勘探区目前主要在中国海油名下，中国

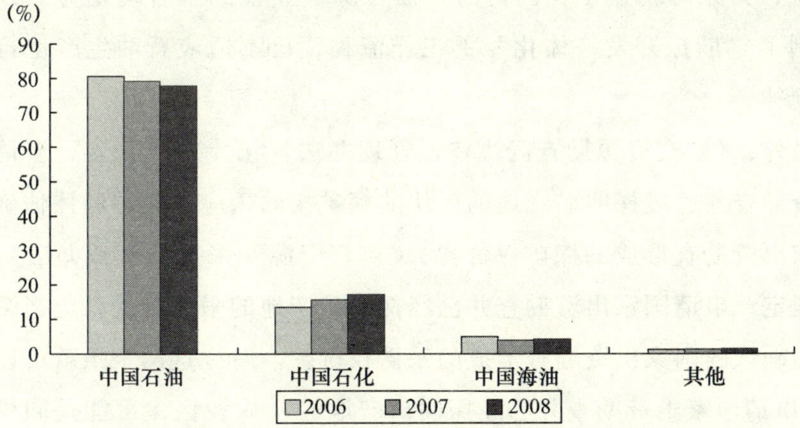

图 4　2006～2008 年各石油公司采矿权面积占全国的比重

资料来源：国土资源部。

海油一家公司基本上掌控了中国海域的石油勘探开发。

多年以来，由中国石油、中国海油分别掌控中国陆域和中国海域的石油勘探开发格局，不利于我国石油资源的合理配置，阻碍了大量的、持续的石油勘查投入，影响到石油资源的合理开发利用。

（三）石油资源矿业权的分割设置已不适应勘查开采的实践要求

现行的矿产资源法律规定，我国石油资源矿业权申请登记可包括五种方式：一是勘查许可证登记；二是采矿许可证登记；三是滚动勘探开发的采矿许可证登记；四是油气试采许可证登记；五是探矿权保留登记。这五种申请登记实际上是根据油气勘探开发的不同阶段，将石油资源矿业权划分为五种，即探矿权、采矿权、滚动勘探开发权、试采权和保留权。多种权利的产生必然需要设立多种行政许可，也就需要根据这种种许可的要求，提交大量的申请资料并通过层层的审查，这既增加了审批环节、审批时间和企业成本，又违背了我国长期以来在石油生产运行实践中形成的“勘探开发一体化”的基本规律。相关调查表明，虽然石油资源矿业权设有五种登记，但是近年来申请滚动勘探开发的采矿许可证、油气试采许可证和探矿权保留登记的少之又少，其原因就在于我国目前石油资源矿业权的不合理划分，人为地分割了“勘探开发一体化”的工作流程，已不适应石油生产运行的基本规律。

另外，《矿产资源勘查区块登记管理办法》第十三条规定，申请国家出资勘查并已经探明矿产地的区块的探矿权的，应当缴纳经评估确认的国家出资勘查形成的探矿权价款；《矿产资源开采登记管理办法》第十条规定，申请国家出资勘查并已经探明矿产地的采矿权的，应当缴纳经评估确认的国家出资勘查形成的采矿权价款。对比这两个条款可以发现，“申请国家出资勘查并已经探明矿产地的”矿业区，可能是同样条件、同样远景甚至是同一地区、有同样价值的矿业权区域，但因法律分割了探矿权和采矿权，结果出现了同一种情况要适应不同法律规定的现象。这不仅造成了法律的自相矛盾，也导致了实践中的无法操作。实际上，有些省份已对相关规定进行了变通，如山东省自 2006 年 9 月起就对无风险或风险低的矿业区不再设置探矿权而直接登记采矿权。

（四）石油税费制度在促进石油资源合理开发利用上有缺陷

1. 增值税抵扣不足

油（气）田企业属于采掘业，与一般企业的生产方式相比，存在很大差异。尤其是上游的勘探开发阶段，需要投入大量的固定资产，构成其投资成本的主要部分。而根据现行增值税规定，列入《油气田企业购进固定资产目录》中的一百多种固定资产却不能抵扣进项税款，导致油（气）田企业承担了很大一部分进项税，加重了企业的财务负担。

2. 资源税制度设计不合理

开征资源税的目的除了部分体现资源所有者的权益之外，更主要是为了提高资源的使用效率，调节由于资源条件差异所造成的资源级差收益。而现行石油资源税制中资源税课税标准是按各大油区的主力油田确定的，没有考虑每个油区既有优质储量也有难动用储量的情况，也没有考虑到随着时间的延续会出现开采难度增加、资源丰度下降的情况，因此按照统一标准征收资源税就会造成各个矿区不同程度的“采富弃贫”现象和对地下含油气系统的破坏，不利于石油资源的科学开发与利用。此外，我国现行的资源税制一直实行从量定额征收，税额标准不仅长期偏低，而且税收收入与资源品的价格脱钩。尤其在高油价期，资源税负没有相应的提高，处于累退状态，不利于体现国家作为资源所有者的利益。以 2003～2007 年中国石油化工股份有限公司数据为例（参见表 4），2003 年 12 月原油价格为 32.03 美元/桶，2007 年 12 月原油价格为 97.6 美元/桶，油价增长了 2 倍多，而相应的资源税负却并没有增长的趋势，相反还略微有所下降。

表 4　　中石化集团公司资源税税负计算

项目 \ 年份	2003	2004	2005	2006	2007
原油价格（WTI）	32.03	38.41	61.97	65.57	97.6
资源税税额（百万元）	434	452	634	818	882
主营业务收入（百万元）	417191	590632	799115	1044579	1173869
资源税税负（%）	0.104	0.077	0.079	0.078	0.075

资料来源：2003～2007 年中国石油化工集团公司年报。

3. 石油特别收益金制度设计不合理

目前开征的石油特别收益金的征收方式是当国际原油价格超过一定水平时，对石油开采企业销售国产原油所获得的超额收入，按超额累进比例征收。这种征收办法存在三个方面的问题：一是据以计算特别收益金的原油价格标准以美元为单位，在当前人民币不断升值的情况下，特别收益金的起征点实际上在下降，这就增加了石油企业因货币升值所承受的成本；二是石油特别收益金的征收仅仅只考虑了石油价格的因素，而没有考虑不同企业、不同产区石油开采的成本，这对难采储量和非常规石油资源的开采是不公平的，不利于引导社会资金向这些石油资源的勘探开发投入；三是在石油价格上涨时征收特别收益金，而在石油价格下跌时却没有相应的补偿机制，难以体现出制度设计的合理性。

4. 现行税收政策没有体现出石油勘探开发的特殊性

石油资源是不可再生自然资源，在油田开发的整个过程中呈现出产量自然递减、成本逐步递增的规律。一个油田从投入开发直至枯竭一般要经历上产期、稳产期和递减期、枯竭期等几个阶段，其中稳产期的开采效益最大，在递减期尤其是递减后期开采成本会越来越高，企业开发石油资源的利润也就越来越低，最后不再获利时企业将废弃油田。但是，按照我国目前的税制，从稳产期到递减期乃至枯竭期，石油企业税负基本上是一致的。这样会导致石油企业在油田开发的稳产期获得超额收益，而在开发后期，要么在还有较高技术采收潜力的情况下提前废弃油田，要么就只能在国家补贴的前提下勉强生产。另外，由于油田的油品、丰度、地质情况等的不同，油田企业的开采效益差距很大，而现行的石油资源税费政策不足以充分体现这些差距。

四、世界主要产油国石油资源合理开发利用的经验

（一）石油上游产业规制普遍体现出以矿业权管理为核心

1. 矿业权、区块招投标是石油资源管理的核心内容

世界主要产油国都把石油资源矿业权管理作为石油上游产业规制的重要内容，其中以矿业权取得和流转为核心，区块招投标为主要方式。

以美国为例。在美国联邦所有的土地上进行石油勘探、开采活动都需要进行申请和登记。美国内政部土地管理局矿业权登记处负责矿业权的申请、转让、批准和确认以及记录每年税费的收取、年度评估文件的归档、税费和转让的裁定等工作。《外大陆架土地法》（1995 年）、《陆上石油天然气租借改革法》（1987 年）等法律对获得美国陆上及海上石油资源矿业权的取得程序、区块限制、转让及排他性等方面均有详细的规定。

2. 石油资源矿业权的取得普遍实行许可证制度

世界主要产油国对石油资源矿业权的取得普遍实行许可证制度，通常由政府相关部门颁发许可证。实行许可证制度的目的是为了考察石油勘探开发企业的各种资质、资金、技术是否可以达到法律规定的条件。

例如：（1）委内瑞拉。该国由能源矿产部直接管理石油上游产业，对其实行严格的管理。能源矿产部负责颁发许可证、签发合作协议、安全监管等。委内瑞拉《石油法》规定，石油勘探、开发、销售以及安全、环保等所有环节一律授权给能源矿产部，其职能涵盖了石油勘探开

发的全过程。（2）俄罗斯。石油资源开采和使用许可证由俄罗斯联邦主体执行机关和国家资源管理联邦机关或其地方部门共同颁发。许可证的申请、受理及发放、管理工作均由俄自然资源部负责，发放的方式有竞标、拍卖和其他获得方式。

3. 多数国家石油资源属国家所有，普遍实行石油资源有偿使用制度，产权制度明晰，石油资源资产化得到较好落实

除美国中东部地区及少数国家外，世界其他主要产油国法律均规定石油资源归国家所有。目前全球正在发生新一轮的石油资源国有化运动，资源大国强化了对石油资源的控制，这一趋势已有蔓延全球的趋势。主要产油国都实行石油资源有偿使用制度。其主要方式为：政府代表国家与油企签署勘探开发合同，收取合同规定的资源使用费；政府代表国家组织矿业权招投标并取得收入；政府规定各种税费；与外国企业合作开发进行产品分成等。

大多数国家的石油资源所有权与经营权明确区分，石油资源的产权问题得到合理界定，其核心是石油资源矿业权受到依法保护，使石油资源的资产化得到有效落实。

（二）行政管理与监管分离

发达国家一般采用行政管理与监管分离的模式，通常监管部门与行政部门是相对独立的。由于发达国家石油法律体系比较健全，市场准入严格，监管任务通常较轻，一般集中在反垄断与价格监管等方面。位于私有土地内的矿业权纠纷的处理，因政府不是直接的利益相关方，通常不直接介入，最多充当第三人角色，矿业权利益攸关方通常选择法律途径解决问题。

以美国为例。该国石油上游产业监管的目标定位于提高产业效率，其行政管理工作是内政部负责，大部分的监管职能由能源部承担。美国能源部在全国约有10万名雇员，其中50%从事监管工作，各州还设有独立的监管机构。美国石油上游产业行政与监管分离的特点是：第一，

通过法律明确石油资源的所有权、探矿权和采矿权，以市场竞标方式确定矿业权的租让价格。第二，石油勘探、开发、销售都是由私人公司经营，政府不直接干预，资源和产品的价格均由市场决定。第三，国有土地和近海大陆架的石油资源矿业权配置实行市场招标，程序公开透明，资源配置公正合理。上述做法，既厘清了行政与监管之间的关系，减少了政府的监管成本，又提高了私人石油公司的利润，满足了社会的需求，实现了石油资源的合理开发利用。

（三）重视并规范外国投资本国石油上游产业

在石油资源国有化的趋势下，多数国家并不排斥外国投资，但多数国家颁布专门的法律、设立专门的部门约束和管理外国投资本国石油上游产业。

1. 设有专门的外国投资法和投资管理机构

以沙特阿拉伯为例。该国《外国投资法》（2000 年）规定沙特对外开放油气领域，允许在沙特石油上游产业投资设立外商独资企业，并将企业所得税由原来的 45% 下调到 30%。同时，成立了沙特阿拉伯投资总局（GIA），负责外资管理。

2. 普遍采取国家控制的以分成协议为主的合作开发方式

在石油资源上游产业，实施产品分成协议的国家很多，例如俄罗斯、利比亚、委内瑞拉、印尼、也门、卡塔尔等。产品分成协议的核心内容是收回投资成本和产品分成的比例、政府佣金的支付等。

以委内瑞拉为例。该国政府许可的国际合作开发方式主要有合作开发、利润分成和服务模式三种。其中：合作开发方式限于与该国国家石油公司的合作，利润分成模式则强调本国资源的资产性，而服务模式仅限于外国资本投资在石油上游产业的某个环节。在委内瑞拉投资石油勘探开发的外国公司，通常选择产品分成协议的方式与委国家石油公司进行合作。

（四）重视技术鉴证部门或行业协会的独立性并发挥其重要作用

发达国家均有独立的权威技术鉴证部门或行业协会，协助政府对石油上游产业进行管理。

发达国家协助政府进行管理的权威技术部门主要包括行业协会、储量及标准认定机构、顾问委员会等。这些组织独立于政府，通常由石油上游产业或各环节的专家组成，具有很高的权威性。

以美国为例。美国除了联邦和州政府的专门管理机构外，在联邦层面还有大量半官方或非官方的行业组织、顾问机构协助管理石油上游产业。如美国石油学会（API）是美国石油行业唯一的行业协会，涉足美国石油和天然气行业的各个领域。API是美国石油上游产业的标准制定者，协助政府进行勘探开发技术管理。大量的纯技术性工作都由这些独立机构完成，政府管理机构承认他们的评价结论。这些权威机构的存在大大减轻了美国行政管理的工作量，提高了工作效率。

五、改革和完善我国石油资源合理开发利用的体制和政策建议

（一）我国石油资源开发利用的体制和政策改革的目标、要点与任务

1. 改革的目标

（1）改革的总体目标。适应社会主义市场经济体制要求，有利于扩大石油资源基础和保障国家能源安全，保护和合理开发利用石油资源，维护和协调所有者和使用者的经济利益，创设产权明晰、程序完备、制度健全的现代法治制度和管理体系。

（2）改革的近期目标。争取到2015年，形成以三大石油公司（油气储、产量分别占全国总量的80%左右）为主体、辅以一批独立的中小型石油公司（油气储、产量分别占全国总量的20%左右）的石油上

游产业新格局。允许具备资质的各种所有制性质的企业依法取得石油资源矿业权，实现许可证制度和招投标制度的有效结合；着力解决与中国石油、中国石化以协议等方式建立的各种小石油公司的矿业权资质问题，对符合资质要求的依法办理矿业权流转；依法准入，严格资质审查，严格控制中小石油公司总量，严格执行矿产资源法律法规制度；建立和完善公开透明、监管有力的石油监管体系，加大对各石油公司勘探开发活动的监管，切实维护石油资源勘探开发秩序。

2. 改革的要点

（1）切实转变政府职能，建立与石油资源合理开发利用改革方向相适应的管理体制。

（2）改革政府管理机构与职能设置，组建综合性石油资源管理部门和专业性石油资源监管机构。

（3）按照石油资源可持续供给的要求，完善石油资源矿业权及其相关配套制度，提高石油资源管理的科学化、信息化水平。

3. 改革的阶段性任务

（1）加强石油资源矿业权流转市场管理：加强矿业权市场的管理（包括市场主体的资格审查、经济合同的规范化、交易行为管理等），严格市场准入、运营和退出机制；加强对有形场所和无形交易载体的监管，规范交易秩序。

（2）试点建立独立的石油资源监管体系。考虑到石油上游领域监管的难度，建议在主要产油区建立独立的监管队伍，重点进行石油勘探开发环节（尤其是石油资源矿业权和储量合理开发利用）的监管。

（3）从改革储量评审认证机构入手，尽快建立独立权威的技术鉴证部门；从矿业权流转中的政府信息（特别是招投标、招拍挂等方面的信息）公开入手，公开资源信息，体现以民为本的执政精神，提高公共服务的水平。

（4）完善以石油资源矿业权为核心的石油上游产业规制及相关配套政策，尽快形成一整套有利于石油资源合理开发利用的产业政策、财税政策和矿业权制度。

（二）改革和完善石油资源矿业权

1. 实行探矿权、采矿权“二权合一”，将石油资源探矿权、采矿权统一为石油资源矿业权

探矿权和采矿权是根据矿产资源勘探开发中所处的不同阶段而划分出来的一对权利主体、客体和内容有所区别但又密切相关的权利。由于探矿权对于采矿权具有从属性和依赖性，探矿权不属于用益物权、其客体具有不确定性以及石油资源开采活动的特殊性等鲜明特征，建议将石油资源探矿权、采矿权“二权合一”，统一为石油资源矿业权。

2. 石油资源探矿权、采矿权“二权合一”后应采取的对策建议

第一，将“采矿许可证”更名为“石油资源开采许可证”。“石油资源开采许可证”上标注受益年限和有效期限两个期限，通常情况下，受益年限为5年，有效期限为35年（含受益年限期间）。

第二，采矿权存量保持不变。石油资源矿业权改革后，建议已登记的石油资源开采权属（含采矿许可证、滚动勘探开发的采矿许可证和油气试采许可证）、采矿权人、矿区面积、矿权范围、开采期限等保持不变，全国一次性统一更换“采矿许可证”（含滚动勘探开发的采矿许可证和油气试采许可证）为“石油资源开采许可证”。

第三，探矿权存量区别对待，妥善处置。不限定矿业权人对勘查地的最低勘探投入。关于处置探矿权存量的建议包括：（1）探矿权人已申请或经登记管理机关批准保留探矿权且在保留期限（含延展期）内的，经审核批准可以将相应的“矿产资源勘查许可证”一律变更为“石油资源开采许可证”，申请变更的应按“石油资源开采许可证”的变更要求，依法进行审批登记，变更登记后的开采许可证的有效期限为30年。（2）探矿权人持有的矿产勘查许可证仍在有效期内的（除上款规定外），“勘查许可证”经申请批准可一律变更为“石油资源开采许可证”，申请变更的应按“石油资源开采许可证”的变更要

求，依法进行审批登记，变更登记后的开采许可证的受益年限为5年，有效期限为35年。（3）探矿权人持有的矿产勘查许可证已经到期（含保留探矿权延展后又到期）的，一律不再延期，原矿产勘查许可证自"石油资源开采许可证"相关法律规定颁布之日起自动失效，该探矿权及其矿区面积全部归还国家，由国土资源管理部门按相关法律规定重新配置。

3. 新申请矿业权的，一律按"石油资源开采许可证"的设立登记要求（包含资质、准入条件等），依法进行审批登记

建议在新申请"石油资源开采许可证"时，法律规定以出让和无偿授予两种方式审批登记。对于国家规划区内具有重要价值、风险较小或是有三家以上矿业权申请者的石油资源远景区，矿业权管理机关应以招投标的方式有偿出让空白地；其他情形应仍按申请在先的原则，无偿批准授予矿业权，以促进石油勘探开发的可持续发展。

石油资源矿业权属于用益物权。建议在相关法律中明确规定：石油资源矿业权具有特别优先权和受限排他权。特别优先权是指相对于土地使用权、其他矿业权而言具有优先权，即具有优先使用土地和矿区的权利，但在行使优先权时如果给土地使用人、其他矿业权人造成损失的，应依法给予相应的补偿。受限排他权是指其他矿业权人在没有妨碍石油资源矿业权人正常的油气勘查、开采生产活动的情况下，不能排除、阻止或者妨碍其他矿业权权利的行使和其他矿业权人在同一矿区勘查、开采除油气外的其他矿产作业。

4. 改革石油资源矿业权使用费

建议将探矿权使用费和采矿权使用费统一改革为石油资源矿业权使用费，并按照矿区范围的面积逐年缴纳。石油资源矿业权使用费标准为：受益年限期内，每平方公里每年缴纳500元；受益年限期后的有效期限内，每平方公里每年缴纳1000元。并且，为了切实解决"圈而不（少）探"的问题，同时鼓励矿业权人积极投入油气勘探，建议尽快取消探矿权、采矿权使用费和探矿权、采矿权价款减免的各种优惠政策，

改为在许可证受益年限期内减免矿业权人的所得税、增值税以及为油气勘探直接提供服务的企业的所得税、营业税。

5. 改革石油资源矿业权退出机制

石油资源矿业权退出机制分为到期退出、违法退出和受益退出三种情况，包括：（1）到期退出机制。“石油资源开采许可证”申请登记之日起5年内，在登记的矿区范围内未探明可供开采的含油气圈闭（含未到受益年限而矿业权人自动申请退出）的，自5年受益年限到期之日起，“石油资源开采许可证”自动失效，该矿业权及其矿区面积全部归还国家，由国土资源管理部门按相关法律规定重新配置。对于到期退出的矿业权及其矿区，原申请人1年之内不得重新申请登记。对于勘查期间获得的相关地质资料，依法可以有偿转让。（2）违法退出机制。在“石油资源开采许可证”有效期限内，矿业权人违反相关法律规定应该吊销许可证的，原发证机关一律吊销其开采许可证，并依法采取包括取消石油资源投资资格等的其他处罚措施。该矿业权及其矿区面积全部归还国家，由国土资源管理部门按相关法律规定重新配置。对于违法退出的矿业权及其矿区，原申请人3年之内不得重新申请登记。（3）受益退出机制。“石油资源开采许可证”申请登记之日起5年内，在登记的矿区范围内探明可供开采的含油气圈闭的，“石油资源开采许可证”的有效期限为35年（含受益年限期间），原矿业权人可以继续投入进行油气生产开采，也可经申请并经原审批机关核准后进行依法转让等。所以，矿业权人可回收投资、得到报酬，从而保障了其合理投资回报。

6. 完善石油资源法律法规，合并“对外合作开采海洋石油资源”和“对外合作开采陆上石油资源”二条例，尽快出台针对石油资源勘查开采的行政法规或条例

现有的矿产资源法以固体矿为立法基础，规范的是矿产资源权属关系的共性问题，不能解决石油天然气作为特定矿种的特殊性问题。由于石油天然气是液态和气态矿种，成矿条件复杂，矿床埋藏深，勘探开采难度大，再加上石油在国家经济社会发展中的特殊地位，因而油气勘

探、开采、利用中形成的法律关系更为复杂。特别是在石油资源的规划、生产条件、矿业权设置和退出、利益分配以及不同作业者对同一油气田的合作开采等，都应有特别的规范加以调整。

（三）我国石油税费制度改革和政策调整的建议

1. 增值税改革

（1）降低增值税税率。将现行的陆上原油开采增值税税率由17%降为13%，并允许在计征时抵扣进项税款。石油作为国家的重要能源，在发展国民经济、增强综合国力和维护国家安全等方面起着越来越重要的作用，但目前我国陆上石油企业的税负过重——既不享有国外石油行业全额抵扣的优惠，其增值税率又比海洋石油开采企业和中外合作油气田企业5%的税率要高，比煤炭、电力等其他能源工业13%的税率也要高。这种税收政策上的不平等，影响了陆上石油企业的积极性，也与国家优先发展能源工业的产业政策不符，因此建议降低陆上石油企业的增值税税率。

（2）加大油气田企业进项税额抵扣力度。尽管目前石油行业已实施了准消费型增值税，但仍有列明的六大类一百多项的固定资产进项税款不能抵扣，而这些固定资产基本都是油气田企业用于生产的关键资本品投入，若不能抵扣，会对减轻企业税负、扩大生产和投资、加大勘探开发力度造成一定阻碍。

（3）适当扩大增值税适用范围。现行政策将油气田企业为勘探、开发、生产原油所发生的生产性劳务纳入增值税的征税范围，而对非油田企业从事此类劳务则仍按营业税征收，从而造成了不同企业从事同一类劳务活动的不同政策待遇，也使得油气田企业向非油田企业购进上述生产性劳务不能纳入进项税款抵扣的范围。从统一政策和减轻石油企业外购生产性劳务的税负的角度考虑，应将非油田企业提供的生产性劳务也纳入增值税征税范围，由劳务提供方向税务机关申请代开增值税专用发票，油气田企业据此抵扣这部分购进劳务的进项税款。

2. 所得税改革

（1）制定合理的石油企业所得税税前扣除政策。目前，我国油气资源探明程度不高，为实现我国石油生产的可持续发展，进一步加强勘探、搞好储采平衡和资源接替是至关重要的。针对上述情况，建议实行以下措施：第一，新技术、新产品的开发和研究费用，只要在业务收入一定比例范围内的，可允许其在税前全额扣除，以促进石油行业改进开采技术、提高采收率；第二，石油行业风险高、投资大且周期长，生产经营过程中的费用和资本性支出相对于其他行业而言具有较大的特殊性，尤其是前期的勘探开发投入和后期的废置费用支出，需要在税收处理方面有特殊的考虑，以促进石油企业生产成本得到及时、合理的补偿，增强企业持续经营能力。

（2）制定合理的汇总纳税制度。石油资源分布的地域性，决定了石油企业跨区域生产经营的特点。新企业所得税法实行的是法人所得税制，对企业在不同地区的总分支机构实行汇总纳税。就石油企业而言，实行汇总纳税有利于减轻企业负担，但由于石油资源的地域性特征比较明显，因此必须充分考虑汇总纳税对石油资源地财政收入的影响，避免给石油企业的发展带来不良影响。一个可供选择的思路是，在由集团公司汇总计算应纳税所得额的基础上，根据不同地区子公司或分支机构资产、销量、人员的一定比例，划分各自相应的应纳税所得额，并根据税法计算出应纳税额，在所在地就地缴纳，从而避免汇总纳税制度下税收的跨地区转移，均衡地区间的收入利益，以使石油企业更好地取得地方政府的支持。

3. 资源税费改革

（1）建立资源税收入与资源品价格相关联的弹性机制。建议将国际市场的原油价格作为计征石油资源税的依据，计征方式由从量计征改为从价计征，从机制上解决现行石油资源税税额变化与石油价格变化脱钩的问题。同时，通过建立资源税收入与资源品价格相关联的弹性机制，加大政府对资源品溢价收入的调节力度：在油价上涨时，加大国家参与溢价收入分配的力度，防止石油资源收益的外溢；在油价下跌时，降低石油企业的税收成本。

(2) 完善资源税的计税依据和费率标准。开征资源税除了要体现国家作为资源所有者的权益之外，更主要的是为了提高资源的使用效率，调节由于资源条件差异所造成的资源开发的级差收益。如前文所述，现行石油资源税制中并没有鼓励劣等资源开发的政策，资源税课税标准是按各大油区的主力油田确定的，没有考虑每个油区既有优质储量也有难动用储量的情况。建议按照“普遍征收、级差调节”的原则，依据资源赋存状况、开采条件、资源等级和地理位置等客观条件的差异，规定不同幅度税额，并为每一个课税矿区规定适用税率。可对不同开发时期、不同资源禀赋、不同油品产量的油田，设置不同费率，具体标准可根据石油企业的税负情况以及国家对石油企业宏观调控的实际需要研究确定。我国可以借鉴国外经验，对边际油田、即将失去商业价值的含油区块、稠油、高凝油、三次采油等实行减免税优惠。通过建立级差税率制以及税费减免，可以将不经济储量转为经济储量，促进边际石油资源的开发，增加国内石油产量，减少对国际石油市场的依赖。

4. 石油特别收益金制度改革

针对前面提到的征收石油特别收益金所产生的一系列问题，可将石油特别收益金逐步过渡为按所得税的方式征收，即在对石油企业征收一般所得税的同时，再征收一道特别所得税，这既有利于实现国家对石油企业超额收益的调控目的，也有利于石油企业运用所得税的成本补偿和亏损弥补机制，以应对低品位油气资源开采和国际原油下跌所带来的收益变动风险。同时，对石油企业征收特别所得税，也是许多国家的通行做法，符合国际惯例。

第一章

我国石油资源开发利用的基本特点

一、中国剩余石油资源及其勘探的特点

（一）石油资源的概念

石油是矿产的一种，是一种由碳、氢两种元素组成的多种化合物的混合物，是有机质经过复杂的转化过程、存在于地下岩石孔隙中的液态和气态可燃矿物。石油资源是在自然条件下生成并赋存于天然地层中，最终可以通过各种方式和方法被人类开采利用的原油与天然气的总体。石油资源是世界能源资源的重要组成部分。

为了标记资源的数量及其可信度，从地质的角度引入了资源量和储量的概念并对其进行分类、分级。2004 年中国制定、颁布了《石油天然气资源/储量分类》国家标准（GB/T19492 - 2004），并于 2004 年 10 月 1 日起正式实施。根据地质把握程度（可靠或落实程度）、发现与未发现、技术可采与不可采和有无经济价值，我国石油天然气资源/储量分类标准将资源量分为未发现资源量和地质储量，地质储量又分为预测地质储量、控制地质储量和探明地质储量，预测、控制和探明地质储量进一步细分为技术、经济与次经济可采储量，其中探明地质储量分类参见表 1. 1。

表 1.1　　　　　　　　探明地质储量分类表

<table>
<tr><td colspan="5">探明地质储量（石油、天然气）</td></tr>
<tr><td rowspan="4">①不可采量</td><td colspan="4">①探明技术可采储量</td></tr>
<tr><td colspan="3">②探明经济可采储量</td><td rowspan="3">②探明次经济可采储量</td></tr>
<tr><td>③探明已开发经济可采储量</td><td colspan="2">③探明未开发经济可采储量</td></tr>
<tr><td>④产量</td><td>④探明已开发</td><td>④剩余经济可采储量</td></tr>
</table>

资料来源：国土资源部储量司：《石油天然气储量套改文件汇编》（2005 年）。

（二）中国剩余石油资源的特点

中国约有 500 多个沉积盆地，其中面积大于 200 平方公里、沉积岩厚度大于 1000 米的中、新生代盆地有 424 个，总面积约 527×104 平方公里。我国石油资源丰富，据全国第三次油气资源评价结果（参见图 1.1 和表 1.2），石油远景资源量为 1086 亿吨（陆地 934 亿吨，近海 152 亿吨），天然气远景资源量 56 万亿立方米（陆地 43 万亿立方米，近海 13 万亿立方米）；石油可采资源量 212 亿吨（陆地 183 亿吨，近海 29 亿吨），天然气可采资源量 22 万亿立方米（陆地 17 万亿立方米，近海 5 万亿立方米）。按照国际标准，以美国地质调查局 2000 年的估算同世

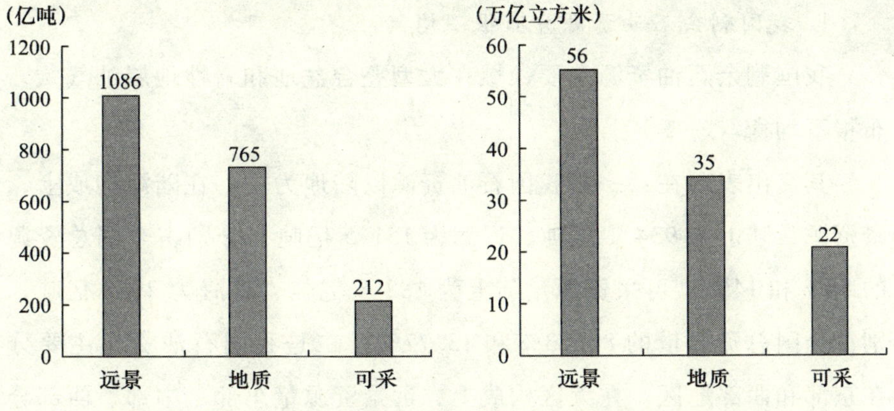

图 1.1　全国石油资源各级资源量示意图

资料来源：国土资源部：《新一轮全国石油资源评价》（2008 年）。

表 1.2　　新一轮全国石油资源评价结果汇总表

大区		石油资源量（亿吨）			天然气资源量（万亿立方米）		
		远景	地质	可采	远景	地质	可采
陆上	东部	418.14	324.41	100.25	4.64	2.77	1.47
	中部	120.63	86.48	20.24	18.04	10.11	6.37
	西部	270.78	175.13	47.87	15.85	11.6	7.46
	南方	3.26	2.02	0.4	1.77	0.76	0.44
	青藏	121.26	69.61	14	2.86	1.69	1.03
	小计	934.07	657.65	182.76	43.17	26.93	16.78
海域	近海	151.5	107.36	29.27	12.72	8.1	5.25
全国合计		1085.57	765.01	212.03	55.89	35.03	22.03

资料来源：国土资源部：《新一轮全国石油资源评价》（2008 年）。

界富油气国家相比，我国石油可采资源量居世界第 12 位；按国内标准，以新一轮资源评价结果同世界富油气国家相比，我国石油可采资源量居世界第 4 位，居于前三位的是沙特阿拉伯（588 亿吨）、俄罗斯（480 亿吨）和美国（392 亿吨）。但是，我国剩余石油资源（是指蕴藏在地下的、已发现而未开采的和未发现的原油和天然气资源）开发难度较大，石油资源地质条件复杂、埋藏深，可动用储量的比例不断下降，勘探开发技术要求较高。其主要特点有以下几点。

1. *我国剩余石油资源分布很不均衡*

我国剩余石油资源主要领域在大型叠合盆地和岩性地层油气藏，分布很不均衡。

其突出表现在：一是我国石油资源以陆地为主。在陆海构成上，远景资源量陆上为 934.1 亿吨、近海为 151.5 亿吨，分别占全国总资源量的 86% 和 14%；可采资源量陆上为 182.8 亿吨、近海为 29.3 亿吨，分别占全国总资源量的 86.23% 和 13.77%。二是我国石油资源主要分布在东部和西部地区。在大区构成上，远景资源量东部、中部、西部分别占全国的 57.12%（含近海）、11.50% 和 23.11%；可采资源量东部、中部、西部分别占全国的 61.06%（含近海）、9.62% 和 22.48%；剩余石油资源主要分布于松辽、渤海湾、鄂尔多斯、塔里木和准噶尔等几个大型含油气盆地（参见图 1.2）。三是青藏地区在我国石油资源中的地位凸显。根据新一轮油气资源评价结果，西藏地区的石油远景资源量与可采资源量在全国总资源中的比例分别占到 8.04% 和 6.61%，这意味着西藏地区将成为我国未来最重要的石油战略基地之一。四是我国剩余

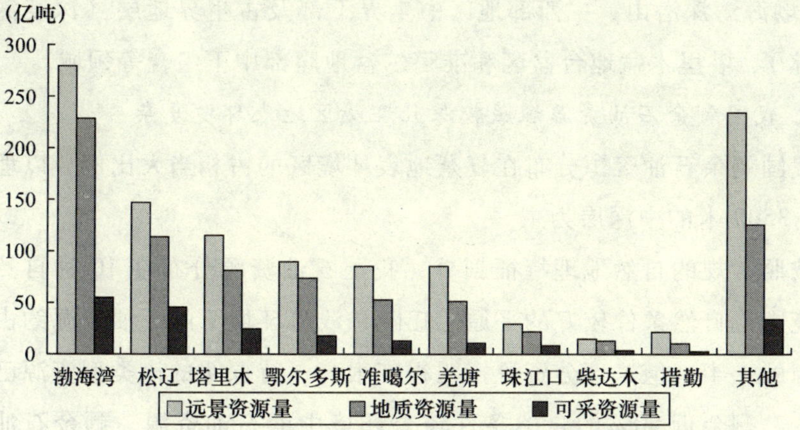

图 1.2　我国主要含油气盆地石油资源分布图（1）

资料来源：国土资源部：《新一轮全国石油资源评价》（2008 年）。

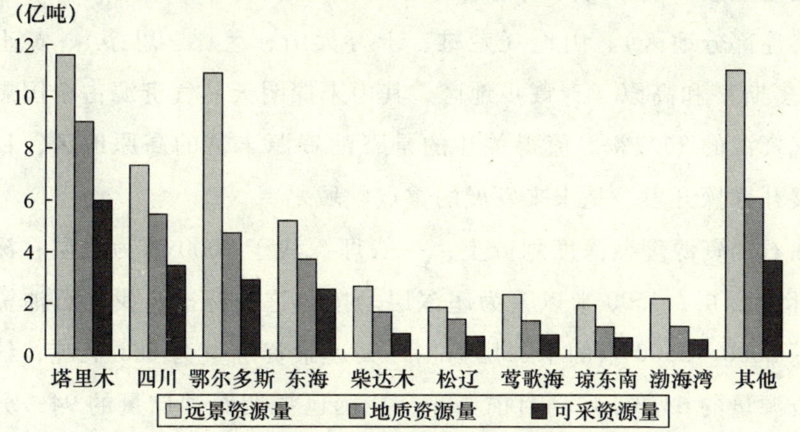

图 1.2　我国主要含油气盆地石油资源分布图（2）

资料来源：国土资源部：《新一轮全国石油资源评价》（2008 年）。

石油资源主要领域在大型叠合盆地和岩性地层油气藏。所谓岩性地层油气藏，是指通过沉积、成岩、火山等作用形成的非构造圈闭在一定构造背景下形成的油气藏，该领域中剩余石油远景资源量约占总剩余资源量的33%；叠合盆地剩余石油远景资源量约占总剩余资源量的13%，主要分布在东部地区第三系下部至中生界及古生界地层（深度深于3500米）、渤海湾深潜山、中西部地区中生界下部及古生界地层（深度深于4500米）、塔里木盆地台盆区和准噶尔盆地腹部中下组合等领域。

2. 我国剩余石油资源埋藏较深且埋藏区地表环境复杂

我国剩余石油资源分布在复杂地表环境区的占相当大比例，以埋深2000~3500米的中深层为主。

按照常规的自然地理特征划分，我国石油资源分布在10种自然地理环境中。自然条件较好的平原、丘陵、浅海环境下的石油资源约占全部资源的一半，但这部分资源探明程度很高，待探明的该类型资源已相对较少。剩余近50%的自然条件较差环境中的石油资源，剩余石油远景资源量为359亿吨，约占总资源量的40%，主要分布在山地、黄土塬（图1.3）、沙漠、滩海、沼泽等地区；全国天然气资源中的85.1%分布在地理条件复杂的海域（渤海湾）、沙漠（塔中、塔北、准噶尔腹部和二连部分地区）、山地（楚雄、十万大山、兰坪、思茅）、黄土塬（鄂尔多斯）和高原（青藏）地区，其中未探明天然气资源占全国剩余天然气资源的86.7%。值得关注的是石油资源丰富的高原地区，目前尚未展开勘探开发，是未来发展的重点领域之一。

在石油资源埋藏深度划分上，一般埋深浅于2000米为浅层；深于3500米为深层；4500米以下为超深层。按照这一标准，我国石油资源以埋深2000~3500米的中深层为主，其远景资源量为688亿吨，约占全部资源量的63.3%。到目前为止，我国已探明石油储量的94%分布在1000~2000米左右，埋藏浅于3500米的剩余石油资源量约占剩余石油总资源量的61%，主要分布在东部地区，说明东部中深层仍是发现新储量的重点层系；埋藏深于3500米的剩余石油资源量约占剩余石油

图 1.3　地处陕北黄土塬的某油田井场

资料来源：课题组在某油田某井场调研时实地拍摄（2009 年 8 月）

总资源量的39%，主要分布在西部地区，这部分资源的勘探程度、探明率都很低，因此深层也是未来发现新增储量的重点层系之一。我国天然气资源的42.7%分布浅于3500米，57.3%分布深于3500米。深部天然气资源主要分布在塔里木、准噶尔、四川和鄂尔多斯盆地，探明程度较低。

3. 我国剩余石油资源的质量总体上较差

分析石油资源质量主要考虑以下三方面因素。第一，按勘探难易程度对石油资源进行归类，分析已投入勘探工作量与发现探明储量的关系得到石油资源转化率，按石油资源转化率将资源划分为A、B、C、D四级（由A到D代表资源质量从优质到极差）。第二，在目前油价条件下，按投入与产出相抵原则确定边际收益为零的资源量下限，以此为标准分割剩余石油资源量（边际收益大于或等于零的资源是可继续勘探的、小于零的资源应暂缓勘探或属不确定资源），将可继续勘探资源量作为今后勘探部署与编制战略规划的主要参考依据。综合以上分析，全国剩余石油资源中可以继续勘探的占剩余石油资源总量的37%，暂缓勘探或属不确定资源占剩余石油资源总量的63%，二者的比例约为1∶1.7。第三，根据目前石油资源开发利用技术水平，将储层渗透率小于50毫达西（mD）的石油资源归为低渗透资源；将地下粘度大于50毫帕斯卡·秒（mPa·s）、密度大于0.934克/立方厘米（g/cm^3）的原油定义为重油。我国低渗透石油远景资源量为308.9亿吨，约占全部资源量的28.4%，陆上东、中、西部以及近海的低渗透资源量分别为83亿吨、99.4亿吨、122.16亿吨和4亿吨。我国的重油资源相对较少，约占全部资源量的11%。但是，在我国全部剩余石油资源中，低渗、特低渗和重油远景资源量的比例占到64%。

4. 勘探难度加大且勘探成本将逐渐提高

老油区新发现油气田的规模变小，新探区勘探难度加大且远离市场，勘探成本将逐渐提高。

我国主要含油气盆地的勘探都长达10~50年，松辽盆地资源探明率已达50%以上，渤海湾盆地陆上资源探明率近40%，主要的大型构造圈闭基本已钻探，未来勘探大型油气田的目标主要是深层、山前复杂构造带和新层系。20世纪我国发现油藏的规模，60年代平均为1.15亿吨，70~80年代平均为0.12亿吨，90年代平均为0.05亿吨，老油区新发现油田的规模在逐年变小。因此，亟须有新的体制、机制，以开拓石油上游板块的新领域、新局面。

新探区资源潜力较大，但地面和地下地质条件相当复杂。东部探区将向滩海发展，以深层小断块、隐蔽圈闭为主要勘探对象；西部探区向山地、沙漠和黄土塬地区扩展，以深层、高陡构造和碳酸盐岩为主要勘探目标。从目前消费状况来看，中长期油气消费市场仍然主要在我国东部地区，中西部勘探投入和油气运输费用将远大于东部。

石油勘探成本包括物探、探井、钻井、探区建设等费用，其中探井和物探成本占总勘探成本的70%左右。近10年来整个勘探成本平均年增长5%，其中物探成本上升了17%、探井成本上升了11.5%。预计2010年我国的勘探成本将比2005年上升近一倍。

（三）未来我国石油资源勘探的特点

石油勘探的目的在于发现油气藏并对其进行技术经济评价，即对具体油藏的储量、质量、分布情况及规律、开采条件、技术特性等技术经济条件进行评价，以便为油田的开采提供必要的和可靠的资料，更好地为油田开发服务。所以说，石油勘探属于开采的前期准备工作。而且，油田企业在划定或者核定的矿区范围内进行的开采勘探工作、地质踏勘不需要进行矿业权登记。

总的来看，今后的石油勘探具有高风险、高投入、周期长的特点。

1. *石油勘探投入的持续性*

如上所述，我国剩余石油资源具有油藏规模小、油藏隐蔽性大、地面地质条件复杂等特点，这决定了大规模资金、长时间投入是今后找油成功的前提。石油勘探本身则是一个由表及里、由浅入深的实践和认识的过程。一个油藏的发现和探明，需要较长的时间。其中，很多大型油田往往要经过几上几下许多年甚至几代人的努力才能发现，尤其是未来的石油勘探将是一个生产周期很长的过程。

2. *石油勘探投入的高风险性*

我国剩余石油资源分布的不确定性、不均衡性、复杂性直接导致矿业权人投资石油勘探开发的高风险性。一般情况下，只有不到5%的勘探项目最终可能转化为油田开发项目，绝大多数勘探项目将止步于前期勘查阶段，而且大型油田从勘探到开发则需6～8年的周期。此外，这种风险性还受到区域环境、市场以及国家政策等客观因素和矿业权人自身的经济实力和经验、信心等主观因素的影响。所以，石油勘探开发必将是高风险的产业。

3. *石油勘探的复杂性*

在市场经济条件下，石油勘探是商业性投资主体以具备外部环境开采条件的矿业权区块为工作对象，通过筹集并投入风险勘查资本，投入地球科学各专业勘探人才、地球物理化学技术、遥感和钻井技术等手段，探知区块内是否存在经济性油藏，以及获取油藏的埋藏深度、产状、三维展布、赋存状态和油藏规模、丰度、品位等数据、信息，用以指导油田开发设计、建设、开采的复杂过程。勘探单位可以同时在多个区块开展地质工作，但每个区块都有其自身的特点。工作对象的不同性质决定了石油勘探在时间序列和空间序列上的探索性、创造性和永不重复性，需要经过不断的“假设－求证－证实（或证伪）”的复杂过程。

二、“勘探开发一体化”是我国石油上游产业的生产运行的基本特点

（一）石油勘探开发一体化的概念

石油勘探是通过多种地质技术及手段，研究油气的生油、储油、运移、圈闭、聚集、保存等条件，从而认识、掌握油气藏的分布规律，落实油气藏的位置及储量的规模；石油开发则是针对已探明的油气藏，研究和刻画其在三维地质域的各种属性特征，进而确定最优化的开发井网、开采方式、采油工艺、地面流程和开发及生产组织策略，从而获得最大化商业价值的油气产量。

由于计划经济体制及其观念的束缚，多年来我国石油公司勘探开发管理体制一直是部门分割的管理体制。这种体制人为地割裂了勘探与开发之间的有机联系，不利于油田整体效益的提高，油田整体效益的运行机制并没有从根本上建立。评价勘探方面的业绩主要看探明储量，只要报够探明储量，探明储量成本指标必然完成。评价开发方面的业绩主要看原油产量，原油产量完成，成本指标也能较好控制。然而，探明储量并不等同于可运用的商业储量，这样在提高勘探开发整体效益的结合点上就出现一个“空档”，造成了人力、物力、时间和财力在一些非效益地方的浪费，而对于能产生效益的经济可采储量却找不到责任人（至少责任落实不清）。这种管理体制带来了很多问题，诸如：“勘探报喜，开发报忧；产量报喜，资源报忧”；“你报你的，我评我的；你算你的，

我动我的”；留下大量“两不管”区，使勘探环节的“重在发现”与开发环节的“提高储量动用率，增加动用经济可采储量”得不到统一；储量再多而不能动用，产量再多但成本很高等。由于缺乏一致的合理的技术经济评价标准，缺乏共同制定并遵守的保证体系，缺乏形成效益合力的机制，因而影响了油田经济效益的提高。

随着勘探和开发的对象从整装的构造油藏向复杂的“低、深、难、杂”小油田转移，上述问题也日益凸显。而解决这一问题的关键是：按探区组成勘探开发项目部，当勘探进入工业勘探评价阶段后（即圈闭预探成功获得油气流后），勘探开发就一起上，直接进行探明储量的生产活动，即：同时做好不同勘探开发阶段一体化方案编制，整体勘探、整体评价、整体开发，分步实施，减少重复建设和不必要的调整。体现出勘探、开发两大专业工作的“两个延伸”：一是勘探向后延伸，延伸到开发实施、信息反馈阶段，以便及时了解勘探部署方案实施的实际效果，根据差异分析及时总结经验教训，指导下一步的勘探；二是开发向前延伸，延伸到工业评价勘探阶段，甚至可以到圈闭评价阶段，以便及时对勘探领域有无商业价值进行评价。这一生产活动的评价标准十分简单，就是商业储量（或经济可采储量）、发现成本和开发成本。勘探开发的关系也比较简单，即一切以储量能否转换为能从市场上换回货币的原油而不是以向上要回多少投资为准则。

因此，油气勘探开发一体化指的是在勘探发现油藏、开展油藏评价、编制一次井网开发方案、上报探明储量等整个过程中，勘探、开发两大专业相互延伸，有机结合，以提高探明储量质量、提高勘探开发综合效益为目的的生产管理工作方式。勘探开发一体化，就是使勘探开发的技术研究流、业务和作业管理流、经济评价流，相互渗透、协调、配合，形成有机整体，实现储量、产量和最终经济目标的统一。

（二）石油勘探开发一体化的特点

勘探开发一体化具有三个明显的特点：（1）它是一种新型的管理

方式；（2）它适用于某一特定的生产过程和两大专业的有机结合；（3）它是投资效益最优化的必然要求。作为一种市场经济条件下新型的油气生产运行管理方式，勘探开发一体化较之以往相对独立运行的勘探、开发工作有着明显的差别，具体表现在以下三个方面。

第一，勘探开发一体化的工作方式，是油气生产管理工作的内在要求。从生产行为看，一个完整的油气生产项目，包括了勘探、开发等多个专业。虽然勘探、开发工作有着专业上的相对独立性，但其研究对象和技术手段均有相同或相似之处。在勘探、开发工作的某个时期，两者的工作是相互重叠的，因而有必要紧密结合以减少重复劳动。勘探开发一体化的工作方式实现了油气生产管理上的一种质的飞跃，即从单纯的勘探、开发工程技术专业的角度所开展的平行考核管理，到从勘探、开发规模经济的角度所展现的整体效益管理。

第二，勘探开发一体化的工作方式，适用于从预探井获得具有商业价值的油气流开始到获得探明地质储量为止。这也是勘探、开发工作相互重叠的阶段。对于一个新的探区，在探井获得商业油气流之前，勘探工作仍处于初期的圈闭评价阶段。主要是利用地震手段，结合少量探井研究盆地的结构特征、构造沉积演化史、生储盖组合特征、圈闭类型、圈闭成藏主控地质因素、圈闭分布规律等基本石油地质特征。可以说，勘探初期这一探索阶段所开展的工作，对于详细认识油气藏的油藏特征及开发特点帮助不大，因此开发专业不宜过早结合。然而，当预探井获得商业油气流，证明油气藏具有较好的开发价值时，就要实行勘探开发一体化工作方式，即开发专业部门应当及时与勘探工作相结合，从油气藏开发的角度关注勘探描述油藏（圈闭）所需要的技术手段及配套工艺，描述油藏（圈闭）所取得的地质认识、探井钻探试油过程中所遇到的工艺技术问题等等，并逐步开始参加勘探工作的研究论证，为下一步研究合理的开发政策、编制科学的开发方案积累全面详细的第一手资料。

第三，勘探开发一体化的工作方式，体现了勘探、开发专业的相互交叉、有机结合，其结果是油气生产投资综合效益的提高。根据专业特点，勘探工作需要依靠地震、地质、钻井、录井、测井、测试试油、实验室分析等专业技术，而开发工作同样需要这些专业技术的支持。所不同的只是在油气藏的认识上的宏观与微观的差异、油气藏形成与油气藏开发的差异。两者的差异所代表的是整个生产运行中的不同技术层面，但并不代表不同的投资构成成分，这些技术层面均是整个油气生产投资项目中的有机组成成分，从投资的角度看，两者的目标是一致的。实行勘探开发一体化工作方式，通过勘探、开发工作的相互配合，可以使相同研究对象、相同专业技术、不同研究方向的两个专业实现有机融合。这也将充分挖掘现有专业技术手段的潜力，更加有助于进一步提高勘探、开发的理论和技术水平，同时，更能从投资的总体效益出发，减少重复研究和现场工程施工，降低储量的探明成本。随着油田勘探开发的不断深入，油田稳产、投资压力越来越大，迫切需要勘探、开发工作的衔接和配合，对共同的研究对象——“油气藏”的认识和描述等一系列工作，相互配合、共同研究，以减少不必要的工作量，实现油田勘探开发效益最优化。

（三）石油勘探开发一体化的生产运行机制

在我国各个油田推行勘探开发一体化的实践中，为实现勘探开发一体化的综合效益，总结出了“四个统一”和“三个加强”的生产运行机制。

1.“四个统一”

“四个统一”就是统一工作部署、统一综合研究、统一资料录取、统一生产运行，即：勘探评价和开发控制统一工作部署，勘探试采与开发实验统一综合研究，勘探开发资料录取统一安排，勘探开发生产运行统一组织。这四个统一的原则，实质就是要求做到勘探开发的高度统一，是集中体现勘探开发一体化思想的精华所在。

在工作部署方面，树立了“勘探是兼顾开发的勘探，开发是兼顾勘探的开发”的思想，打破勘探开发的管理常规，把勘探开发技术和管理人员作为一个不可分割的团队，发挥专业互补的优势，并肩作战，做到互相兼顾、互为渗透，共同研究制定工作部署，实现了勘探开发一体化统一工作部署、高效运行的目的。

在开发试验方面，强调了开发试验早期介入勘探评价的环节，努力实现勘探试采与开发实验统一综合研究，勘探开发技术充分共享。在研究部署探井试油方案时，开发就对需要开展的开发认识、钻井技术、采油工艺、投产方式等开发试验项目进行了统筹研究和部署，力求在探井试油试采阶段就获得早期认识和突破。在油藏评价阶段，开发方案编制人员及时跟踪评价井的进展，掌握最新的评价资料，及早开始研究井网部署、开发方式优选等大型开发试验项目方案，油藏评价一旦完成，马上跟进实施开发试验项目，为迅速扩大开发战果赢得大量的宝贵时间。

在资料录取方面，坚持勘探开发统一安排和研究的原则，即探井评价井的资料录取方案既要安排提交三级储量所必须录取的资料，又要安排编制开发方案所需的关键性资料，实现在勘探评价早期就录取到开发井投产方案设计所需资料的目的，为实现勘探开发一体化的快节奏推进提供必要的条件。同时，在开发井上开展的一些油层测试资料，也为勘探深化油藏类型认识和印证控制储量规模提供更为详实的依据，以充分实现勘探开发资料的共享。

在生产运行方面，采取勘探开发生产运行统一组织的做法，便于加强生产运行和勘探开发研究的结合。在研究部署勘探开发方案时生产运行管理部门的人员就要及时参与，了解最新进展和部署方向，生产人员与研究人员一同分析现场出现的变化，做到生产运行及早研究、及早准备。勘探开发生产运行统一组织的做法，保证了地质工程方案的快速落实，为勘探开发一体化提供了快速运行的保障。

2. “三个加强”

在石油勘探开发领域，一个先进的管理方式能否被得到有效的运作，还必须依靠理论和技术的有效支撑。我国石油公司在践行勘探开发一体化过程中，强化了理论认识与技术发展，做到三个加强，夯实了科学发展的基础和手段。

一是加强对资源的基础研究，揭示规律，实现对优质资源的优先开发，为快速发展奠定了基础。勘探开发一体化往往是在资源不完全落实的情况下开始运作，因此，加强对资源的基础研究显得尤为重要。为此，以实现优质资源优先开发为目标，从区域石油地质研究入手，充分利用新的勘探成果，加强了对目标区资源的基础研究，落实“生、储、盖”。

二是加强配套先进技术的研究与应用，“对症下药”，为快速发展找到了有效手段。在实施勘探开发一体化过程中，往往遇到一些技术难题，制约着建设节奏的加快和水平提高，针对这些难题，油田公司通过加强配套先进技术的研究与应用，“对症下药”，推动了一体化建设进程。

三是加强油藏评价的超前研究，做到“兵马未到，粮草先行”，为快速发展找到了有效途径。在勘探开发一体化思想的指引下，油田公司突破了旧有模式的限制，加强了油藏评价的超前研究，做到“兵马未到，粮草先行”，为快速发展找到了有效途径。

（四）石油勘探开发一体化取得成效

总体来看，我国石油公司通过实施勘探开发一体化的生产运行机制，取得了明显成效。三级储量数量、质量不断提高；油田发现和开采周期缩短，预探发现转化为产能建设的速度明显加快；勘探开发成本下降，提高了资源储量的经济性。从以下中国石油天然气股份有限公司、大庆和长庆油田的例子就可见一斑。

1. 中国石油天然气股份有限公司

2004～2006 年的年探明储量分别为 52107 万吨、55704 万吨和 61511 万吨；新区产能由 2000 年的 330 万吨升至 2005 年的 579 万吨左右，新区产能占新增总产能的比例由 2000 年的 56.9% 升至 2005 年的

72.4%。

2. 大庆油田

“十五”时期迎来了第三次储量增长高峰期，提交的储量、质量创大庆长垣发现后勘探的最好水平，发现了8个超5000万吨级的整装储量区，提交石油探明地质储量3.9亿吨，天然气探明地质储量1115.6亿立方米，全都超计划完成任务；石油储量的可动用率比“九五”时期提高了28个百分点，而且储量品质更佳。尤其是通过“十五”期间的努力，对“十一五”期间提交探明储量的目标区更加有把握。在石油勘探上，发现了齐家、古龙、大庆长垣、三肇、海拉尔等5个亿吨级规模储量区；在深层天然气上，第二个1000亿立方米目标基本在握，第三个1000亿立方米勘探方向基本明朗。

3. 长庆油田

近几年来，在苏里格气田、华庆油田，都是在没有探明储量的情况下，当年探明、当年建产。通过勘探开发一体化，大大缩短了一个油田从预探发现到规模开发的周期，过去规模开发一个油田需要5~8年的时间，近年来只要用2~3年就可以实现一个油田的规模开发，大大提高了投资效益。按照“整体性评价、一体化管理、规模化建设”的思路，预探、评价井井位套开发井网整体部署、一体化实施。长庆油田华庆地区元284区块新增石油控制地质储量数亿吨，建成产能11.3万吨；姬塬地区围绕池46区块出油井点，快速建成产能6.5万吨，并落实了30万吨的产建规模。

长庆油田十分注重勘探与开发相结合、稳产与上产相结合，通过优化方案部署，完善工艺配套，精细气藏管理，产建规模迅速扩大，气田稳产形势持续好转。2008年，长庆气区新建产能55.9亿立方米，已具备190亿立方米以上的年生产能力。苏里格东区坚持勘探开发一体化，采取“地震撒网、骨架井先行、开发井集中建产”的方式，至2008年底，配套建成年生产能力11.0亿立方米，提交探明储量1240.77亿立方米。苏里格西区评价建产初见成效，2008年完钻开发井、评价井65

口，建产能1.2亿立方米，同时为2008年基本探明储量的申报提供了有力支撑。靖边气田水平井开发取得新进展，通过地震—地质结合，精细描述小幅度构造形态、岩溶古地貌，优化水平井井位与井身轨迹，有效储层钻遇率提高到50%以上。

三、石油上游产业的经济性特征

石油上游产业的经济性特征主要包括石油资源的稀缺性和分布不均衡性、石油勘探和开采环节的高风险性和高资本密集度、石油上游产业的勘探开发一体化和规模经济性等，这些特征使世界石油上游产业在发展过程中垄断和竞争并存。从世界石油工业150年的历史来看，石油上游产业总体上体现出寡头垄断的市场特征。从世界石油市场的新动向看：具有资源优势的国有石油公司的地位和能力越来越突出，欧佩克（OPEC）对世界石油市场的影响力显著增强，二者正在成为世界石油市场规则的制定者。各国政府在石油上游产业中发挥作用时，主要追求的目标是回应国内各方面的利益诉求和提高产业效率，并且通过提高本国石油工业的国际竞争力以保障国家石油安全。

（一）寡头垄断是石油上游产业市场的基本特征

1. 世界石油上游产业发展过程中垄断和竞争并存

世界石油上游产业具有以下经济特性，这些基本的经济特性决定了其在发展过程中垄断和竞争并存。

（1）石油资源的稀缺性和分布不均衡性。石油天然气是由地质历史时期埋在地下的动植物经过漫长的地质年代形成的一种非再生能源，由于其总量有限，随着大规模的开采和利用，储量越来越少，稀缺性程度越来越高。从石油资源的分布来看，由于古地质形成和构造运动的原因，绝大部分的油气资源集中于少数几个地区。这种由于自然地理、地质原因而形成的资源不均衡状况，加之各国经济发展和石油需求的不平衡，造成了现代石油资源供给和消费空间上的分离，使世界石油贸易流向更趋于复杂化。为此，石油消费国和输出国都在努力使石油来源和出口多元化，以保持稳定的供需关系和获得更好的经济效益。

（2）石油勘探与开采环节的高风险性和高资本密集度。石油上游产业本质上是一个高风险的产业，其风险尤其集中在勘探和开采环节。石油勘探和开采环节的风险大致可以分为两类：一类是企业可以管理的内生风险，如地质风险、技术风险和商业风险；另一类是企业无法管理的外生风险，又可分为政策风险和政治风险。当石油公司在国内勘探和开发时，面临的主要是地质风险、技术风险（对石油地质储量状况无法事前衡量和事后分析错误）和商业风险（国际市场原油供应过剩、原油价格的剧烈波动）。当石油公司进行跨国勘探和开采时，面对的更多是政治风险（如社会动乱、合同废除、政府频繁更换）和政策风险（如东道国行业准入制度、价格政策和财税制度变化等）。例如在进行大规模的跨国投资前，石油公司都期望以可以接受的投资回报率勘探和开采东道国的油气资源。然而，迫于政治和经济压力，东道国政府可能修改本国能源政策，使投资变成无利可图，或单方面改变合同，给投资公司带来部分甚至全部的投资损失。

石油勘探和开采环节的高风险因素筑起了一道高资本壁垒，使低于一定资本额度的石油公司因无法抵御勘探和开采环节的高风险而不能进入这一领域。对已经进入这一领域的石油公司来说，内生型风险是企业资本投入的减函数，随着石油企业投入资本的增加，存续时间的延长，地质资料、勘探技术经验的积累，在一定区域内面对的内生型风险会持续降低。而对新进入石油上游产业的企业来说，地质风险、技术风险和商业风险的程度决定了进入企业必须具备的最小资本规模。总之，石油勘探和开采环节的高资本密集度是和高风险性相伴生的。石油企业的资本规模为企业抵御各种风险提供了屏障，企业管理和应对风险的能力决定了其在石油上游产业链中的位置及在全球石油市场中经营的地域范围。

(3) 石油上游产业的勘探开发一体化和规模经济性。在产业经济学中，一体化通常是指企业将外部交易内部化，即把由市场控制的外部交易转变为企业内部直接控制的管理活动，因而它是对市场交易的替代。石油公司的勘探开发一体化，是指一个石油公司控制和管理从石油普查、详探、油藏评价、油田设计和建设、开发勘探和开采到原油集输的各个环节。石油公司实施勘探开发一体化战略可使公司各生产经营环节紧密配合，把原来经过市场或行政机构联系的各个环节内部化，节约中间环节的交易费用，取得规模经济效益，并有稳定可靠的资源储量储备和原油销售市场，分散了上游产业的风险，从而提高石油公司的上游产业竞争能力。特别是在国际油价激烈波动的情况下，可以使勘探资源与开采原油业务之间盈亏互补，保持公司整体利润的稳定。

(4) 石油市场的全球化和石油公司经营的国际化。石油产业发展所依赖的石油资源和消费市场，几乎从一开始就是“全球化”的，或者说是“超地域”的。石油市场巨大的商业诱惑和石油资源分布的高度不均衡，使得石油产品从其早期就具有了世界性产品的特点，也使得石油公司较早地开始了国际化经营活动。从早期的美欧大石油公司对世界范围内石油勘探、开发、贸易、消费的绝对控制，到今天跨国石油公司的触角仍然遍布世界各地，如美国的埃克森美孚石油公司在37个国家设有70多家炼油厂，其石油化工产品在23个国家的49家企业中生产，其所属的200多家子公司分布于世界近百个国家。

从发展中国家的石油公司来看，科威特国家石油公司是开展国际化经营的先驱者之一，早在20世纪80年代，科威特国家石油公司就已发展成为一个在国际范围内从事所有石油业务的国际性石油公司。目前在国际石油上游领域比较活跃的石油公司有马来西亚和巴西国家石油公司，在下游领域比较活跃的有委内瑞拉和沙特阿拉伯国家石油公司等。

20世纪90年代以来，随着新兴市场国家石油消费的迅猛增长以及部分国家依据WTO规则开放石油市场，石油公司的国际化经营进入新一轮调整过程。美欧大石油公司通过分拆和兼并重组不断调整跨国经营范围，欧佩克产油国的国家石油公司开始了向新兴石油消费国中下游的渗透，而新兴石油消费国也加紧了向产油国上游领域的投资，其结果是使石油市场的全球化和石油公司经营的国际化朝着纵深的方向发展。

（5）石油上游产业的安全和环境特征。石油作为国民经济的基础，也被誉为“工业的血液”。石油供给的安全和价格的稳定，对于整个国家的经济安全和稳定具有重要影响。首先，从国际石油贸易的发展来看，早期各国的石油供给源都主要在中东地区，但随着中东局势的不稳定，70年代的两次石油供应中断引发石油危机，使得各国开始意识到，为了保持本国石油供给安全，必须寻找多种供给源。其次，石油从生产国到消费国要通过石油管道的运输和海上油轮的运输，运输安全的保障也关系到石油供应的安全。再次，石油价格的巨幅波动给其下游产业带来的巨大影响，特别是由于石油价格上涨形成的成本推动型通货膨胀，对整个国民经济的冲击也成为石油安全的一个重要方面。

另一方面，随着人类对环境保护的日益关注，如何在石油上游产业的改革与发展过程中，保护环境，实现资源、社会经济和环境的协调发展，正面临着越来越大的挑战。石油资源的开发和利用造成了环境污染和生态的破坏，但现代经济社会发展又离不开石油工业的支撑。石油上游产业发展中所存在的安全和环境等外部性问题尚不能完全依靠市场机制解决，因此有效的监管机制和经济激励机制成为了很多国家解决石油安全和环境问题的重要手段。

（6）石油上游产业的经济战略性。可以用木桶定理（即由若干木板围成一个沿口不齐的木桶，其容量是受最短的那一块木板决定的）来说明石油对国民经济的战略重要性。若将中国经济比作一个木桶，则这个木桶上最长的一块“木板”是人口，最短的一块“木板”是能源。能源问题在我国相比于人口的压力、资金的缺乏、人才的不足、管理的落后、水土资源的破坏、环境的污染等，更需要加快解决。加快能源发展，增加该“木板”的长度，是提高“中国经济木桶”容量的关键。而在能源发展中，石油比电力、煤炭又具更大的迫切性。因为缺乏石油，即使经济再加速，汽车仍难以疾驰，高楼也不能拔地而起，经济虽能发展，但对于仍处于工业化中期的中国来说，实现现代化将面临严峻的挑战。因此，能源是制约中国经济发展的“短板”，而石油又是能源中的“短板”。在能源发展战略中，石油比电力、煤炭又具更大的迫切性。

石油不仅是重要的能源，更是重要的化工原料。石油化工产品已遍及工业、农业、建筑、国防以及人们广泛的生活领域。目前，石油作为一种与人类生活密切相关的商品，已经形成现代生活方式和社会文明的基础。据统计，目前以石油为原料的石化产品已达7万多种，石油工业在世界工业总产值中所占比重达10%，在中国工业总产值中约占6.6%，石油工业带动了机械、化工、运输、医药、建筑等产业的发展，与国民经济其他产业的经济关联性越来越强。

可以说，石油是中国经济建设中不可缺少的重要能源和原料，因此加快石油上游产业的发展关系到国家的命运前途。

2. 世界石油上游产业垄断和竞争力量相互平衡的演变过程

回顾世界石油工业的发展历程，上游产业一直处在垄断和竞争的状态中发展，贯穿了150年的世界石油发展史。

（1）世界石油产业早期（20世纪70年代以前）的垄断和竞争。石油产业的特征（高风险、高资本密集度和规模经济性）决定了企业规模是石油企业提高竞争地位、应对竞争压力的最有效手段，因此企业具有很强的内在动力来扩大企业规模。企业扩大规模的方式有两种，一种是通过内部积累，另一种是通过兼并。后一种方式通常占主要地位。企业扩大规模首先发生在石油产业链上的个别环节，获得规模优势的企业通过兼并减少了本环节的企业数量，并依靠上游环节获得的优势向上下游一体化、整体规模扩大化的方向发展。当有先发的企业实现上下游一体化，并在规模上压倒其他石油企业时，石油市场的垄断或寡头垄断格局形成。

近代石油工业诞生于1859年的美国。1870年出现的洛克菲勒的标准石油公司（Standard Oil Company）在不到20年的时间里，发展成为美国第一家行业垄断性的石油托拉斯——标准石油托拉斯，也是世界第一个石油“巨头”。19世纪80～90年代，美国的石油产量占世界总产量的70%～80%，而标准石油托拉斯控制着美国30%的石油产量、80%以上的原油管道运输以及85%以上的油品的生产、出口。在美国石油市场垄断格局发展到顶峰时，政府进行了干预。1911年，美国政府应用反垄断法案解体了标准石油公司，使其分立成34个独立的石油公司，改变了垄断结构，促进了美国国内石油市场的竞争。20世纪20年代以后，标准石油公司解体后形成的3～4家美国大石油公司和此前建立的欧洲大石油公司，以相同的逻辑把规模扩张的发展模式延伸到国际，经过多年发展，形成以“七姊妹”为代表的上下游一体化大石油公司（埃克森、壳牌、美孚、德士古、英国石油公司、雪佛龙和海湾石油公司），控制了发展中国家产油国的上游领域和欧美发达国家的下游领域，形成了国际石油市场的寡头垄断格局。20世纪40年代中东和北非出现新的产油国，50年代欧洲和日本产生新的消费市场，新的供给和需求冲击了已有市场，为新兴石油公司进入国际石油产业带来了机会，并在一定程度上削弱了美欧大石油公司对国际石油市场的垄断，但未从根本上改变国际石油市场的寡头垄断格局。

（2）世界石油产业近期（20世纪70年代以后）的垄断和竞争。20世纪70年代，在全球政治领域，中东和北非从西方的统治下逐步获得政治独立，发展中国家产油国先后推行石油资源国有化运动，收回了被美欧大石油公司控制的油田，并在此基础上建立了产油国自己的国家石油公司，以控制本国的石油资源。70年代的国有化运动使美欧大石油公司丧失了大部分上游资产，改变了其绝对一体化的组织结构，使国际石油产业从横向和纵向上发生了解体，石油市场的集中度大幅度降低。同1972年比较，1980年“七姊妹”拥有的原油可采储量从2844亿桶

(398.6 亿吨) 减少到 274 亿桶 (37.5 亿吨), 减少了约 90%; 在资本主义世界可采储量中的比重从 50% 减少到 5%; 它们掌握的原油供应量, 从平均每日 3035 万桶 (415.8 万吨) 减少到 2043 万桶 (279.86 万吨), 减少了约 33%; 它们掌握的原油产量, 由平均每日 2772 万桶 (379.7 万吨) 减少到 824 万桶 (112.87 万吨), 减少了约 70%。20 世纪 70 年代后期, 欧佩克国家试图通过联合限制原油产量来控制国际石油市场, 但在世界石油需求下降及非欧佩克国家原油产量上升的冲击下没能取得成功, 国际石油市场自此改变了寡头垄断格局, 进入垄断竞争的新阶段。

20 世纪 70 年代以来, 随着国际石油产业结构的变化, 石油市场上的竞争主体也发生了变化。首先, 丧失了在中东国家石油资产, 但规模巨大的美欧大石油公司凭借其资本、技术和管理的优势, 仍然是全球竞争实力最强的跨国石油企业, 继续控制着本国和部分发展中国家石油产业的上、中、下游环节, 并伺机向所有可能获利国家的石油领域扩展; 其次, 发展中国家在政治独立、资产国有化基础上建立起来的国家石油公司依靠本国资源和政府支持得到极大地发展, 部分国有石油公司的规模已经可以和美欧大石油公司匹敌, 但由于发展时间较短, 在综合实力上还无法和美欧大石油公司在全球范围内竞争; 再次, 新兴石油公司和部分发展中国家石油公司经过演化, 转变为中小型专业化石油公司, 在石油产业的局部地区和局部环节进行竞争。

世界石油产业由寡头垄断格局转向垄断竞争格局, 但规模决定竞争力的规律没有改变, 石油产业自发地趋向市场集中的规律也没有改变。获得政治独立的石油生产国和石油消费国在美欧大石油公司的压力下, 为了保护本国石油资源和消费市场安全, 普遍采取了市场保护 (石油生产国保护上游市场, 消费国保护中、下游市场) 和扶持国有石油公司的政策, 以避免美欧大石油公司再次控制本国资源和市场, 避免不对等竞争对国有石油公司发展的损害, 其结果使除了美国和部分西欧国家保持相对开放竞争的石油产业格局外, 多数石油生产和消费国形成由一家或少数几家石油公司相对垄断经营的产业结构。根据对世界上 86 个主要产油国家（不包括中国）石油产业管理体制的统计，鉴于石油资源对国民经济发展的极端重要性，绝大多数国家都组建了国家石油公司，具体可以划分为以下 4 种类型：（1）只设一家石油公司的国家有 57 个；（2）设两家石油公司的国家有 5 个；（3）设 3～10 家石油公司的国家有 10 个；（4）设 10 家以上石油公司的国家有 3 个（美国、俄罗斯和加拿大）。各产油国的政府管理部门、石油法律法规、矿权授予方式、石油公司概况及市场化程度等详见表 1.3。

表 1.3　　世界主要产油国石油资源管理概况表

地区	国家	管理部门	法律法规	矿权授予方式	石油公司	市场化程度
非洲地区	阿尔及利亚	能源部	石油法（1991）	招标与合作	阿尔及利亚国家石油公司	低
	埃及	石油部	标准租让协议（1998）	招标	埃及国家石油公司	低
	安哥拉	石油部	石油和天然气法（1978）	招标	安哥拉国家石油公司	低
	贝宁	矿产和能源部	石油法令（1973）、投资法（1990）	招标	Sonacop 石油公司	低
	赤道几内亚	矿业和油气部	石油法（1981、1996 年调整）	招标	无国家石油公司	低
	刚果（布）	石油部	烃类矿物资源法（1994）	租让与合作	国家石油公司（SNPC）	低
	刚果（金）	石油国务部	矿业和石油法令（1981）	租让	不详	低
	加纳	矿业和能源部	石油（勘探和生产）法（1984）	招标	加纳国家石油公司（GNPO）、Tema 炼油公司、加纳石油公司	中低
	加蓬	能源部	矿业法（1962、2000 年修订）	招标与合作	不详	低

续表

地区	国家	管理部门	法律法规	矿权授予方式	石油公司	市场化程度
非洲地区	喀麦隆	矿业水利和能源部	石油法（1999）	招标	喀麦隆国家石油公司	低
	科特迪瓦	矿业和能源部	石油法令（1996）	合作	Petro - Holding 控股公司和三个分公司	低
	利比亚	国家石油公司	石油法（1975）	招标与合作	利比亚国家石油公司（NOC）	低
	马　里	矿业能源和水利部	石油法（1969）	部长授权	无	无上游工业
	摩洛哥	能源与矿业部	石油法（2000）	招标与合作	摩洛哥国家石油公司（ONAREP）	低
	莫桑比克	矿产能源和能源部	石油活动管理法（1981）	合作	ENH 国家石油公司	低
	纳米比亚	矿产和能源部	石油法（1998）	招标	Namcor 国有石油公司	低
	南　非	南非石油社	天然石油法令（1942、1951 修订）	招标	南非国家石油公司	低
	尼日尔	矿业和能源部	石油法（1992）	招标	Dubri 石油有限公司	低
	尼日利亚	石油资源部	石油法令（1996）	对外合作	尼日利亚国家石油公司和11 个子公司	低
	塞舌尔	工业部	石油标准协议（1997）	招标	塞舌尔国家石油公司（SNOC）	低
	苏　丹	能源和矿产部	石油法规（1974）	招标	苏丹国家石油公司和外国公司合资	中高
	突尼斯	工业部	石油法（1985、1987 修订）	招标	突尼斯国家石油公司	低
	乍　得		石油法规（1999）	招标	大陆石油公司	低

续表

地区	国家	管理部门	法律法规	矿权授予方式	石油公司	市场化程度
中东及西亚地区	阿联酋	最高石油委员会（SPC）	永久宪法（1996）	招标	阿布扎比石油公司（ADNOC）	低
	阿曼	石油部	石油标准协议（1981）	合作	阿曼国家石油公司	低
	巴林	高级石油委员会（SPC）	外商投资鼓励方案（1993）	招标	巴林国家石油公司	低
	卡塔尔	能源工业电力水利部	勘探和产量分成标准协议（1986）	承包	卡塔尔石油公司	低
	科威特	最高石油委员会（SPC）	成立石油最高委员会的法令（1974）	对外合作	科威特石油公司（KPC）	低
	沙特阿拉伯	最高石油委员会（SPC）	矿业法令（1963）	授予	阿美石油公司	低
	叙利亚	石油矿产资源部	投资法（1991，2000 修订）	代理制招标	叙利亚国家石油公司等五个	低
	也门	石油和矿产资源部	石油法（1976）	合作	石油和矿产资源总公司、也门石油公司、也门炼油公司、原油销售总局和也门勘探与生产公司等五个	低
	伊拉克	石油部	石油和矿产部新规章（1967）	对外合作	伊拉克国家石油公司（INOC）	低
	伊朗	石油工业部	石油法令（1987）	招标	伊朗国家石油公司、伊朗国家炼油和油品分销公司、伊朗国家石化公司等三个	低
	以色列	国家石油委员会	石油法（1965）	招标	国家石油有限公司和石油炼制有限公司	低

续表

地区	国　家	管理部门	法律法规	矿权授予方式	石油公司	市场化程度
中东及西亚地区	约旦	自然资源管理局	约旦自然资源局和跨国石油公司勘探和产量分成标准协议	合作	国家石油公司（NPC）	低
	阿塞拜疆	燃料能源部	地下资源法（1996）	招标	国家石油公司	低
	格鲁吉亚	能源部	石油天然气法（1999）	合作	Sakenergo 国家能源公司	低
	土耳其	能源和自然资源部	石油法（1983）	合作	土耳其国家石油公司及石油炼化公司和国家石油产品零售公司	低
	亚美尼亚	能源部	税法（1997）	无油气资源	无	无
中亚地区	哈萨克斯坦	国家石油公司	石油法（1999）	招标与合作	Kazakhnefteprovod 股份公司	低
	吉尔吉斯斯坦	工业部	吉尔吉斯共和国石油和天然气法（1998）	招标	Kyrgyzneftegaz 国家石油公司	低
	塔吉克斯坦	国家油气委员会	不详	招标	塔吉克地质公司、塔吉克石油公司	低
	土库曼斯坦	石油天然气工业和矿产资源部	石油法（1997）	招标	土库曼油气贸易公司、土库曼石油集团公司土库曼油气建设集团公司、土库曼地质公司等四个公司	中低
	乌兹别克斯坦	石油管理局	石油法（1998）	招标	乌兹别克斯坦石油天然气公司	低

续表

地区	国家	管理部门	法律法规	矿权授予方式	石油公司	市场化程度
美洲地区	阿根廷	石油矿产管理局	油气资源法（1967）、天然气法（1994）	招标	无国有公司	高
	巴西	能源和矿产部	烃类矿物资源法（法9478）（1997）	招标与合作	巴西国家石油公司	低
	秘鲁	能源矿业部	石油法（1993）	招标与合作	Perupetro石油公司（实行部分私有化）	中高
	玻利维亚	能源部	烃类矿物资源法（1996）	招标	YPFB石油公司（没有彻底私有化）	中高
	厄瓜多尔	能源矿产部	烃类矿物资源法（1994）	招标与合作	厄瓜多尔国家石油公司	低
	哥伦比亚	矿业和能源部	石油法令（1961）	招标	哥伦比亚国家石油公司	低
	加拿大	自然资源部	加拿大石油资源法令（1985）	招标与合作	十几家石油公司及许多小石油公司	高
	美国	能源部、内政部	能源法规（1979）	招标与合作	埃克森—莫比尔公司、美孚石油公司、菲利普公司等大公司和几千家小公司	高
	墨西哥	能源部	修改有关石油的宪法第27条规定的法（1995）、天然气法、对宪法第27条规定的实施（1997）	招标与合作	国家石油公司（Pemex）	低
	特立尼达和多巴哥	能源工业部	石油管理（皇家）法令（1998）	招标与合作	特立尼达和多巴哥国家石油公司	中低

续表

地区	国家	管理部门	法律法规	矿权授予方式	石油公司	市场化程度
美洲地区	委内瑞拉	能源矿产部	烃类矿物资源法（1943）	招标与合作	委内瑞拉国家石油公司（PDVSA）	低
	智利	能源矿业部	ENAP和主要公司勘探开发烃类矿物资源的特别作业合同（1996）	招标	智利国家石油公司	低
欧洲地区	白俄罗斯	不详	宪法（1996）	招标	白俄罗斯国家石油公司、国家石化公司	低
	保加利亚	国家能源管理署	地下资源法令（1999）	招标	无	无油气工业
	丹麦	环境和能源部	丹麦地下利用法令（1981）	招标	不详	不详
	德国	经济部	联邦矿产法（1980）	招标	不详	无石油工业
	俄罗斯	能源局	矿产资源法修正案（1992）	招标与合作	11家石油大公司和50几家小石油公司和40几家外国合资公司	高
	法国	工业部	矿业法（1994，1999年修订）	合作	TotalFinaElf石油公司	低
	荷兰	不详	矿产法令（1997）	招标	皇家荷兰壳牌公司、埃尔夫、Clyde石油公司等（完全私有化）	高
	克罗地亚		矿产法（1993）		INA Oil and Gas公司	低
	罗马尼亚	矿产资源局	石油法（1996）	招标与合作	SNP国家石油公司及下属的几十家公司	低

续表

地区	国家	管理部门	法律法规	矿权授予方式	石油公司	市场化程度
欧洲地区	摩尔多瓦	工业和能源部	摩尔多瓦政府和资源开发有限公司石油开发和生产意向协议（1994）	合作	TirexPetrol 国家石油公司	不产石油
	挪威	能源部、石油管理局	石油法（1992）	招标与合作	挪威国家石油公司、挪威海德罗公司、Saga 石油公司	中低
	乌克兰	国家石油天然气和炼油委员会	地下资源法（1994）	招标	乌克兰国家石油公司	低
	匈牙利	不详	矿产法令 XVI（1991）	招标	匈牙利石油天然气公司（部分私有化）	中低
	意大利		石油法草案（1982）	招标与合作	ENI 集团公司及下属 320 家公司	低
	英国	贸易和工业部	天然气法令（1986）、石油法令（1987）	招标与合作	BP 石油公司、Enterprise、Lasmo 等	中低
亚洲地区	澳大利亚	国家农业和资源经济局（ABARW）	石油（水下）陆地法令（1967，1968 年修订）	招标与合作	BHP（Broken Hill Proprietary）石油公司	中高
	巴布亚新几内亚	石油和能源局	石油法（1987）	招标与合作	不详	中低
	巴基斯坦	石油和自然资源部	石油法（1990）	招标与合作	石油与天然气开发公司、巴基斯坦石油有限责任公司、巴基斯坦国家石油股份有限公司	中低

续表

地区	国　家	管理部门	法律法规	矿权授予方式	石油公司	市场化程度
亚洲地区	菲律宾	能源部	石油开发租让标准合同（1970）、标准服务合同（1972）、地质勘测和开发标准合同（1993）	招标与合作	菲律宾国家石油公司（实行私有化）	中高
	老挝	地质矿产部	外商投资法（1994）	无	不详	无
	马来西亚	内阁能源委员会	石油开发法令（1974）	招标与合作	马来西亚国家石油公司	低
	蒙古	蒙古石油管理局	石油法（1997）	招标与合作	蒙古国家石油公司（PSC）	低
	孟加拉国	能源和矿产资源部	关于石油勘探、开发、加工和销售的石油法规（1974）	招标	孟加拉国国家石油公司及9个子公司	低
	缅甸	能源部（能源计划局）	缅甸石油天然气公司企业和跨国企业陆地石油作业标准产量分成合同（1994）	合作	缅甸国家石油公司	低
	泰国	矿产资源局	石油法（1973）	招标与合作	泰国石油管理局（PTT）	低
	文莱	工业和初级资源部	关于石油矿产法令紧急命令（1992）	招标与合作	壳牌文莱石油公司（合资）	中高
	新西兰	商业部（能源局）	王室矿产法（1991）	招标与合作	Fletcher Chanenger 能源公司	低
	印度	石油部	石油法令（1934 年）	招标	印度石油天然气公司、石油印度有限公司	中低
	印度尼西亚	矿产能源部	石油和天然气矿业法（1960）	招标与合作	印尼国家石油公司	低
	越南	国家石油管理局	矿产资源法规（1997）	招标与合作	越南石油天然气总公司	低

资料来源：据公开资料整理。

不同国家实行的国内市场保护和国有企业控制政策一方面阻碍了国际石油市场的自由竞争，另一方面也延缓了世界石油产业重新向集中发展的趋势，使得世界范围内呈现开放的国际市场和封闭、半封闭的国内市场共存，美欧大石油公司、国家石油公司和中小型专业化石油公司共存，国际市场垄断竞争和部分国家市场垄断并存的石油产业格局。

回顾世界石油产业垄断和竞争的发展历程，可以总结如下：（1）尽管石油上游产业的特点突出了企业规模的重要性，但石油上游产业并不完全属于自然垄断产业，在世界石油工业发展的不同阶段、不同环节都出现过程度不等的竞争。（2）在没有新的供给和需求冲击已有市场以及没有政府和政治力量干预的情况下，自由竞争的结果总是使石油上游产业自发地趋向于市场集中。（3）国际市场垄断竞争和部分国家市场垄断并存是全球范围内垄断和竞争力量相互平衡的结果。（4）判断国内市场的垄断和竞争问题时，不能只局限于本国范围，而需要分析世界石油市场环境。一国政府保护国内市场和资源而采取的限制竞争的政策，往往是一种回应国际竞争压力的结果。（5）在世界石油市场存在潜在竞争的情况下，国内石油市场的集中程度并不能反映市场的垄断程度。在市场开放的条件下，即使国内只有一家企业，也要面临国际上众多企业的竞争；而在市场封闭和分割的条件下，即使有多家企业也未必有真正的竞争。因此，政府对国内市场的保护程度是决定竞争还是垄断的关键因素。

（二）世界石油市场的新动向

当今世界石油市场具有以下新动向：资源优势的国有石油公司的地位和能力越来越突出，欧佩克（OPEC）对世界石油市场的影响力显著增强，二者正在成为世界石油市场规则的制定者。

1. 石油资源国有化趋势明显，资源优势凸显

石油资源国有化趋势明显，具有资源优势的国有石油公司的地位和能力越来越突出，正在成为世界石油市场规则的制定者。

首先，全球正在发生新一轮的石油资源国有化运动。新一轮石油国有化运动从俄罗斯蔓延到拉美的委内瑞拉、玻利维亚和厄瓜多尔，并迅速扩展到了非洲的乍得。卡塔尔、阿尔及利亚、科威特等国也出现了国有化的苗头。2006 年底，俄罗斯剥夺了壳牌公司在萨哈林岛地区价值 2000 亿美元的天然气项目控制权。2006 年 5 月，玻利维亚总统签署一项法令，对本国石油和天然气资源实行国有化。2007 年 3 月委内瑞拉通过法律，由委内瑞拉国家石油公司主要控制奥利诺科重油油田，该地区是世界最大的重油资源地。2007 年 8 月，俄罗斯收购了国内最大的私人石油公司——罗斯石油公司。

其次，国际石油公司与国家石油公司的市场地位正在发生根本性变化。长期以来，国际石油公司在世界石油天然气勘探开发市场上起着举足轻重的作用。从 20 世纪 60 年代到 21 世纪头两年，全世界探明油气储量的 85%（不包括中国）掌控在大型国际石油公司手中。进入 21 世纪以来，在石油资源国纷纷实施石油资源国有化的推动下，国家石油公司迅速崛起，转而成为世界油气资源勘探开发市场的中坚力量。如今，国家石油公司已拥有全球 80% 以上的油气资源。国家石油公司的石油产量占世界总产量的比例已从 1972 年的 7% 上升至 2007 年的 77%。2007 年 12 月美国《石油情报周刊》公布，全世界综合排名最大的 50 家石油公司中，国家控股比例超过 50% 的有 26 家，其中有 19 家是国家 100% 控股的国家公司。全球前 20 家最大的石油公司中，国有石油公司占 13 家。比较分析国际石油公司和国家石油公司的各项指标可以发现：（1）在当前阶段，国家石油公司在石油储量和产量方面占据了主导地位，这是国家石油公司在未来世界石油市场中继续保持优势地位的根本所在；（2）国际石油公司在管理、治理、技术等方面仍占据优势，表现为员工的劳动生产率、资本回报率等指标要远远高于国家石油公司；（3）在石油资源供求紧张的情形下，国家石油公司可凭借资源控制力在世界石油市场中掌握主动权；（4）尽管由于国家石油公司多元化的目标，使其收入的很大部分被用于石油业务以外的领域，但其资金、技术、管理方面的能力仍在逐步提升，尤其是一些经市场化改革后的国家石油公司，已在某些领域取得了超越国际石油公司的能力。

再次，国家石油公司都在进行国际化、一体化发展。各种类型的国家石油公司大多走出国门参与全球竞争。资源国的国家石油公司向下游业务发展，在其他国家建炼厂，收购或兴建销售终端基础设施。如沙特阿美以炼油业务为依托，已成功打开国际化经营的局面，发展成为全球性的综合石油公司。目前该公司在世界各地11个国家和地区设有子公司或办事处，不仅营销和出口原油、油品，而且通过子公司，在世界各地展开炼油和海上运输业务。该公司在美国、韩国、菲律宾、希腊的总炼油能力达7650万吨/年的6个炼厂中持有股份，在美国拥有3座炼厂的股份，是美国第14大炼油公司。消费国的国家石油公司（发展中国家和发达国家）积极开展海外油气资源开发，一些国家石油公司已经拥有了大量的海外石油储量。如巴西国家石油公司通过2001年与莱普索YPF的资产置换以及2004年对阿根廷最大能源公司Perez Companc 58.6%股权的收购，大大扩展了公司在阿根廷、玻利维亚、厄瓜多尔、秘鲁和委内瑞拉的油气勘探开发、炼油、油气管道运输以及海运等业务。

2. 欧佩克（OPEC）对世界石油市场的影响力显著增强

在国际上，几乎无人怀疑欧佩克有能力推高油价。根据德意志银行的研究，过去15年里，欧佩克18次下调产量配额，其中有80%的减产在3个月内成功地稳定或是推高了油价。可以说，当油价下跌时，欧佩克基本上成功地保护了其利益。

目前，全世界的石油供应约有40%来自欧佩克的12个成员国。2008年欧佩克公布的官方产量为每日2967万桶。在世界石油需求不断增长、非OPEC资源约束逐步显现、全球短期内缺乏有效的石油替代品的情况下，OPEC为实现其自身利益最大化，通过控制石油产量和长期投资来推高国际油价。同时，期货市场和基金的参与使得OPEC可以更方便、更隐蔽地实施这一战略，并为它的“限产保价”政策找到更加冠冕堂皇的理由。未来OPEC仍可能将在世界经济可以承受的极限内试探更高的油价。

不妨假设：由于投机力量的大量买入，石油价格在短期内上涨到均衡水平以上。现货市场对此的反应是需求下降，如果供给不变的话，库存将增加。持续的库存积累将给油价造成向下的压力，最终油价将回到原有的水平。但是，如果在需求下降的同时，OPEC 调整产量，减少供给，这时候库存将不会有明显的增加，短期的油价泡沫因为得到基本面的支撑而转化成长期的均衡价格。如果高油价对需求的作用有限，需求依然保持强劲增长，这时候 OPEC 只要不增产，或者增产很少，其所起的作用跟减产的效果是类似的。正如 2007 年 OPEC 不断宣称的那样，市场上并不缺油，但实际上仍有一部分投机泡沫被不断转化成长期价格，从而形成了 2008 年上半年的高油价。据统计，从 2007 年年初至 2008 年 7 月份，国际油价上涨了 1 倍以上，但全球库存并没有明显增加。实际上，全球的石油库存并没有随着油价上涨而增加，是由于 OPEC 在 2007 年就没有增产或者增产很少。OPEC 正是通过这样的产量调控，在需求不断增长并缺乏弹性、非 OPEC 供给停滞不前的背景下，为虚高的油价提供了坚实的基本面支撑，从而大大增强了其对世界石油市场和石油价格的影响力。

综合上述分析，世界石油市场的新动向可以总结如下：一是石油作为一种具有战略资源性质的特殊商品，不仅仅是一个简单的商品，而是和地缘政治、国家经济利益等紧密相连，甚至成为少数国家谋求政治、经济利益的重要战略武器。二是各国石油上游市场的垄断竞争，均反映了国家的意志，体现了政府的主导行为。三是欧美等世界发达国家的石油产业上游市场化程度一般较高，而其余多数国家市场化程度较低，政府行为较明显，一般以国家石油公司为主体，中小石油公司较少，石油对外合作以产量分成合同居多。四是从发展趋势看，世界各国对油气资源的控制程度越来越高，一家或少数几家石油公司掌控国家油气资源的居多，国有石油公司占主导地位，国有化程度加强，垄断竞争的趋势将长久持续下去。

第二章

我国石油上游产业管理体制的现状及基本特点

一、我国石油上游产业管理体制历史演变

（一）石油上游产业管理体制回顾

自1949年建国以来，我国石油上游产业管理体制大体可分为三个阶段。

1. 高度集中的计划经济管理体制（1949～1978年）

建国初期，石油上游产业管理体制照搬了苏联高度集权的计划经济管理模式，是传统的高度集中的计划经济管理体制的典型。

1949年的首届中央政府政务院设立了主管煤炭、石油、电力工业的燃料工业部（1950年4月设石油管理局），石油管理局统一管理全国石油的勘探开发和生产建设工作。把各地区工业部门的石油企业集中到中央统一管理，逐步形成了以石油地质勘探、钻井、采油、炼油、运输到设计科研等一套较为完整的石油天然气工业体系。1954年这届政府沿用了这个结构。

1955年7月，撤销燃料工业部，单独成立石油工业部，直接领导石油的开发、炼化和运输，实行统购统销。石油资源的普查和勘探由当时的地质部负责。1956、1959、1965年的几届政府都维持这个结构。

1970 年 6 月，中共中央决定将煤炭工业部、化学工业部和石油工业部合并，成立燃料化学工业部。

1975 年 1 月，第四届全国人大一次会议又决定撤销燃料化学工业部，成立煤炭工业部和石油化学工业部，这届政府的石油化学工业部运行了三年到 1978 年。

从 1949～1978 年，我国石油产业的政府管理机构几经变化，但是始终保持了计划经济的管理体制，这一体制以政企合一和中央指令性计划为基本特征，资源配置和生产指标都要完全遵从国家计划安排，在当时的体制格局和环境下，对于初创时期的石油产业发挥了积极的作用。即使在“十年动乱”阶段，国民经济处于崩溃的边缘，石油产业始终持续发展，对国民经济起到了重要的支撑作用。但是随着以市场为导向的经济体制改革的深入，这种高度集中的管理体制暴露出了越来越多的弊端，例如：政企不分，企业“大而全，小而全”；低水平重复建设，缺乏竞争力；政府直接指定生产要素和产品价格，违背经济规律，导致资源配置不合理，发展后劲弱；企业和职工的生产积极性不高等；随着市场经济体制改革的深入，原有的高度集中的计划经济管理模式已不适用市场经济的发展，应继续对石油产业的管理体制实施变革。

建国初到改革开放以前，石油的勘探开发主要是一种按照计划经济体制运行的政府行为。由原地质部（后来的地质矿产部）专门负责组织普查勘探，勘探成果无偿提供给石油部进行开发。这一阶段，轻视全国勘查勘探，除了搞一些项目的大会战，在勘探开发领域缺乏计划性和科学性。在计划经济体制下，产量和利税是首要指标，很多油田在生产指标的压力下，存在重采轻探、重产轻质、重会战轻规划等诸多问题，在新区开拓上投入严重不足，不利于油气资源勘探开发的可持续发展。

这一阶段，国家主导石油行业特别是上游领域的勘探开发环节，勘探开发政策也是政府指令性计划，多次进行石油会战。这一阶段，我国石油或矿产资源的法律体系基本处于空白，更没有矿业权的概念，单纯依靠行政方式约束行业发展。

2. 从计划经济向市场经济的过渡性体制（1978～2001年）

党的十一届三中全会以后，随着经济体制改革的不断深化，石油经济管理体制也逐步由计划经济向社会主义市场经济体制转变，按照市场化和产业化的方向进行了调整。

（1）第一阶段（1978～1985年）。这一阶段的主要改革是：改组能源与石油部委，改革管理体制，开始对外合作。

改革的主要内容是扩大石油企业自主权，推行承包经营责任制；坚持“引进来”的方针，开启石油资源的对外合作；改革石油领域行政管理体制，组建国家石油公司。这个阶段的标志性事件是1988年撤销国家石油工业部。

1978年3月，撤销石油化学工业部，成立石油工业部和化学工业部。1982年的这届政府沿用了石油工业部这个机构。

1980年，成立了国家能源委员会，负责石油、煤炭和电力3个部门。

1982年，撤销能源委员会，成立石油工业部、煤炭工业部和电力工业部，3个部直接由国务院领导。1982年2月15日，国务院决定在石油部内设立中国海洋石油总公司，全面负责中国海洋石油对外合作业务。1983年7月12日将石油部中炼油化工部分独立出来，成立了中国石油化工总公司。

改革开放以来，随着社会主义市场经济体制的逐步建立，政府行政管理和具体的石油勘探开发活动才逐步分开。1981年中央提出了对石油大包干的政策，即石油工业部在完成年产1亿吨原油任务后，可用超产、节约自用和降低损耗的原油出口，并将国际价格与国内价格的差额，绝大部分用于石油勘探开发基金，解决了石油勘探开发资金不足的问题，打开了石油勘探的新局面，我国石油储量、产量都有了较大增长。1982年1月，国务院颁布实施《中华人民共和国对外合作开采海洋石油资源条例》，展开了对外合作勘探海上石油的工作，加快了我国海洋石油对外开放的步伐。

这一阶段是短暂的过渡期，石油领域第一次有了法律，石油行业管理首次从单纯行政向法制化方向发展。

（2）第二阶段（1986～1996年）。这一阶段的主要改革是：撤销石油部，组建国家石油公司，管理模式从计划向市场过渡，管理体制法制化的开端，石油产业重组改制。

这一阶段主要是推进石油石化产业重组和国有石油企业改制上市，建立现代企业制度；实行政企分开、政资分开，发挥市场在资源配置中的基础性作用；石油公司开始“走出去”，参与国际油气合作。

1988年9月撤销了石油工业部、煤炭工业部和电力工业部，成立能源部。将原来的石油部改为中国石油天然气总公司，并将此前石油部内的中国海洋石油总公司独立出来。中国石油天然气总公司、中国石油化工总公司、中国海洋石油总公司与煤炭、电力等公司一样，都是部级和副部级单位，作为国家石油公司，仍行使相当的政府管理职能，实际上是国家行政性总公司，因此能源部很难真正发挥行业管理的职能。1992年3月能源部被撤销。

当时，石油产业的格局为：中国石油天然气总公司负责陆上石油、天然气勘探开发和管道长途运输；中国石油化工总公司负责石油炼制与销售；中国海洋石油总公司负责海域石油勘探开发和对外合作；中国化工进出口总公司（隶属外经贸部）负责石油及其制品的进出口。这样就形成了我国石油产业陆海分割、上下游分开、内外贸分离的管理格局。1996年，国务院正式批复同意地质矿产部组建新星石油股份有限责任公司，并授予新星石油公司在全国陆上、海上进行石油勘探开发权、外贸权和对外合作权，使其成为能够海陆并进、内外贸并举、独立开展对外合作的唯一一家石油公司。

1978～1996年，这段政府管理石油产业的主要特点：①从计划经济向市场经济的管理模式过渡，逐步减少指令性计划，减少对企业生产经营活动的直接干预，缩小了投资项目审批范围；石油企业生产要素的价格有些已经开始由市场进行配置，计划内和计划外产品价格被统一，增强了产品配置中的市场成分。②对政企不分的管理体制进行了改革，石油企业的投资体制、生产经营方式等都开始发生重大变化。中国海洋石油总公司在对外合作的竞争中更多的借鉴了国外石油公司管理的办法和经验。③在进行政企分开的改革中，国家虽然尝试通过建立能源部和几个能源行业总公司实现政企分开，但没有达到预想的目的。能源部撤销了，事实上也从此弱化和分散了政府对石油产业的管理，同时，由于经济体制改革还没有到位，行政性总公司的改革也没有坚决继续走下去，三大石油公司基本上还是以国家公司形式存在的、承担部分政府职能的行政性总公司。因此，政企分开的初衷并没有达到。所不同的是前一阶段政企不分的特点是“政府就是企业”，这一阶段的特点是“企业还是政府”。

这一时期，油气资源管理走上规范化、制度化轨道。1986 年 3 月 19 日，六届全国人大常委会 15 次会议审议通过《中华人民共和国矿产资源法》，同年 10 月 1 日起开始实施，这是我国第一部矿产资源（包括油气资源）管理法律，标志着我国油气资源管理开始步入了有法可依的轨道。

1987 年，国务院相继发布了《矿产资源勘查登记管理暂行办法》、《矿产资源开采登记暂行办法》和《矿产资源监督管理暂行办法》，确立了矿产资源（包括油气资源）勘查登记、开采登记和开发利用监督管理三项基本法律制度。随后，为了加强对石油资源的勘查、开采管理，根据《中华人民共和国矿产资源法》和国务院关于矿产资源勘查、开采登记管理的有关规定，原石油工业部制定了《石油及天然气勘查开采登记管理暂行办法》，进一步明确了石油勘查登记、滚动勘探开发登记和采矿登记管理制度。

1993 年 10 月，国务院颁布实施《中华人民共和国对外合作开采陆上石油资源条例》，为陆上石油对外开放提供了法律依据，对外合作勘查、开采陆上石油资源开始起步。

1993 年国务院明确了由当时国家计划委员会负责油气工业的行业管理，但多家分割油气矿业权管理的体制并未根本改变。这种管理体制严重阻碍了石油资源的利用效率的提高，不利于勘探开采工作的统一计划、合理布局以及石油资源的合理开发利用，在很大程度上影响了我国石油行业上游产业的发展和竞争力的提高。

这一阶段的最主要成就是国家石油公司的成立，我国石油开发首次有了法律意义上的主体。另外矿产资源法的颁布实施标志着我国第一次在资源开发领域有了基本法律，虽然不是专门的石油立法，但还是在定位、程序等基本问题上对石油给予了法律上的地位。

（3）第三阶段（1997～2001年）。这一阶段的主要改革是：逐步撤销专业部委，开始实行政企分离，重组石油公司，建立上下游一体化的市场竞争主体。

1998年3月6日，九届全国人大一次会议将化学工业部、中国石油天然气总公司、中国石油化工总公司的政府职能合并，组建国家石油和化学工业局，由国家经贸委管理。并按照政企分开、按地域组建、上下游结合、各有侧重、互相交叉、保持优势、有序竞争的原则，在原中国石油天然气总公司和中国石油化工总公司的基础上，分别组建了中国石油天然气集团公司和中国石油化工集团公司。重组后的两大集团公司不再承担政府职能，成为“自主经营，自负盈亏，自我发展，自我约束”的法人实体。

国家石油和化学工业局与石油行业相关的主要职责是：①研究拟定石油产业发展战略、行业规划，促进行业机构调整，引导行业合理布局。②研究提出发展石油产业的方针政策和法规；组织制定行业规范、规章和技术标准，协调行业内部关系，维护公平竞争秩序；研究行业发展中的重大问题，向有关部门提出政策建议。③研究制定石油产业体制改革的政策措施，指导国有企业改革和结构调整，建立现代企业制度；推动国有石油企业扭亏解困、减员增效和实施再就业工程。④组织政府间石油产业经济技术合作与交流。以上职能主要由规划发展司、政策法规司、企事业改革与财务司具体承担。

2001年，国家经贸委报国务院批准，国家石油化学工业局与其他9

个国家局被按期撤销，有关行政职能并入了国家经贸委。经过 3 年过渡，实现了 1998 年先将工业、贸易部改为国家局，再撤销国家局的两步走改革设想，实现了国家工业贸易管理体制向市场经济体制的平稳过渡。同时，又组建了一个新的石油和化工协会，是一个国家经贸委管理的石油和化工行业全国性、综合性的中介组织。

1998 年的重组是以市场经济为目标的重组，政企分开是主要目的。重组之后，政府彻底退出对企业生产经营活动的直接干预，两大集团不再承担政府职能。重组后的两大集团公司已经从行业性总公司变为上下游一体化的企业集团，从国家公司变成商业性公司。随后，重组后的两大集团和中国海洋石油总公司又在企业内部继续进行结构调整和重组，并将重组后的核心业务在海外上市。

经过 1998 年的两大集团重组和 2001 年国家石油化学工业局的撤销，我国石油产业管理体制初步完成了政府管理由计划经济向市场经济的转变。但政府的石油产业管理体制改革并没有真正完成。石油公司已经大体完成了从政府向企业的角色转变，并且在向市场化、国际化的进程中越走越快。现在的问题是政府管理的角色还需要进一步扮演好，切实解决已经凸现出来的石油天然气工业政府管理职能弱化的问题。

这一时期．修改后的《中华人民共和国矿产资源法》正式实施，国务院于 1998 年相继下发了《矿产资源勘查区块登记管理办法》、《矿产资源开采登记管理办法》和《探矿权采矿权转让管理办法》及其配套法规，对油气资源管理制度作出了进一步完善和补充。

1998 年国务院机构改革后，地质矿产部并入国土资源部。从此，包括油气资源在内的矿产资源全部由国土资源部集中统一管理。油气资源领域政企分离初步实现，政府不再直接组织或者直接干预矿业企业的生产经营活动。三大国家石油公司（CNPC、SINOPEC、CNOOC）经过改组，成为自负盈亏、自主经营、上下游一体化的市场竞争主体。

这一阶段改革的重点在石油公司的重组与政府管理部门的撤并上，石油上游勘探开发领域延续了以往的政策。

3. 建立与社会主义市场经济相适应的石油上游产业管理体制（2002年至今）

这个阶段的改革重点是按照十六大以来中央关于完善社会主义市场经济体制的要求，改善政府宏观调控，强化市场的作用；推进国家石油公司产权制度改革，健全现代企业法人治理结构；加快企业“走出去”步伐，广泛开展多领域的国际石油合作。目前，这一阶段仍在延续。

2003年，成立国家发展和改革委员会能源局，是一个国家发展和改革委员会领导下专门对能源进行宏观管理、研究和制定能源政策的机构。

2005年，成立国家能源领导小组，下设国家能源管理办公室、国家能源领导小组专家组等机构。

2007年，为了加强对国家能源领域重大问题的研究，充分发挥国家能源领导小组专家组专家的作用，提高专家咨询水平，更好地提供决策支持，经国家能源领导小组批准，将国家能源领导小组专家组调整为国家能源领导小组国家能源专家咨询委员会，于2007年12月6日成立。专家咨询委员会由40名国内著名专家组成，任期两年。国家能源专家咨询委员会下设6个专业委员会，分别是煤炭专业委员会、电力与核能专业委员会、油气专业委员会、可再生能源专业委员会、能源节约专业委员会和能源经济专业委员会。国家能源专家咨询委员会秘书处设在国家能源办综合组。国家能源领导小组专家组在过去两年，选择了一批具有战略性、综合性、前瞻性的能源问题开展研究，为促进能源工业发展、编制能源战略规划、完善能源政策、起草能源法规做出了应有贡献，也初步探索出做好能源决策咨询工作的有效机制。

2008年，国家能源局正式成立，为国家发展和改革委员会管理的国家局。事实上将原发展和改革委员会能源局升格为国家能源局，提高了国家能源宏观管理的位阶。

国家能源局虽然还挂在国家发展和改革委员会名下，但是单独设置了党组，办公地点也选在发展和改革委员会之外。部委所属的国家局尚未有单独设置党组的先例，这直接显示了国家能源局的独立性。

国家能源局的主要职责是：研究国内外能源开发利用情况，提出能源发展战略和重大政策；研究拟订能源发展规划、提出体制改革的建议；实施对石油、天然气、煤炭、电力等行业的管理，指导地方能源发展建设；提出能源节约和发展新能源的政策措施；管理国家石油储备；履行政府能源对外合作和协调管理。

能源局下设有石油天然气司和石油储备办公室负责石油领域的宏观调控工作。

根据国务院“三定”方案，能源局主要负责对能源问题的前瞻性、综合性、战略性研究，拟订能源发展规划、重大政策和标准并组织落实，提高国家能源安全的保障能力。因此能源局是从宏观层面研究能源问题，而国土资源部主要负责油气资源勘查、开采的审批登记管理和监督管理，是宏观与微观的关系；另外，能源局的职责还包括石油天然气产业下游的管理，如炼油、煤制燃料和燃料乙醇的行业管理等都由国家能源局负责，而国土资源部只负责石油天然气产业上游的管理。

建国以来我国石油上游管理机构主要变动参见表 2.1。

表 2.1　　我国石油上游产业管理体制变动情况

变动年份	主要变动	相关机构变动
1949	成立燃料工业部	下设煤炭管理总局
1950	燃料工业部	增设石油管理总局、电力管理总局
1954	撤销燃料工业部，成立石油工业部、煤炭工业部和电力工业部	—
1970	撤销煤炭工业部、石油工业部、化学工业部，组建燃料化学工业部	—
1975	撤销燃料化学工业部，成立煤炭工业部、石油化学工业部	—
1978	撤销石油化学工业部，成立石油工业部和化学工业部	—

续表

变动年份	主要变动	相关机构变动
1988	撤销煤炭工业部、石油工业部、水利电力部、核工业部，成立能源工业部	组建中国统配煤矿总公司、中国石油化学工业总公司、中国核工业总公司、中国电力联合会
1993	撤销能源工业部，成立石油工业部、煤炭工业部、电力工业部	
1998	撤销煤炭工业部、电力工业部，成立国家煤炭工业局、石油和化学工业局，归国家经贸委管理	国有重点煤炭企业下放，拆分重组3个石化企业，11个电力企业和中国核工业集团公司
2001	撤销国家煤炭工业局、石油和化学工业局	成立国家煤矿安全监察局、电力监管委员会
2003	经批准在国家发改委设置能源局	—
2005	成立国家能源领导小组，下设国家能源管理办公室	2008年3月11日《国务院机构改革方案》将国家能源领导小组及其办事机构被列为不再保留的部门和机构
2008	成立国家能源局，为国家发展和改革委员会管理的国家局	由国家发改委的原能源局、原国家能源领导小组办公室、原国防科工委主管核电工业以及国家发改委与能源行业相关的司局联合组成

资料来源：据政府公开资料整理。

（二）管理体制与管理机构变迁的特点

第一，管理机构：合分合相间的发展轨迹伴随国务院机构历次重大改革，管理机构频繁更迭有利有弊。

第二，管理依据：从无法可依到逐步法制化，相关法律法规的颁布实施成为石油管理的重要依据和手段。

第三，管理手段：从单纯的行政命令到法律、行政、经济手段相结合，管理理念从指令性计划向市场化转变。

第四，管理模式：从分散的专业部门管理，到资源集中统一管理，最近20年管理层级越来越高，政府越来越重视石油资源勘探开发利用的整个产业链。

第五，管理重点：从单纯的强调领域的条块管理（重视产量、产能）到综合管理（重视能源、土地、环境，重视资源利用效率和综合开发利用等）。从只关注供给管理到需求—供需双重管理。

第六，管理的专业化、制度化：从大而全的无序和粗放管理（大会战等）向专业化、规范化、制度化管理（勘探开发主体与油服公司独立发展、监督检查等）。

第七，管理机构与市场主体的关系：从政企不分到政企分开，三大国有石油公司不再履行政府职能，成为上下游一体化的竞争主体。

二、现行石油上游产业管理机构的部门设置与主要职能

我国现行能源管理体制形成于2002～2008年，各项管理职能分散于国家发展和改革委员会（含国家能源局）、国土资源部、商务部、国有资产监督管理委员会、科技部、国家安全生产监督管理总局、国家环境保护部等部委或国务院派出机构（参见表2.2）。

表2.2　我国油气管理机构及其职能

部委名称	主要职能	涉及油气管理的主要职能
国家发展和改革委员会	拟订并组织实施国民经济和社会发展战略、中长期规划和年度计划，统筹协调经济社会发展，研究分析国内外经济形势，提出国民经济发展、价格总水平调控和优化重大经济	1. 综合平衡，主要通过国民经济综合司确定石油、天然气及重要石油产品的总量平衡计划。2. 发展规划，指导石油产业编制中长期规划（发展规划司）。3. 产业发展，确定石油产业发展的重大项目和布局，综合平衡能源发展规划，审批石油资源对外合作区块和开发方案

续表

部委名称	主要职能	涉及油气管理的主要职能
国家发展和改革委员会	结构的目标、政策，提出综合运用各种经济手段和政策的建议，受国务院委托向全国人大提交国民经济和社会发展计划的报告	（基础产业司、产业发展司）。4. 基本建设，安排和审批重大建设项目投资计划（投资司、国外资金利用司）。5. 价格管理，确定和颁布原油、天然气、管道输送、成品油等价格及政策，组织实施价格监督检查（价格司、价格监督检查司）。6. 高技术产业发展，提出安排高技术产业重大项目投资政策和计划（高技术产业发展司）
商务部	负责监测宏观经济和社会发展态势，承担预测预警和信息引导的责任，研究宏观经济运行、总量平衡、国家经济安全和总体产业安全等重要问题并提出宏观调控政策建议，负责协调解决经济运行中的重大问题，调节经济运行，负责组织重要物资的紧急调度和交通运输协调	1. 石油经济运行，组织、协调和解决石油生产运行中总量控制等问题，（经济运行局）。2. 政策法规，拟定相应的法规及产业政策（政策法规司、产业政策司）。3. 规划与项目、技改投资管理，拟定石油产业规划，管理和审批石油技术改造项目于投资计划（投资司、产业规划司）。4. 石油流通和贸易管理，管理和审批石油及其部分产品进出口配额和成品油流通企业的资质（市场司、外经司）。5. 安全生产管理，组织协调重大安全事故的处理（安全生产管理局）
国土资源部	主管土地资源、矿产资源、海洋资源等自然资源的规划、管理、保护与合理利用	1. 拟定矿产资源的有关法律法规和技术规范（政策法规司）。2. 依法管理石油资源探矿权、采矿权的审批登记发证和转让审批登记（地质勘查司）。3. 地质勘查行业管理，审查确定地质勘查单位资格，管理地勘成果（地勘司）。4. 承担油气储量管理工作，管理地质资料汇交（储量司）

续表

部位名称	主要职能	涉及油气管理的主要职能
国资委	根据国务院授权，监管中央所属企业（不含金融类企业）的国有资产，加强国有资产的管理工作；承担监督所监管企业国有资产保值增值的责任，按照有关规定，代表国务院向所监管企业派出监事会，负责监事会的日常管理工作；按照出资人职责，负责督促检查所监管企业贯彻落实国家安全生产方针政策及有关法律法规、标准等工作	1. 提出国有经济布局和结构战略性调整的政策建议；研究提出发展具有国际竞争力的大公司大企业集团的政策、措施；指导所监管企业布局和结构调整；审核所监管企业的发展战略和规划，承担对所监管企业重大投资决策履行出资人职责的工作（规划发展局）。2. 综合研究国有经济和所监管企业的运行状况；联系所监管企业安全生产、应急管理、节能减排、环境保护和维护稳定等工作；承担指导和监督地方国有资产管理的具体工作（综合局）。3. 研究提出国有企业改革的政策建议；指导国有企业的现代企业制度建设；拟订所监督企业合并、股份制改造、上市、合资等重组方案和国有资产经营公司的组建方案，对其中需要国有股东决定的事项提出意见；承办所出资的国有独资公司章程的审核工作（企业改革局）
国家能源局	研究国内外能源开发利用情况，提出能源发展战略和重大政策；研究拟订能源发展规划、提出体制改革的建议；实施对石油、天然气、煤炭、电力等行业的管理，指导地方能源发展建设；提出能源节约和发展新能源的政策	1. 能源重大问题，有关能源法律法规和规章草案，有关规范性文件、合法性审核工作、行政复议、行政应诉工作（政策法规司）。2. 能源发展战略的建议，拟订能源发展规划、年度计划和产业政策、能源体制改革和其他综合工作（发展规划司）。3. 指导能源行业节能和资源综合利用工作；承担科技进步和装备相关工作；组织拟订能源行业标准

续表

部位名称	主要职能	涉及油气管理的主要职能
国家能源局	措施；管理国家石油储备；履行政府能源对外合作和协调管理	（能源节约和科技装备司）。4. 石油、天然气行业管理工作，拟订油气开发、炼油发展规划、计划和政策并组织实施，石油天然气体制改革有关工作、国家石油储备管理工作，监督管理商业石油储备（石油天然气司，国家石油储备办公室）。5. 能源国际合作工作，拟订能源对外开放战略、规划及政策，境外能源开发利用（国际合作司）

资料来源：据我国政府各部委官方网站资料整理。

（一）国务院

国务院是我国负责油气上游领域的最高管理机构。国务院针对石油上游领域的主要职能是：

第一，决定油气行业发展战略和重大方针政策。

第二，审批限额以上重大投资和对外合资、合作项目。

第三，批准油气行业重大重组方案。

第四，授予油气企业在中国勘探开发石油和天然气的经营资格。

（二）国家发展和改革委员会与国家能源局

根据第十一届全国人民代表大会第一次会议批准的国务院机构改革方案和《国务院关于机构设置的通知》（国发〔2008〕11号），设立国家发展和改革委员会，为国务院组成部门。

根据《国务院关于部委管理的国家局设置的通知》（国发〔2008〕12号），设立国家能源局（副部级），为国家发展和改革委员会管理的国家局。

1. 国家发展和改革委员会关于能源、石油资源的主要职能

第一，拟订并组织实施国民经济和社会发展战略、中长期规划和年度计划。

第二，负责监测宏观经济和社会发展态势，承担预测预警和信息引导的责任。

第三，负责汇总分析财政、金融等方面的情况，参与制定财政政策、货币政策和土地政策，拟订并组织实施价格政策。

第四，承担规划重大建设项目和生产力布局的责任，拟订全社会固定资产投资总规模和投资结构的调控目标、政策及措施，衔接平衡需要安排中央政府投资和涉及重大建设项目的专项规划。安排中央财政性建设资金，按国务院规定权限审批、核准、审核重大建设项目、重大外资项目、境外资源开发类重大投资项目和大额用汇投资项目。指导和监督国外贷款建设资金的使用，引导民间投资的方向，研究提出利用外资和境外投资的战略、规划、总量平衡和结构优化的目标和政策。组织开展重大建设项目稽察。指导工程咨询业发展。

第五，推进可持续发展战略，负责节能减排的综合协调工作，组织拟订发展循环经济、全社会能源资源节约和综合利用规划及政策措施并协调实施，参与编制生态建设、环境保护规划，协调生态建设、能源资源节约和综合利用的重大问题，综合协调环保产业和清洁生产促进有关工作。

第六，组织拟订应对气候变化重大战略、规划和政策，与有关部门共同牵头组织参加气候变化国际谈判，负责国家履行联合国气候变化框架公约的相关工作。

2. 国家能源局关于石油资源的职能

第一，将国家发展和改革委员会的能源行业管理有关职责划入国家能源局。具体包括：拟订能源发展战略、规划和政策，提出相关体制改革建议；实施对石油、天然气、煤炭、电力等能源的管理；管理国家石油储备；提出发展新能源和能源行业节能的政策措施；开展能源国际合

作。

第二，将原国家能源领导小组办公室的职责划入国家能源局。

第三，加强对能源问题的前瞻性、综合性、战略性研究，拟订能源发展规划、重大政策和标准并组织落实，提高国家能源安全的保障能力。

3. 国家能源局的主要职责（与石油、天然气相关部分）

第一，研究提出能源发展战略的建议，拟订能源发展规划、产业政策并组织实施，起草有关能源法律法规草案和规章，推进能源体制改革，拟订有关改革方案，协调能源发展和改革中的重大问题。

第二，负责煤炭、石油、天然气、电力（含核电）、新能源和可再生能源等能源的行业管理，组织制定能源行业标准，监测能源发展情况，衔接能源生产建设和供需平衡，指导协调农村能源发展工作。

第三，负责能源行业节能和资源综合利用，组织推进能源重大设备研发，指导能源科技进步、成套设备的引进消化创新，组织协调相关重大示范工程和推广应用新产品、新技术、新设备。

第四，按国务院规定权限，审批、核准、审核国家规划内和年度计划规模内能源固定资产投资项目。

第五，负责能源预测预警，发布能源信息，参与能源运行调节和应急保障。

第六，拟订国家石油储备规划、政策并实施管理，监测国内外石油市场供求变化，提出国家石油储备订货、轮换和动用建议并组织实施，按规定权限审批或审核石油储备设施项目，监督管理商业石油储备。

第七，牵头开展能源国际合作，与外国能源主管部门和国际能源组织谈判并签订协议，协调境外能源开发利用工作，按规定权限核准或审核能源（煤炭、石油、天然气、电力、天然铀等）境外重大投资项目。

第八，参与制定与能源相关的资源、财税、环保及应对气候变化等政策，提出能源价格调整和进出口总量建议。

第九，承担国家能源委员会具体工作。

4. 国家能源局的机构设置

国家能源局的内设机构根据上述职责设9个内设机构（副司局级），其中与石油天然气相关的有：

第一，石油天然气司（国家石油储备办公室）。承担石油、天然气行业管理工作；拟订油气开发、炼油发展规划、计划和政策并组织实施；承担石油天然气体制改革有关工作；承担国家石油储备管理工作，监督管理商业石油储备。

第二，政策法规司。研究能源重大问题；组织起草有关能源法律法规和规章草案；承担有关规范性文件合法性审核工作；承担相关行政复议、行政应诉工作。

第三，发展规划司。研究提出能源发展战略的建议；组织拟订能源发展规划、年度计划和产业政策；承担能源综合业务；承担能源体制改革有关工作。

第四，能源节约和科技装备司。指导能源行业节能和资源综合利用工作；承担科技进步和装备相关工作；组织拟订能源行业标准。

第五，国际合作司。承担能源国际合作工作；拟订能源对外开放战略、规划及政策；协调境外能源开发利用；承担机关外事工作。

5. 国家能源局与国家发展和改革委员会及其他部委的有关职责关系

第一，国家能源局拟订的能源发展战略、重大规划、产业政策和提出的能源体制改革建议，由国家发展和改革委员会审定或审核后报国务院。

第二，国家能源局按规定权限核准、审核国家规划内和年度计划规模内能源投资项目，其中重大项目报国家发展和改革委员会核准，或经国家发展和改革委员会审核后报国务院核准。能源的中央财政性建设资金投资，由国家能源局汇总提出安排建议，报国家发展和改革委员会审定后下达。

第三，国家能源局拟订的石油战略储备规划和石油战略储备设施项目，提出的国家石油战略储备收储、动用建议，经国家发展和改革委员会审核后，报国务院审批。

第四，国家能源局提出调整能源产品价格的建议，报国家发展和改革委员会审批或审核后报国务院审批；国家发展和改革委员会调整涉及能源产品的价格，应征求国家能源局意见。

第五，核电自主化工作，在国家发展和改革委员会指导下，由国家能源局组织实施。

另外，国家石油储备中心由国家发展和改革委员会划给国家能源局管理。炼油、煤制燃料和燃料乙醇的行业管理由国家能源局负责，其他石油化工和煤化工的行业管理由工业和信息化部负责。

6. 针对石油上游产业的职能总结

针对石油上游产业，国家发展和改革委员会和国家能源局的职能可总结为：

第一，制定和实施政府有关石油行业的大部分政策，如原油、天然气的年度生产指导计划；

第二，审批限额以上重大投资和对外合资、合作项目；

第三，制定可以用于对外合作开采的区块等。

（三）国土资源部

根据第十一届全国人民代表大会第一次会议批准的国务院机构改革方案和《国务院关于机构设置的通知》（国发〔2008〕11号），设立国土资源部，为国务院组成部门。

1. 国土资源部的相关职责

国土资源部承担的矿产资源管理（包括石油资源）相关职责有以下几项：

第一，矿产资源方面的法律法规、政策、规章以及有关技术标准、规程、规范和办法的拟定、发布；负责有关行政复议。

第二，组织编制、实施有关矿产资源管理方面的规划。

第三，对各级国土资源主管部门进行矿产资源管理方面的执法监督，查处重大违法案件。

第四，矿业权申请的审批登记发证和转让审批，确认矿业权评估结果。

第五，依法审批对外合作区块。

第六，管理地勘单位资格及矿业权评估资格。

第七，矿产资源储量及资料管理。

第八，管理矿产资源补偿费的征收和使用。

第九，地质环境管理工作。

第十，组织开展矿产资源方面的对外合作与交流。

2. 国土资源部的机构设置

国土资源部的内设机构根据上述职责设10个内设机构（司局级），其中与石油天然气直接相关的有：

第一，地质勘查司。负责拟订地质勘查和石油、天然气、煤层气矿产资源管理的法规和政策，并组织实施；组织矿产资源、海洋资源调查评价，编制地质勘查专项规划，并监督检查执行情况；管理中央级地质勘查项目，组织实施国家重大地质勘查专项；拟订石油资源战略、规划，并组织实施。负责石油资源探矿权、采矿权审批登记发证，管理探矿权、采矿权数据库，负责石油资源探矿权、采矿权使用费的确定，审核对外合作勘查、开采区块；负责石油资源勘查开采权属管理，调处重大权属纠纷；管理油气督察员队伍，负责油气探矿权、采矿权以及对外合作区块的监督管理，维护勘查开采秩序；负责汇总分析全国石油资源勘查开采情况。

第二，储量司。负责拟订矿产石油资源储量管理办法、标准、规程；管理石油资源储量评审、登记、统计；实施石油资源储量动态监督管理；承担矿产资源补偿费征收、矿产地储备的事项；承担矿业权评估和地质资料汇交管理工作。

3. 国土资源部关于石油资源矿业权管理的主要工作制度

第一，勘查区块登记管理制度。以经纬度为坐标系，按照国际统一分幅标准编号，把我国的领域和管辖的海域统一划分成“经度1分×纬度1分”的基本单位区块，纳入计算机网络。在不同纬度上区块的面积是不同的。1∶5万图幅区块在我国最北端（漠河）约为311.3平方公里，而在南部（三亚）则约为485.6平方公里，相应地，基本单位区块的面积分别约为2.08～3.24平方公里，1/4区块分别约为0.52～0.81平方公里；小区块分别约为0.13～0.20平方公里。法律依据：《中华人民共和国矿产资源法》和《矿产资源勘查区块登记管理办法》。

第二，勘查许可证、采矿许可证有效期制度。石油、天然气勘查许可证有效期最长为7年。需要延长勘查工作时间的，探矿权人应当在勘查许可证有效期届满的30日前，到登记管理机关办理延续登记手续，每次延续时间不得超过2年。法律依据：《矿产资源勘查区块登记管理办法》。采矿许可证有效期，按照矿山建设规模确定：大型以上的，采矿许可证有效期最长为30年；中型的，采矿许可证有效期最长为20年；小型的，采矿许可证有效期最长为10年。采矿许可证有效期满，需要继续采矿的，采矿权人应当在采矿许可证有效期届满的30日前，到登记管理机关办理延续登记手续。法律依据：《矿产资源开采登记管理办法》。

第三，探矿权、采矿权使用费缴纳制度。第一个勘查年度至第三个勘查年度，每平方公里每年缴纳100元；从第四个勘查年度起，每平方公里每年增加100元，但是最高不得超过每平方公里每年500元。费用交中央财政。法律依据：《矿产资源勘查区块登记管理办法》。采矿权使用费，按照矿区范围的面积逐年缴纳，标准为每平方公里每年1000元。费用交中央财政。法律依据：《矿产资源开采登记管理办法》。

第四，探矿权、采矿权价款制度。申请国家出资勘查并已经探明矿产地的区块的探矿权的，探矿权申请人应当缴纳经评估确认的国家出资勘查形成的探矿权价款；探矿权价款按照国家有关规定，可以一次缴纳，也可以分期缴纳。法律依据：《矿产资源勘查区块登记管理办法》。申请国家出资勘查并已经探明矿产地的采矿权的，采矿权申请人应当缴纳经评估确认的国家出资勘查形成的采矿权价款；采矿权价款按照国家有关规定，可以一次缴纳，也可以分期缴纳。法律依据：《矿产资源开采登记管理办法》。

第五，最低勘查投入制度。探矿权人应当自领取勘查许可证之日起，按照下列规定完成最低勘查投入：第一个勘查年度，每平方公里2000元；第二个勘查年度，每平方公里5000元；从第三个勘查年度起，每个勘查年度每平方公里10000元。设立最低勘查投入制度目的是为了促使探矿权人及时、尽早的开展勘查工作，避免占用地盘而不开展工作，其他想开展工作的又进不来。当探矿权人在进行地质勘查工作时遇到不可抗拒的自然灾害事件时，可以申请核减最低勘查投入。法律依据：《矿产资源勘查区块登记管理办法》。

第六，探矿权保留制度。探明可供开采的矿体后，经申请批准可以申请探矿权保留，探矿权保留期间可以停止勘查投入，但仍需缴纳探矿权使用费；探矿权保留时间为2年，可以延续两次，每次延续2年。探矿权保留时间到期，不能投入开发或开采的，由国家收回探矿权。

第七，油气矿产资源管理的特别制度。

（1）勘查、采矿许可证一级登记管理制度，即石油由国土资源部颁发勘查许可证、采矿许可证，并进行矿业权管理。石油勘查许可证有效期最长为7年，采矿许可证最长为30年。

（2）石油勘查资质条件审查审批制度，即申请勘查、开采石油的，还应当提交国务院批准设立石油公司或者同意进行石油勘查、开采的批准文件以及勘查单位法人、采矿企业法人资格证明。

（3）石油滚动勘探开发制度，即申请石油滚动勘探开发的，提交规定的资料后，由登记管理机关批准并登记，领取滚动勘探开发采矿许可证。石油滚动勘探开发的采矿许可证有效期最长为15年。

（4）石油试采制度，即勘查石油等流体矿产需要试采的，经批准可以试采1年，需要延长试采时间，必须办理登记手续，等等。

4. 国土资源部针对石油上游产业的职能总结

针对石油上游产业，国土资源部的职能可总结为：

第一，拟定有关石油上游产业的法律法规、政策以及有关技术标准。

第二，组织编制油气资源管理规划。

第三，管理油气勘探和开发许可证的登记、发放、转让事宜。

第四，审查油气勘查年度计划并监督执行情况。

第五，审批对外合作区块。

第六，管理矿产资源补偿费的征收和使用。

第七，依法调处油气重大探矿权、采矿权争议纠纷。

（四）商务部

1. 商务部的相关职责

根据《国务院关于机构设置的通知》（国发〔2008〕11号），商务部的主要职责中与石油天然气相关的主要是外商投资准入与进出口贸易监管，具体规定如下：

第一，外商投资准入。宏观指导全国外商投资工作，拟订外商投资政策和改革方案并组织实施，依法核准外商投资企业的设立及变更事项，依法核准重大外商投资项目的合同章程及法律特别规定的重大变更事项，依法监督检查外商投资企业执行有关法律法规规章、合同章程的情况并协调解决有关问题，指导投资促进及外商投资企业审批工作，规范对外招商引资活动，指导国家级经济技术开发区、工业园区、边境经济合作区的有关工作。

第二，进出口贸易监管。拟订并执行对外技术贸易、出口管制以及鼓励技术和成套设备进出口的贸易政策，推进进出口贸易标准化工作，依法监督技术引进、设备进口、国家限制出口技术的工作，依法颁发防扩散等与国家安全相关的进出口许可证件。

2. 商务部的机构设置

商务部根据上述职责设28个内设机构，其中与石油天然气相关的有以下两个机构：

第一，外国投资管理司。拟订外商投资政策和改革方案并组织实施；研究外商投资情况并上报动态和建议；审核外商投资企业设立及其变更事项、重大外商投资项目合同章程及法律特别规定的重大变更；依法监督检查外商投资企业执行法律法规、规章和合同章程的情况并协调解决有关问题；指导投资促进及外商投资企业审批工作，规范对外招商引资活动；承担外商投资统计工作；指导国家级经济技术开发区、苏州工业园区、边境经济合作区的有关工作；会同有关方面拟订并组织实施促进服务外包发展的规划、政策，推动服务外包平台建设。

第二，对外贸易司。拟订进出口商品管理办法和目录；承担重要工业品、原材料和重要农产品进出口总量计划的组织实施工作；编报进出口商品配额、关税配额年度计划并组织实施；拟订和执行进出口商品配额招标政策；指导交易会、洽谈会等贸易促进活动和外贸促进体系建设。

3. 商务部具体的外商投资管理行政许可项目

外商投资管理职能由外国投资管理司负责，法律依据是《外商投资产业指导目录（2007年修订）》（以下简称《目录》）。《目录》中关于石油天然气勘探开发的准入审批被列入鼓励外商投资类的包括：采矿业和制造业。

第一，采矿业（与石油天然气相关部分）包括：石油、天然气的风险勘探、开发（限于合资、合作）；低渗透油气藏（田）的开发（限于合资、合作）；提高原油采收率及相关新技术的开发应用（限于合资、合作）；物探、钻井、测井、录井、井下作业等石油勘探开发新技术的开发与应用（限于合作）油页岩、油砂、重油、超重油等非常规石油资源勘探、开发（限于合作）。

第二，制造业主要涉及专用设备制造，包括：矿山无轨采、装、运设备制造；物探、测井设备制造；石油勘探、钻井、集输设备制造。

4. 商务部针对石油上游产业的职能总结

针对石油上游产业，商务部的职能可总结为以下几点：

第一，审查和批准油气企业与外国石油公司签订的产品分成合同及中外合资、合作合同。

第二，协助对油气生产的安全和质量进行监督等。

第三，协调油气企业的改革和发展等。

（五）财政部（含国家税务总局）

针对石油上游产业，财政部的职能可总结为：

第一，制定石油勘探开发企业税费标准及优惠政策，其中：资源税、矿产资源补偿费、对外合作勘探开发项目的矿区使用费由国家税务总局收取。

第二，拨付重大项目开发及重大技术改革经费等。

三、现行石油上游产业管理职能分析及评价

我国石油上游产业的管理体制范畴涵盖了资源保护、资源发现与开发利用、行业准入、投资审批、资源价格、出让与转让以及环境、安全等多方面内容，石油资源勘探开发作为整个石油行业产业链的前端，受到了国务院和多个政府部门的管理，涉及的政府部门包括国家发展和改革委员会（含国家能源局）、国土资源部、商务部、财政部、环保部、国家税务总局、国家海洋局等。国务院及各部门针对石油资源上游领域管理职能可归纳为：宏观决策职能、行政许可职能、监督检查职能、规划计划职能等。

（一）行政许可职能

1. 勘探开发主体（内资）资格准入

（1）法律依据。

①《中华人民共和国矿产资源法》（1996年修订）。

②《中华人民共和国矿产资源法实施细则》（1994年）。

③《国土资源部关于理解运用〈矿产资源法〉及其配套法规有关条款问题的批复》（1998年）。

④《地质矿产部关于对〈中华人民共和国矿产资源法实施细则〉第六条采矿权人概念解释的函》（1996年）。

⑤《矿产资源勘查区块登记管理办法》（1998年）。

⑥《矿产资源开采登记管理办法》（1998年）。

⑦《关于规范勘查许可证采矿许可证权限有关问题的通知》（2005年）。

⑧《关于矿产资源勘查、开采登记有关规定的通知》（1998年）。

⑨《国务院关于鼓励支持和引导个体私营等非公有制经济发展的若干意见》（2005年）。

（2）行政程序。

①向国务院提出设立石油公司或进行油气勘查的申请，经批准后获得国务院批准设立石油公司或同意进行油气勘查开采的批准文件。

②向工商行政管理部门提出登记申请，经登记后获得经营资格，取得经营主体资格。

③向国土资源管理部门提出矿业权申请，经审核批准获得石油资源矿业权，登记（公告）后取得石油资源勘探或/和开采资格。

2. 勘探开发对外合作

（1）法律依据。除勘探开发主体（内资）资格准入的适用法律外还有：

①《中华人民共和国对外合作开采陆上石油资源条例》（2007年修订）。

②《中华人民共和国对外合作开采海洋石油资源条例》（2001年）。

③《外商投资产业指导目录》(2007年)。

(2) 行政程序。

①向工商行政管理部门提出登记申请，经登记后获得经营资格，取得经营主体资格。

②向国土资源管理部门提出矿业权申请，经审核批准获得石油资源矿业权，登记（公告）后取得石油资源勘探或/和开采资格。

③向发展和改革委员会提交合作勘探开发项目的申请，经发展和改革委员会批准后立项。

④向商务部门申请批准中外合作开采石油合同。

3. 储量管理许可

(1) 法律依据。

①《矿产资源储量评审认定办法》(1999年)。

②《矿产资源储量规模划分标准》(2000年)。

③《关于加强矿产资源储量评审监督管理的通知》(2003年)。

④《关于开展矿产资源储量登记工作的通知》(2004年)。

(2) 行政程序。

①探矿权人按照国家矿产资源勘查的技术标准和规程规范进行资源储量估算后，应当委托有资质的储量评审机构进行评审，并依法到国土资源管理部门备案。未通过审核的资源储量报告，不得作为申请采矿权的依据。

②采矿权人应当建立矿产资源储量台账，按照年度向国土资源管理部门上报资源储量统计报表。国土资源管理部门以核查、监测的方式实施矿山储量动态监督管理。

③矿业权人查明、占用、残留、压覆矿产资源储量的，应当到国土资源管理部门进行登记。国土资源管理部门对矿产资源储量变化及开发利用情况进行统计。

4. 矿业权（勘查与采矿）许可

(1) 法律依据（含部门规章）。

①《中华人民共和国矿产资源法》（1996年修订）。

②《中华人民共和国矿产资源法实施细则》（1994年）。

③《矿产资源勘查区块登记管理办法》（1998年）。

④《矿产资源开采登记管理办法》（1998年）。

⑤《地质资料管理条例》（2002年）。

⑥《矿产资源登记统计管理办法》（2004年）。

（2）行政程序管理部门与程序。

①获得国土资源管理部门颁发的勘查或采矿单位资质证书。

②向国土资源部（地质勘查司）提出勘查或采矿申请，经批准后获得《中华人民共和国矿产勘查许可证》或《中华人民共和国采矿许可证》。

（3）矿业权管理制度（油气类与非油气类矿业权管理制度比较）。我国国土资源部负责矿产资源的矿业权管理，其中油气类与非油气类的矿业权管理有很大区别，具体的管理制度与具体的行政许可事项参见表2.3。

表2.3　　我国油气类与非油气类矿产资源矿业权管理制度比较

审批名称	类　别	区　别
审批登记管理权限	油气类	石油资源探矿权和采矿权则实行国土资源部一级审批登记管理
	非油气类	固体矿产探矿权实行国土资源部和省（自治区、直辖市）国土资源行政主管部门两级审批登记管理，采矿权实行国土资源部、省（自治区、直辖市）和市（县）国土资源行政主管部门三级审批登记管理
主管司局	油气类	地质勘查司
	非油气类	矿产开发管理司
勘查、开采管理制度	油气类	允许在符合一定条件的情况下，申请实行滚动勘探开发和石油试采 石油滚动勘探开发制度是指申请石油滚动勘探开发的，提

续表

审批名称	类 别	区 别
勘查、开采管理制度	油气类	交规定的资料后，由登记管理机关批准并登记，领取滚动勘探开发采矿许可证。石油滚动勘探开发的采矿许可证有效期最长为15年 石油试采制度是指勘查石油等流体矿产需要试采的，经批准可以试采1年，需要延长试采时间，必须办理登记手续
	非油气类	固体矿产资源实行探采分开，勘查矿产资源必须取得勘查许可证，开采矿产资源必须取得采矿许可证，严格禁止探矿权人未取得采矿许可证开采矿产资源
勘查区块最大范围	油气类	石油资源的勘查作业区范围最大面积限制为2500个基本单位区块
	非油气类	（1）矿泉水为10个基本单位区块 （2）金属矿产、非金属矿产、放射性矿产为40个基本单位区块 （3）地热、煤、水气矿产为200个基本单位区块
勘查许可证有效期	油气类	石油、天然气勘查许可证有效期最长为7年。石油滚动勘探开发的采矿许可证有效期最长为15年
	非油气类	勘查许可证有效期最长为3年
勘查资质审批	油气类	申请勘查、开采石油的，应当提交国务院批准设立石油公司或者同意进行石油勘查、开采的批准文件以及勘查单位法人、采矿企业法人资格证明
	非油气类	无需提交以上审批证明

资料来源：据国土资源部官网资料及公开资料整理。

（4）勘查许可证和采矿许可证的主要内容。

①《中华人民共和国矿产勘查许可证》内容包括：证号、探矿权人、探矿权人地址、勘查项目名称、图幅号、勘查面积、勘察单位、勘察单位地址、发证机关。

②《中华人民共和国采矿许可证》内容包括：采矿权人、地址、

矿山名称、经济类型、有效期限、开采矿种、开采方式、生产规模、矿区面积、矿区范围（拐点坐标、开采深度等）、发证机关。

（二）监督检查职能

1. 矿业权监管

（1）法律依据。

①《中华人民共和国矿产资源法》（1996 年修订）。其中第十条规定：国务院地质矿产主管部门主管全国矿产资源勘查、开采的监督管理工作。国务院有关主管部门协助国务院地质矿产主管部门进行矿产资源勘查、开采和监督管理工作。

②《中华人民共和国矿产资源法实施细则》（1994 年）。

③《矿产资源监督管理暂行办法》（1987 年）。

④《中华人民共和国矿产资源法实施细则》（1994 年）。

⑤《矿产资源勘查区块登记管理办法》（1998 年）。

⑥《矿产资源开采登记管理办法》（1998 年）。

（2）行政程序。

①国土资源管理部门负责石油探矿权、采矿权以及对外合作区块的监督管理，包括：管理油气督察员队伍，维护勘查开采秩序，管理探矿权、采矿权数据库，负责探矿权、采矿权使用费的确定，审核对外合作勘查、开采区块。

②国家发展和改革委员会负责能源预测预警，参与能源运行调节和应急保障，并对能源（煤炭、石油、天然气、电力、天然铀等）境外重大投融资项目实施监管。

③商务部负责依法监督检查外商投资企业执行有关法律法规规章、合同章程的情况，规范对外招商引资活动，并对石油进出口贸易实施监管。

（3）管理制度。

①油气田及输油气管道安全保护工作部际联席会议机制：国土资源

部、公安部、国有资产监督管理委员会、国家安全生产监督管理总局等部委领导组成，专门针对油气田及管道生产运营而设立的跨部门综合领导机构，下设督导检查组检查指导油区专项整治工作。

②油气开采督察员工作制度：国土资源部负责组织、协调全国矿产资源勘查及油气开采督察工作，国土资源部聘任的油气开采督察员对油气开采项目进行督察。

2. 安全生产

安全生产的法律依据是：《中华人民共和国矿山安全法实施条例》(1996年)。

3. 环境保护

环境保护的法律依据是：《中华人民共和国矿产资源法》、《中华人民共和国海洋环境保护法》、《中华人民共和国海洋石油勘探开发环境保护管理条例》。

（三）规划计划职能

规划计划职能主要在国家发展和改革委员会、能源局，国土资源部主要负责全国矿产资源规划和土地资源规划的编制。

（1）法律依据。

①《中华人民共和国矿产资源法》。

②《中华人民共和国矿产资源法实施细则》。

（2）行政程序。

①国土资源行政主管部门负责矿产资源规划的编制。矿产资源规划由全国性矿产资源规划、地区性矿产资源规划和行业性矿产资源开发规划构成，全国性矿产资源规划包括全国矿产资源总体规划和专项规划。其中专项规划主要包括地质矿产调查评价与勘查规划、矿产资源开发利用与保护规划、矿山生态环境保护规划等。行业性矿产资源开发规划指有关矿产资源开发行业管理部门编制的相关矿产资源开发规划。

②国务院地质矿产主管部门组织编制全国矿产资源总体规划，报国

务院批准后施行。

（3）管理制度。

①滚动修编制度：矿产资源规划期限应当与国民经济和社会发展规划相适应，一般为5年，展望到15年，矿产资源规划每5年编制一次，必要时可组织修编。

②规划衔接制度：下级矿产资源规划服从上级矿产资源规划，专项规划服从总体规划，行业性规划和地区性规划服从全国性规划，矿产资源规划自上而下编制，下级矿产资源规划的编制必须以上级矿产资源规划为依据，并与上级相关规划相一致，与同级相关规划相衔接。

（四）统计制度、资料与信息管理

（1）法律依据。

①《中华人民共和国统计法》（2009年修订）。

②《中华人民共和国档案法》（1996年修订）。

③《中华人民共和国政府信息公开条例》（2007年）。

④《油气成果地质资料电子文件制作汇交细则》（2007年）。

⑤《矿产资源登记统计管理办法》（2004年）。

⑥《地质资料管理条例》（2002年）。

⑦《国土资源部关于开展油气等原始和实物地质资料委托保管工作的通知》（2009年）。

⑧《原始地质资料立卷归档规则》（2008年）。

⑨《涉密地质资料管理细则》（2008年）。

⑩《加强地质资料社会化服务的若干规定》（2005年）。

（2）行政程序管理部门与程序。

①国土资源管理部门负责石油探矿权、采矿权数据库和地质资料管理；汇总分析全国地质勘查成果、地质勘查行业和石油资源勘查开采情况。

②国家统计局负责组织实施全国能源产业基本状况等统计调查，收

集、汇总、整理和提供有关调查的统计数据；定期发布全国能源产业发展情况的统计信息。

（3）管理制度。地质资料统一汇交制度：矿业权人和从事地质调查工作的单位应当依法履行地质资料汇交义务，国家设立地质资料馆藏机构负责接收和保管汇交人汇交的地质资料，并依法设置合理的保护期限，保护汇交人的合法权益。

（五）科技与投资及重大项目

1. 国家级油气资源数据库

2008 年，全国启动了 10 个专题数据库建设，包括基础地质、省区油气资源、区块登记、矿业前沿勘查投入、油气监督、地球物理勘探、油气钻井等专题数据库。数据库管理及应用信息系统可为油气资源管理、油气基础地质调查、油气资源规划部署和战略研究提供数据和技术支持。

2. 油气资源战略调查

2008 年 7 月，国土资源部下发《关于下达 2008 年全国油气资源战略选区调查与评价项目计划的通知》（国土资发〔2008〕141 号），第二批油气资源战略调查申报工作正式启动。2008 年共安排 9 个项目，财政投入 1.2 亿元，企业配套资金 2.4 亿元。

（六）油气资源政策

1.《中国的能源状况与政策》白皮书

2007 年 12 月，国务院新闻办发表了《中国的能源状况与政策》白皮书，提出“中国继续实行油气并举的方针，稳定增加原油产量，努力提高天然气产量。加大石油天然气资源的勘探开发力度……切实增加可采储量。深入挖掘主要产油区的发展潜力，加强稳产改造，提高采收率，延缓老油田产量递减，在经济合理的条件下，积极开发煤层气、油页岩、油砂等非常规资源……”并提出，要“深化能源管理体制改革。

进一步转变政府职能，注重政策引导，重视信息服务。进一步强化能源资源的规范管理，完善矿产资源开发管理体制，建立健全矿产资源有偿使用和矿业权交易制度，整顿和规范矿产资源开发市场秩序。”

2.《能源发展“十一五”规划》

2007年4月，国家发展和改革委员会发布了《能源发展“十一五”规划》，提出“大力推广提高采收率技术、采油系统优化配置技术、稠油热采配套节能技术、注水系统优化运行技术、油气密闭集输综合节能技术和油田伴生气回收利用技术，严禁在没有伴生气、凝析油回收配套条件下开采油气田。到2010年，使全国原油采收率保持在32%左右。”

3. 关于石油公司退出未完成法定勘查投入面积的政策

2007年7月，国土资源部下发《关于2006年石油天然气（含煤层气）矿业权年检及使用费征收情况的通报》（国土资通〔2007〕10号），通过对2005年912个探矿权进行年度检查，完成最低勘查投入的探矿权降至41.12%。《通报》要求探矿权人：在2007年8月底前提交补足勘查投入或放弃勘查区块的整改报告；对累计3年以上没有完成最低勘查投入的区块，必须作出清退安排。8月22日，下发《关于加强矿业权管理有关工作的函》，再次要求石油公司按规定退出未完成最低勘查投入的探矿权面积，注销探矿权。对探矿权注销未达到要求的公司，暂不受理该公司的油气探矿权新立申请。矿业权人退出面积超过要求的部分，可以在超额退出的面积内申报探矿权新立申请。该政策出台后取得了一定成效，中国石油在2007年底报送了《关于2006年油气矿业权年检结果整改情况的报告》，退出勘查面积11.06万平方公里；中国石化报送了《关于中国石化2007年拟退出区块情况的报告》，退出勘查面积6.18万平方公里。

4. 建立油气资源勘查开采信息报告制度

2007年12月，国土资源部要求油气矿业权人按照矿产资源法律法规，以年报、月报及不定期的方式，报送油气资源勘查开发情况，建立油气资源勘查开采信息报告制度。年报主要报送国内外当年完成的油气资源勘探开采投资、主要发现和重大进展、新投产油气田简况、油气田开采重要进展等情况；月报主要报送国内当月在生产的油气田个数和产量等情况；专报主要报送油气勘查开采重大事件等。建立油气矿业权人向国土资源部报送油气资源勘查开采情况的制度，有利于政府管理部门及时了解情况，完善监管，强化服务，进一步加强全国油气矿产资源的集中统一管理。

5. 国家油气资源战略调查工作纲要

2008 年 6 月，根据《国务院关于加强地质工作的决定》、《全国矿产资源规划》，《国家油气资源战略调查工作纲要》编制工作开始启动，《工作纲要》的中心内容是：全面加强油气基础地质调查、油气资源战略选区、油气资源评价，优选油气远景区、有利目标区和油气后备基地，为国家油气资源管理提供科学依据，降低石油公司勘探风险，引导油气勘查向陆地新区和海域转移。

6. 初步建立油气勘查实施和开发利用方案审查制度

2008 年 12 月，国土资源部首次组织专家对 9 个石油、天然气、煤层气矿业权申请勘查实施方案和开发利用方案进行专家审查试点，提高了方案编制的科学性、合理性，为探索油气资源精细化管理进行了有益尝试。

第三章 我国石油资源的矿业权、流通体制和财税政策现状

一、我国矿业权的立法现状及分析

（一）矿业权及相关概念

1. *矿业权*

矿业权是指自然人、法人和其他社会组织依法向国家管理机关提出申请，经审查批准后取得勘查、开采许可证，在规定的区块范围和期限内，按批准的内容进行矿产资源勘查或开采等一系列经济活动并排除他人干涉的权利。

矿业权是由矿产资源所有权派生出来的一项权能，即赋予矿业权人对矿产资源进行勘查和开发等一系列经济活动的权利。世界各国的矿业立法对矿业权所包含的内容、范围不尽相同，矿业权在各国的立法中就有不同的划分，即一分法、二分法和三分法。

（1）矿业权的一分法：是指只申请一次即可获得勘查、开发和采矿等经济活动的权利。美国1972年《采矿法》基本上立足于以下两个原则：其一，一个人由于在土地中发现有用矿产可获得矿业权；其二，他必须继续开发土地中的矿产才能拥有所有权。依此原则，探矿人如继续采矿，就当然取得采矿权，这两项权利实际上是合二为一的。矿业权

的一分法的法律规定在《土耳其采矿法》中得到最明确的体现。该法第3条规定，通过申请一次采矿权，即可获得探矿和采矿以及矿业经营的权利。1992年的《俄罗斯联邦地下资源法》同样规定，只要取得了地下资源使用许可证即可拥有整个矿业权。目前，世界上立法改革总体趋势是矿业权实行一分法。

（2）矿业权的二分法：是指将矿业权分为探矿权和采矿权，两种权利分别申请、分别授予（或出让）。尽管对探矿权和采矿权所采用的名称和方式不同，加拿大、印度和巴西等国均将矿业权划分为探矿权和采矿权。如巴西的矿业权划分为勘查批准书和开采特许证两种。巴西《矿业法典》第7条规定："矿床的开发须有矿业能源部长颁发的勘查批准书和共和国总统通过法令颁布的开采特许，批准书和特许仅赋予巴西人或在国内组织的采矿企业。"

（3）矿业权的三分法：是指将矿业权分为探矿权、矿产开采评价权和采矿权。设立矿产开采评价权是为探矿权人拟优先取得采矿权作准备，以便探矿权人在批准的区域和期限内进行开采的可行性论证、市场调查、融资和技术装备等。矿产开采评价权是在勘查期满后，由探矿权人申请取得的，其评价面积只保留发现矿藏的矿区范围。

我国采取的是二分法，即把矿业权分为探矿权和采矿权，因此，我国的矿业权是探矿权和采矿权的合称。

2. 探矿权

根据《地质科学大辞典》的定义，探矿权是指由享有法定主体资格的单位或者个人依法向国家管理机关提出申请，经审查批准后取得勘查许可证，在规定的区块范围和期限内，按批准的内容进行矿产资源勘查的权利。获得探矿权权利的前提包括：（1）探矿权申请人必须符合一定的资质条件；（2）申请人必须依法办理勘查登记，领取勘查许可证；（3）探矿权人必须实际从事矿产资源勘查工作。

3. 采矿权

采矿权是指自然人、法人或者其他组织在依法取得许可证并在一定的期限内对规定范围内的矿体进行占有、使用、收益和限制性处分的权利，是矿产资源国家所有权派生出来的一种特殊物权。采矿权人对于特定矿产资源具有占有、使用、收益和一定的处分权，因此相对于国家对矿产资源的专有权，采矿权又是一种定限物权。采矿权兼具公法和私法的双重性，在法律构造上它已成为跨越公法域和私法域的一项复杂性权利。由于具有不动产物权的基本特征，包括我国在内的世界各国通常都将采矿权作为不动产物权加以管理。

（二）我国矿业权的立法现状

我国目前有关矿业权的立法，在我国宪法、民法、物权法、矿产资源法、矿产资源行政法规、地方性法规和部门规章中均有所体现，参见表3.1。

表3.1　关于矿业权的相关法律法规规定

法律法规名称	发布时间	关于矿业权的相关条款	备注
《中华人民共和国宪法》	2004年3月14日（第十届全国人民代表大会第二次会议通过修正）	第九条	—
《中华人民共和国民法通则》	1986年4月12日（第六届全国人民代表大会第四次会议通过）	第七十一条，第八十一条	—
《中华人民共和国矿产资源法》	1996年8月29日（第八届全国人民代表大会常务委员会第二十一次会议通过修正）	第三条，第五条，第十七条	—
《中华人民共和国物权法》	2007年3月16日（第十届全国人民代表大会第五次会议通过）	第三十九条，第四十条，第一百一十七条，第一百二十条，第一百二十三条	—

续表

法律法规名称	发布时间	关于矿业权的相关条款	备注
《矿产资源勘查区块登记管理办法》	1998年2月12日（中华人民共和国国务院令第240号）	第四条，第六条，第十条，第十二条，第十三条，第十七条，第二十一条，第二十九条	在前10个条款中，关于石油、天然气规定的有6个条款
《矿产资源开采登记管理办法》	1998年2月12日（中华人民共和国国务院令第241号）	第三条，第五条，第九条，第十条，第三十二条	—
《矿业权出让转让管理暂行规定》	2000年11月1日（国土资源部国土资发〔2000〕309号）	第三条，第十五条，第十六条，第三十六条	—

资料来源：课题组总结。

1.《中华人民共和国宪法》的相关规定

第九条　矿藏、水流、森林、山岭、草原、荒地、滩涂等自然资源，都属于国家所有，即全民所有；由法律规定属于集体所有的森林和山岭、草原、荒地、滩涂除外。

国家保障自然资源的合理利用，保护珍贵的动物和植物。禁止任何组织或者个人用任何手段侵占或者破坏自然资源。

2.《中华人民共和国民法通则》的相关规定

第七十一条　财产所有权是指所有人依法对自己的财产享有占有、使用、收益和处分的权利。

第八十一条　国家所有的森林、山岭、草原、荒地、滩涂、水面等自然资源，可以依法由全民所有制单位使用，也可以依法确定由集体所有制单位使用，国家保护它的使用、收益的权利；使用单位有管理、保护、合理利用的义务。

国家所有的矿藏，可以依法由全民所有制单位和集体所有制单位开采，也可以依法由公民采挖。国家保护合法的采矿权。

3.《中华人民共和国矿产资源法》的相关规定

第三条 矿产资源属于国家所有，由国务院行使国家对矿产资源的所有权。地表或者地下的矿产资源的国家所有权，不因其所依附的土地的所有权或者使用权的不同而改变。

国家保障矿产资源的合理开发利用。禁止任何组织或者个人用任何手段侵占或者破坏矿产资源。各级人民政府必须加强矿产资源的保护工作。

勘查、开采矿产资源，必须依法分别申请、经批准取得探矿权、采矿权，并办理登记；但是，已经依法申请取得采矿权的矿山企业在划定的矿区范围内为本企业的生产而进行的勘查除外。

国家保护探矿权和采矿权不受侵犯，保障矿区和勘查作业区的生产秩序、工作秩序不受影响和破坏。

从事矿产资源勘查和开采的，必须符合规定的资质条件。

第五条 国家实行探矿权、采矿权有偿取得的制度；但是，国家对探矿权、采矿权有偿取得的费用，可以根据不同情况规定予以减缴、免缴。具体办法和实施步骤由国务院规定。

开采矿产资源，必须按照国家有关规定缴纳资源税和资源补偿费。

第十七条 国家对国家规划矿区、对国民经济具有重要价值的矿区和国家规定实行保护性开采的特定矿种，实行有计划的开采；未经国务院有关主管部门批准，任何单位和个人不得开采。

4.《中华人民共和国物权法》的相关规定

第三十九条 所有权人对自己的不动产或者动产，依法享有占有、使用、收益和处分的权利。

第四十条 所有权人有权在自己的不动产或者动产上设立用益物权和担保物权。用益物权人、担保物权人行使权利，不得损害所有权人的权益。

第一百一十七条　用益物权人对他人所有的不动产或者动产，依法享有占有、使用和收益的权利。

第一百二十条　用益物权人行使权利，应当遵守法律有关保护和合理开发利用资源的规定。所有权人不得干涉用益物权人行使权利。

第一百二十三条　依法取得的探矿权、采矿权、取水权和使用水域、滩涂从事养殖、捕捞的权利受法律保护。

5.《矿产资源勘查区块登记管理办法》的相关规定

第四条　勘查下列矿产资源，由国务院地质矿产主管部门审批登记，颁发勘查许可证：

（一）跨省、自治区、直辖市的矿产资源；

（二）领海及中国管辖的其他海域的矿产资源；

（三）外商投资勘查的矿产资源；

（四）本办法附录所列的矿产资源。

勘查石油、天然气矿产的，经国务院指定的机关审查同意后，由国务院地质矿产主管部门登记，颁发勘查许可证。

第六条　探矿权申请人申请探矿权应当向登记管理机关提交下列资料：

（一）申请登记书和申请的区块范围图；

（二）勘查单位的资格证书复印件；

（三）勘查工作计划、勘查合同或者委托勘查的证明文件；

（四）勘查实施方案及附件；

（五）勘查项目资金来源证明；

（六）国务院地质矿产主管部门规定提交的其他资料。

申请勘查石油、天然气的，还应当提交国务院批准设立石油公司或者同意进行石油、天然气勘查的批准文件以及勘查单位法人资格证明。

第十条　勘查许可证有效期最长为 3 年；但是，石油、天然气勘查许可证有效期最长为 7 年。需要延长勘查工作时间的，探矿权人应当在勘查许可证有效期届满的 30 日前，到登记管理机关办理延续登记手续，每次延续时间不得超过2年。

探矿权人逾期不办理延续登记手续的，勘查许可证自行废止。

石油、天然气滚动勘探开发的采矿许可证有效期最长为15年。但是，探明储量的区块，应当申请办理采矿许可证。

第十二条 国家实行探矿权有偿取得的制度。探矿权使用费以勘查年度计算，逐年缴纳。

探矿权使用费标准：第一个勘查年度至第三个勘查年度，每平方公里每年缴纳100元；从第四个勘查年度起，每平方公里每年增加100元，但是最高不得超过每平方公里每年500元。

第十三条 申请国家出资勘查并已经探明矿产地的区块的探矿权的，探矿权申请人除依照本办法第十二条的规定缴纳探矿权使用费外，还应当缴纳经评估确认的国家出资勘查形成的探矿权价款；探矿权价款按照国家有关规定，可以一次缴纳，也可以分期缴纳。

第十七条 探矿权人应当自领取勘查许可证之日起，按照下列规定完成最低勘查投入：

（一）第一个勘查年度，每平方公里2000元；

（二）第二个勘查年度，每平方公里5000元；

（三）从第三个勘查年度起，每个勘查年度每平方公里10000元。

第二十一条 探矿权人在勘查许可证有效期内探明可供开采的矿体后，经登记管理机关批准，可以停止相应区块的最低勘查投入，并可以在勘查许可证有效期届满的30日前，申请保留探矿权。但是，国家为了公共利益或者因技术条件暂时难以利用等情况，需要延期开采的除外。

第二十九条 违反本办法规定，有下列行为之一的，由县级以上人民政府负责地质矿产管理工作的部门按照国务院地质矿产主管部门规定的权限，责令限期改正；逾期不改正的，处5万元以下的罚款；情节严重的，原发证机关可以吊销勘查许可证：

（一）不按照本办法的规定备案、报告有关情况、拒绝接受监督检查或者弄虚作假的；

（二）未完成最低勘查投入的；

（三）已经领取勘查许可证的勘查项目，满6个月未开始施工，或者施工后无故停止勘查工作满6个月的。

6.《矿产资源开采登记管理办法》的相关规定

第三条 开采下列矿产资源，由国务院地质矿产主管部门审批登记，颁发采矿许可证：

（一）国家规划矿区和对国民经济具有重要价值的矿区内的矿产资源；

（二）领海及中国管辖的其他海域的矿产资源；

（三）外商投资开采的矿产资源；

（四）本办法附录所列的矿产资源。

开采石油、天然气矿产的，经国务院指定的机关审查同意后，由国务院地质矿产主管部门登记，颁发采矿许可证。

第五条 采矿权申请人申请办理采矿许可证时，应当向登记管理机关提交下列资料：

（一）申请登记书和矿区范围图；

（二）采矿权申请人资质条件的证明；

（三）矿产资源开发利用方案；

（四）依法设立矿山企业的批准文件；

（五）开采矿产资源的环境影响评价报告；

（六）国务院地质矿产主管部门规定提交的其他资料。

申请开采国家规划矿区或者对国民经济具有重要价值的矿区内的矿产资源和国家实行保护性开采的特定矿种的，还应当提交国务院有关主管部门的批准文件。

申请开采石油、天然气的，还应当提交国务院批准设立石油公司或者同意进行石油、天然气开采的批准文件以及采矿企业法人资格证明。

第九条 国家实行采矿权有偿取得的制度。采矿权使用费，按照矿区范围的面积逐年缴纳，标准为每平方公里每年1000元。

第十条 申请国家出资勘查并已经探明矿产地的采矿权的，采矿权申请人除依照本办法第九条的规定缴纳采矿权使用费外，还应当缴纳经评估确认的国家出资勘查形成的采矿权价款；采矿权价款按照国家有关规定，可以一次缴纳，也可以分期缴纳。

第三十二条 本办法所称矿区范围，是指经登记管理机关依法划定的可供开采矿产资源的范围、井巷工程设施分布范围或者露天剥离范围的立体空间区域。

7.《矿业权出让转让管理暂行规定》的相关规定

第三条 探矿权、采矿权为财产权，统称为矿业权，适用于不动产法律法规的调整原则。依法取得矿业权的自然人、法人或其他经济组织称为矿业权人。矿业权人依法对其矿业权享有占有、使用、收益和处分权。

第十五条 矿业权出让是指登记管理机关以批准申请、招标、拍卖等方式向矿业权申请人授予矿业权的行为。

第十六条 在探矿权有效期和保留期内，探矿权人有优先取得勘查作业区内矿产资源采矿权的权利，未经探矿权人的同意，登记管理机关不得在该勘查作业区内受理他人的矿业权申请。

第三十六条 矿业权转让是指矿业权人将矿业权转移的行为，包括出售、作价出资、合作、重组改制等。矿业权的出租、抵押，按照矿业权转让的条件和程序进行管理，由原发证机关审查批准。

为了更好地规范矿业权制度，国土资源部颁布了大量的部门规章，细化了矿业权取得和流转的方式、缴纳费用以及监督管理办法等。这部分文件法律层级较低，数量庞大，废、改、立频繁，但却是矿产资源管理实务中应用最普遍的。除了以上法律法规，各地根据自己的地区的情况又制定了相应的矿业权地方性法规、地方政府规章，这一部分也是数量众多。

另外，其他部门法和法律制度中的基本法律、一般法律、行政法规、地方性法规、行政规章等涉及矿业权规范，比如刑法、环境保护法等，同样属于矿业权的法律渊源和有机组成部分。

我国目前的矿业权法律体系，从框架构成上看，比较全面，覆盖了对矿业权的取得、流转等方面，基本形成体系。但由于经济社会形势的发展，我国的矿业权法律体系也显现出一系列的缺陷和不足，例如规范矿业权取得的技术规范就不健全，矿业权流转制度的立法也存在滞后现象，束缚了矿业权市场的进一步发育和完善。

（三）矿业权的法律特征

1. 矿业权是一种财产权

矿产资源具有价值，包含矿产资源自身的价值、人类劳动投入所形成的价值以及因稀缺性等客观因素共同作用所形成的价值。矿产资源的经济属性决定了矿业权具有财产权属性。1996 年《矿产资源法》规定，“国家实行探矿权、采矿权有偿取得的制度”，《探矿权采矿权转让管理办法》也明确规定，探矿权、采矿权可以依法转让。探矿权、采矿权是重要的资源性财产权，可以通过招标、拍卖等方式进行出让，以挂牌、作价出资等方式进行转让，从而分别形成探矿权、采矿权的一级市场和二级市场。

许多国家通过立法确定了矿业权的财产权性质。有的国家明确指出，民法及商法中关于不动产之法律规定适用于矿业权。如：加拿大各省矿业法规定，矿业权构成独立的、不可分割的财产权；澳大利亚各州矿业法规定，矿业权构成独立的财产权，视为物权；瑞典矿业法规定，不动产之规定适用于矿业权转让；巴西矿业法规定，矿业权构成一种不动产权；日本矿业法第 12 条规定，“矿业权视为物权，除了本法律有关条文已作的规定外，有关不动产的规定均可适用于矿业权”；韩国矿业法规定，“矿业权视为物权，除矿业法另有规定的情况，适用关于不动产的民法和其他法令的规定”。矿业权的财产属性是其能够作为流通之标的物以及建立矿产资源有偿使用制度的理论基础和法律依据。

2. *矿业权具有明显的物权特征，属于用益物权*

按照传统物权法的基本理论，物权作为对物的直接支配并排斥他人干涉的权利，其客体是物。这种作为物权客体的物，必须是存在于人身之外，能够为人力所支配且能满足人类某种需要的物体。矿业权具有如下特征：

（1）矿业权具有直接支配性。矿业权人得依自己的意思占有和支配特定范围内的矿产资源，即可以在矿业权许可证规定的期限内，对规定矿区范围内的矿体进行勘查、开采并占有和支配采出的矿产品，他人不得干涉，即使所有权人发生变动，此矿业权也不受影响；矿业权的出让或者转让，除了必经的法定程序外，不必经他人介入或者同意。

（2）矿业权具有排他性。在同一矿区范围内不允许有其他矿业权存在，即对于该范围内的矿产资源只有一个矿业权人。主要表现为以下几种情形：

一是矿业权申请人申请划定的矿区范围是未设立矿业权的空白矿产地。

二是探矿、采矿活动不受他人干扰。在其矿区范围内，非经矿业权人同意，任何人不得侵入或者干涉，法律对此给予绝对的保护。假如受到外来侵害，矿业权人可行使物上请求权或者主张追及的效力。

三是矿业权申请人申请划定的矿区范围，其地面投影或者地表塌陷区与已设立矿业权的矿区范围重叠或有其他影响的，矿业权管理机关在审批矿区范围时，应以不影响已有的矿业权人利益为原则，首先征求已有的矿业权人的意见。

（3）矿业权具有一定的矿产资源处分权。处分权是体现所有权的根本标志，它最直接地反映了所有权人对矿产资源的支配。实际上，矿山企业是拥有独立财产、自主经营的法人，虽然在法律规定上无权处分矿产资源，但矿山企业不但在事实上占有国家特定的矿产资源，而且要使用或者消耗矿产资源即在事实上处分国有矿产资源，进而将矿产资源的转化物即矿产品作为商品在市场上进行销售赢利。所以，矿业权的行使与对矿产资源的处分实际上是分不开的。准许矿业权转让的法律规定则赋予矿业权人对矿产资源实行一定的法律处分的权利。可以说，矿业权既包括了对矿产资源的占有、使用和收益权能，也包括了对矿产资源的处分权能。当然，这是一种限制性处分，受到国家所有权的制约，作为矿产资源所有权人的国家仍掌握着最终的处分权，如出于公共利益的需要，国家可以对矿业权进行直接或者间接地征用，但应给予矿业权人相应的补偿。

（4）适用不动产的一般规定。作为矿业权客体的特定范围内的矿产资源特别是在人工开采前其形态上呈现出不动产的特征，世界上许多国家和地区都采取了类似土地使用权的登记管理方式，即从法律上和实践中均将矿业权视为不动产。例如法律规定，矿业权转让必须经过矿业权登记管理机关审查批准，这与不动产物权变动以登记为公示的原则是一致的。事实上，矿业权的设定、移转和消灭也都基本遵循了物权法定、一物一权、公示公信等物权法基本原则，由此可以将其纳入物权法体系中由物权法加以规范。

一是关于物权法定原则。矿业权的种类、内容、效力和公示方法等都由法律规定而不是由当事人自由设定。

二是关于一物一权原则。通常是指一个物权的客体仅为一个独立的有体物，在同一物之上不得设立两个或两个以上互相矛盾的物权。我国法律规定，在同一矿业权的客体上不允许有其他相同的矿业权存在。矿业权的客体是独立的特定矿区范围内的有体物即矿体，矿区范围均由法定而不能逾越，否则即为违法。

三是关于公示公信原则。法律规定了矿业权登记管理这种足以使一般人能够认知的公示方法，根据《矿产资源勘查区块登记管理办法》、《矿产资源开采登记管理办法》的有关规定，矿业权设定后，登记管理机关要依照法定程序通知县级人民政府限期公告，并可根据矿业权人的申请，组织埋设界桩或者设置地面标志，第三人因此可以知晓矿业权设立和变动的情况。当然也可直接向管理机关查询以获取相关信息。矿业权发生转让，必须依法经登记管理机关审查批准，否则矿业权转让合同无效。矿业权人停办、关闭矿山的，应当依法办理矿业权许可证注销登记手续。目前，除了政府发布公告、设置矿业权界桩标志可使公众知悉矿业权归属外，随着矿业权信息系统建设的推进，不少地方已通过互联网查询矿业权设置分布和变动等情况。对于矿业权转让和受让的双方当事人来说，只有通过公示的形式作出矿业权变动的意思表示，才能发生矿业权变动的法律效果；人们能够凭借矿业权许可证的记载确信矿业权人的合法身份。矿业权登记管理和信息查询制度，为矿业权的安全交易提供了保障。

3. 矿业权兼具公权和私权的双重性

矿业权是从矿产资源国家所有权中派生出来的一种物权，它本质上是一种私权，但又具有公权的特征，因而是一种特殊的民事权利。从民事法律关系上看，矿业权是国家以允许矿业权人直接对国家专有的、某一特定的矿产资源进行勘查、开发利用并取得矿产品的他物权，并通过矿产品销售而获取利益为条件，要求矿业权人支付相当的对价，来满足和实现国家作为矿产资源所有者的经济利益。

另一方面，在我国，不像土地、森林、草原等自然资源那样具有国家所有和集体所有两种所有制形式，矿产资源实行单一的国家所有制，目的是为确保矿产资源能够被合理开发利用，实现社会公平效率，维护国家经济安全。由国家永久所有，这同世界上多数国家的规定是一致的。基于矿产资源的自然属性和经济属性，矿产资源具有来源公共性、用途公益性和管理公开性，特别是基于其对经济社会发展的基础保障作用和维护国家经济安全的需要，矿产资源较水、森林、草原、渔业生物资源等具有更强的国家管制和行政管理色彩，由此决定了矿业权的公权性，矿业权必须通过行政许可程序取得，在探矿、采矿过程中无条件地履行缴纳有关税费、保护环境等法定义务并接受管理机关的监督管理，同样其合法权益也受到公法保护。尽管矿业权含有较强的公权性和行政管理的社会关系，却仍是民事主体享有的、同国家所有权密切相关的一种特殊的物权，受民法调整，因此它是民法物权中一种独立的权利类型。从本质上看，矿业权仍属民事权利。矿业权的行政性，正如国家向申请人出让矿业权时可以采用招标、拍卖等市场竞争方式并最终通过行政许可方式授予相对人矿业权一样，实质是采用市场手段和行政手段达到对矿业权这种特殊物权进行合理配置的目的。因此，应当坚持平等原则，对国家所有的矿业权同私有的矿业权都一样平等保护，在国有矿业权与非国有矿业权的流转中，遵循意思自治原则和市场规律，公平交易、平等交换，使侵犯国家所有权、国有矿业权与非国有矿业权的行为都能受到法律的制裁。

4. *矿业权具有行政特许的特点*

与矿业权的公权特征相联系，与一般的民法物权的取得相区别，矿业权必须经过特别的行政许可取得。行政许可通常分为两种类型，即资格许可和财产权授予的许可。所谓资格许可，是指行政机关按照一定的程序，根据相对人申请，作出决定允许相对人做某种事、行使某种特权、获得某种资格和能力的行为。其特点之一是行政机关作为国家主权的享有及执行主体，因国家难以直接实施某种社会活动而将部分权利授予相对人，允许其在法定范围内从事某项活动，并向国家支付一定对价的行为。行政机关可以依法授予某项权利，在特定条件下，也可以依法通过吊销许可证等方式收回该项权利。简单地说，这种资格许可是对一种从事活动能力的行政许可，是一般禁止的例外，比如执业许可。所谓财产权授予的许可，是国家让渡其所有权中的一部分权能而形成的。从本质上看，这种许可相当于私法上设立用益物权的行为，只不过当事人一方是国家，许可的结果就是为相对方设立了一种类似用益物权的物权。二者具有截然不同的法律特征。尽管在这两种情况下，许可均采用行政手段来实现，但对于前者而言，许可是基于国家政治权力而确定的特定行为能力的要素；而对于后者，许可是基于国家所有权而产生的权利创设的要素，由于是一种财产权利的让渡，这种许可更多地体现出行政特许的特点。

具体来说，矿业权是矿产资源管理部门依照法定权限和程序，根据其申请批准相对人从事矿产资源勘查、开采活动并享有相应收益的行为。《行政许可法》规定，矿产资源是国家专有物。国家对矿业权的授予以及矿业权转让审批，采取分类分级管理行政许可的方式，体现了国家对矿产资源的主权利益。矿产资源属于国家所有，属于全民公有财产，而不是归部分人所有。同时，矿产资源是有限的，具有稀缺性和耗竭性，无限制的开发利用将会破坏全体人民赖以生存的环境，损害公共利益。相对人经许可而勘探开发利用矿产资源，实质上是一部分人行使了本应由全体人民共同享有的权利，被许可人所获得的是一种特权，而不是当然所享有的权利。因此，这种许可被称为“特许”，以区别于普通的许可、认可、核准和登记等其他形式的许可，矿产资源的有限性决定了这种矿业权行政许可必须进行数量限制。而且，这种“特许”是有条件的，即矿业权人必须遵守合理勘探开发利用矿产资源、保护环境等法律规定，否则就可能被依法吊销许可证而失去这种“特许权”。

5. 矿业权具有有期性

与所有权的永久存续具有无期性相区别，矿业权是一种根据矿产资源储量情况经法定程序设定的有期限的物权。许可证期限根据矿区范围内的资源储量设定。有效期满、需要继续采矿、探矿的，可以在限期内办理延续登记手续。矿业权许可证期限届满，矿业权人不申请延续则矿业权失去其效力。

6. 矿业权市场出让转让中的双重性

矿业权市场分为国家与相对人之间因矿业权出让而形成的一级市场和相对人之间因矿业权转让而形成的二级市场。通过矿业权在不同持有者之间按照市场经济规律进行流转，从而达到优化配置资源的目的。按照流转的方向和对象，一级市场由国家垄断，国家矿产资源管理部门根据需要和实际情况，依法采用协议、招标、拍卖、挂牌等形式出让矿业权。二级市场则是矿业权转让人与受让人为了各自的经营目的而依法进行的矿业权交易，是在两个以上平等的民事主体之间进行的。

在矿业权一级市场，矿产资源管理部门作为矿产资源所有者的代表，将矿业权以市场竞争的方式出让给企业，这一活动本身具有行政行为和民事行为的双重性。

一方面，因为矿业权是否出让和出让对象以及出让规则、方式和结果等的确定，完全取决于所有者的意志，因而属于行政行为。以市场竞争方式出让矿业权，与以往一对一的传统申请审批方式相比，无疑是行政管理方式的重大转变。因为在矿业权市场，取得矿业权的主体主要是由市场而非由政府部门决定，势必将政府管理的重心由以前的申请人资质审查和开发监管转向宏观管理等职能方面，如编制实施矿产资源规划，研究和制定矿产资源保护和合理开发利用政策及市场运行规则等，矿产资源管理职能也将由直接的、微观的管理转向间接的、宏观的调控管理。这种管理方式和管理职能的转变必然带来管理理念上的深刻变化。

另一方面，矿业权出让行为本身是一种等价交换的民事法律行为，从而使政府主导的出让行为具有了明显的民事性质，特别是以招标、拍卖、挂牌等市场竞争方式出让矿业权，将矿业权作为财产权进行管理，使以前单纯的行政权力转化为带有财产管理性质的民事关系。矿业权一旦作为财产权加以管理，其性质就是财产权利而非行政权力。在国家有偿出让矿业权的交易过程中，作为出让方的国家和受让方的相对人双方是平等的民事主体，双方都必须遵守平等、自愿、诚实信用、等价有偿的原则，即使在行使国家矿产资源所有权的职能时，政府管理部门与企业之间也是一种平等的商品经济关系。矿业权的设立意味着设立了一种独立的民事财产权，任何组织、个人不得干扰和侵犯。即便作为所有者的国家，非经法定程序也不能中止矿业权的行使。尤其是以典型的市场竞争方式得到的矿业权，更不容随意限制或剥夺。

将市场竞争方式引入矿业权行政许可领域，是在市场经济体制下政府按照市场规则改变管理方式后的重大变革，对于厘清国家作为所有者、投资经营者和管理者的复杂关系、规范政府行为、促进矿产资源合理配置和矿业经济发展，具有重要意义。

（四）矿业权的法律构成

1. 探矿权的法律构成

探矿权的构成要素主要包括探矿权主体、客体和内容三部分。

（1）探矿权主体。探矿权主体主要包括探矿权申请人和矿产勘查出资人、承担矿产勘查作业任务的勘查单位。其中，探矿权申请人和矿产勘查出资人通常指同一主体。我国法律确立了勘查出资人制度，即勘查出资人为探矿权人，体现出“谁投资、谁受益”的市场经济原则。依照有关规定，探矿权人是指出资勘查矿产资源，具有组织勘查行为能力（资金、技术、设备等），依法享有探矿权权利和承担相应义务的法人。但是外国人来华投资勘查矿产资源，必须首先设立企业，成为中国的企业法人。我国还规定了勘查出资人与作业人分开的原则。矿产勘查属于技术密集型的探索性工作，要求勘查者具备一定的专业知识、工作经验和经历以及必要的施工设备。根据有关规定，从事矿产勘查活动，应当依法进行注册登记，取得相应资质证书。探矿权人应当委托具有国家认定的具有相应勘查资质的单位实施勘查作业。后者通过对特定区块范围内的地质体进行勘查，勘查项目完成后向探矿权人提交地质资料即地勘成果，并接受劳务报酬。探矿权人与勘查单位之间是委托与被委托、雇用与被雇用的关系。其中勘查单位对地勘成果享有署名权以及获得评比奖励等权利。当然，勘查单位也可以直接投资勘查甚至开采，实现探矿权人和勘查单位的一体化、探采一体化。

从表面上看，探矿权是指在依法取得的勘查许可证规定的范围内，勘查矿产资源的权利。从本质上看，它不仅是对于采矿权的一种预期（因而可以称为准采矿权），而且直接享有对于矿产勘查活动中所获得的地勘成果和发现信息的支配权。国家依法对符合条件的探矿权申请人进行审查后授予并发给勘查许可证，探矿权出资人成为探矿权人。探矿权人依法在勘查许可证规定的勘查区块范围内进行勘查施工并优先取得勘查作业区内矿产资源的采矿权。

(2) 探矿权客体。依照通说，物权是对物的直接支配并排斥他人干涉的权利。随着时代的变迁和社会生产力的发展，特别是人类认识和改造自然的能力不断增强，民法上的物的范围不断扩展。物权客体已经十分广泛，凡存在于人身以外，能够为人力所支配和控制并能满足人们某种需要的特定、独立、单一的物，均能成为物权的客体。

抽象的权利的性质往往取决于其客体，因此首先需对权利客体性质特点有一个全面的把握。物权客体物定主义原则是罗马法以来的物权法所承认的一项基本原则。该原则要求，物权的客体首先必须特定，即物权的客体应限于特定物。所谓特定物是指以物单独所具有的特征所确定的物。它可以是独一无二的物，也可以是特定化了的种类物，而且应当是独立物。

探矿权的客体是特定范围内的地质体，即地壳内占有一定的空间、含有固定成分并与周围物质相区别的地质作用的产物。由于进入采矿阶段，通过探矿权的行使即矿产勘查结束后，人们对标的物的情况的了解已经由未知转为已知，采矿权的客体就不再是地质体，而是具有比较清楚稳定的资源属性的矿体了。

(3) 探矿权内容。是指在规定的期限内对特定的矿区范围内的矿产资源依法勘查的权利，目的是为了探明一定区域内是否有矿体及其分布等情况，以便进行开发利用并从中获得收益。探矿权人对不属于自己所有的地质体进行查看、分析、评价、研究等为主要内容的矿产勘查活动，属于对他人的特定区域内的物在一定时间内实施占有和利用，而且与采矿活动不同，勘查活动对于该标的物本身没有造成实质性的改变。

(4) 探矿权人的权利和义务。

①探矿权人依法享有的权利主要包括：

A. 按照勘查许可证规定的区域、期限和工作对象进行勘查；

B. 在勘查作业区及相邻区域架设供电、供水、通信管线；

C. 在勘查作业区及相邻区域通行；

D. 根据工程需要临时使用土地；

E. 优先取得勘查作业区内新发现矿产资源的采矿权；

F. 优先取得勘查作业区矿产资源的探矿权；

G. 自行销售勘查工程中回收的矿产品；

H. 经依法批准转让探矿权；

I. 与他人合资、合作进行勘查；

J. 依法变更、保留、取消探矿权等。

②探矿权人依法履行的义务主要包括：

A. 在规定的期限、范围内进行勘查并完成最低勘查投入；

B. 按规定报告勘查工作进展情况及有关情况；

C. 逐年缴纳探矿权使用费；

D. 消除勘查作业所遗留的安全隐患；

E. 向国家汇交地质勘查工作资料；

F. 依法办理探矿权变更、转让、保留或注销登记手续；

G. 遵守有关法律、法规关于劳动安全、土地复垦和环境保护的规定；

H. 依法承担违法责任等。

2. 采矿权的法律构成

(1) 采矿权主体。采矿权必须由依法独立享有民事权利和承担民事义务的企业或者个人承担，目前在实践中采矿权人主要是指企业法人，而且通常是采矿权人直接实施矿产开发活动。从理论上讲，采矿权人与具体实施采矿活动的作业人可以分开，但必须具备法律规定的资质条件，如前者应具有以资金为主要内容的独立承担民事责任的能力，后者要具备相应的矿山建设、施工等方面的技术能力和设备条件，并达到安全、环保等方面的规范要求。

(2) 采矿权客体。根据矿产资源的基本属性可以确定，采矿权的客体是依法批准开采的特定范围内的矿产资源，具体指采矿许可证中规定的矿区范围内的矿体。

（3）采矿权内容。是指在规定的期限内对特定的矿区范围内的矿产资源（矿体）进行开采、占有、收益和限制性处分的活动。主要包括建设矿山，占有和控制矿产资源，依照法律规定按照规划方案进行采矿，依法采取出售、合资、合作、出租、抵押等方式转让采矿权以及销售矿产品并获得利益的权利等。

（4）采矿权人的权利义务。采矿权人的权利义务，是指采矿权人依法享有的权利和依法承担的义务的总和。

①采矿权人的权利主要包括：

A. 在批准的矿区范围内建设采矿所需要的生产和生活设施；

B. 在采矿许可证规定的期限和范围内从事采矿活动；

C. 获得被许可开采的矿产品及共、伴生矿产品；

D. 在矿区范围内开展生产勘探；

E. 依法销售矿产品和确定矿产品价格；

F. 依法取得土地使用权和其他相关权利（如道路通行权、架设输油管道和通讯线路等的权利）；

G. 依法公开发行股票、进行社会融资等。

②采矿权人的义务主要包括：

A. 在批准的期限内投入矿山生产建设，开始矿山施工作业；

B. 依法进行矿山设计，采用合理的开采方法和选矿工艺，使矿山“两率”（开采回采率和选矿回收率）指标达到设计要求以及综合利用共伴生、中低品位、薄矿层、难选矿产资源；

C. 依法填报矿产资源开发利用等统计报表，保护矿山资料安全；

D. 依法接受监督管理；

E. 依法缴纳矿产资源补偿费、资源税、采矿权使用费、采矿权价款；

F. 依法采取环境保护、劳动安全卫生防护和土地复垦等措施；

G. 依法汇交地质资料等。

二、我国石油资源矿业权的特点

（一）石油资源矿业权的相关概念

1. *矿业权*

石油资源矿业权是指法人单位依法向国家管理机关提出申请，经审查批准后取得石油（包括原油和天然气）勘查、开采许可证，在规定的区块范围和期限内，按批准的内容进行石油资源勘查或开采等一系列经济活动并排除他人干涉的权利。

目前我国采取矿业权二分法，即把石油资源矿业权分为探矿权和采矿权。

2. *探矿权*

石油资源探矿权是指法人单位依法向国家管理机关提出申请，经审查批准后取得石油资源勘查许可证，在规定的区块范围和期限内，按批准的内容进行石油资源勘查的权利。获得石油资源探矿权权利的前提包括：一是探矿权申请人必须符合一定的资质条件；二是申请人申请勘查石油、天然气的，必须提交国务院批准设立石油公司或者同意进行石油、天然气勘查的批准文件；三是申请人必须依法办理勘查登记，领取勘查许可证；四是探矿权人必须实际从事石油资源勘查工作。

3. *采矿权*

石油资源采矿权是指企业法人在依法取得许可证并在一定的期限内对规定范围内的油气藏进行占有、使用、收益和限制性处分的权利，是矿产资源国家所有权派生出来的一种特殊物权。

（二）我国石油资源矿业权的特点

1. *石油资源具有国家垄断性*

我国石油资源属于国家所有，中央政府代表国家行使所有权。

石油资源的国家所有也就是说国家拥有对石油资源的占有、使用、收益和处分的权利。石油资源所有者的代表是中央政府，也就是由国务院代表国家行使占有、使用、收益和处分的权利。中华人民共和国是我国全部石油资源的惟一所有权主体，基于对石油资源的主权，国家有权决定石油资源的勘探、开发和利用，并依法统一管理。明确石油资源的国家所有权，对加强石油资源勘查、开采、利用的管理，维护国家在石油资源上的权益，具有重要的现实意义。

目前，我国所有的关于矿产资源的立法均强调石油资源的国家所有权，且明确采矿权和探矿权都是国家矿产资源所有权的实现形式。如2000年11月实施的《矿业权出让转让管理暂行规定》第三条规定："探矿权、采矿权为财产权，统称为矿业权，适用于不动产法律法规的调整原则。依法取得矿业权的自然人、法人或其他经济组织称为矿业权人。矿业权人依法对其矿业权享有占有、使用、收益和处分权。"占有是指国家的石油资源神圣不可侵犯，任何法人、自然人使用石油资源须经国务院许可。使用是指国家可以依法设立矿业权，通过资源规划合理开发利用。收益是指矿业权人在经济利益上的回报，如矿业权依法转让、销售资源产品的收入等。处分是指矿业权依法转让、拍卖或作价投资等。

2. 石油资源矿业权属于用益物权

物是指能够为人力控制并具有价值的物质或物体。物权是指直接支配特定的物并排除他人干涉的权利。而石油资源矿业权是对特定区域进行石油勘查和开采的权利。从物的所有权关系看，全球大多数国家的法律都规定矿产资源的所有权归属于国家。我国的宪法也规定，矿产资源属于国家所有。因此，从权利的来源看，矿业权属于对他人之物的使用，是一种派生的权利，受所有权的制约，属于物权中他物权的用益物权。矿业权作为一种物权，也具备物权独立性、排他性和对世性的共性。石油资源矿业权意味着对特定区域的油气进行勘查、占有、使用、收益和有限处分的权利，包括有依法转让、出租和抵押等形式的处分权，而且可排除任何不合法的干涉和妨害。石油资源矿业权作为物权，其创设和生效必须遵从物权法的基本法理，即以登记公告方式表明其物权效力。

然而，矿业权人享有的物权并不是绝对的。物权具有直接支配性、保护的绝对性和排他性，权利人依法对特定的物享有直接支配和排他的权利，他人负有不妨碍权利人实现物权的义务。但由于矿产资源主要受公法调整，矿业权因而不同于一般的物权，探矿权、采矿权属于受限制的私权。《物权法》第120条在规定"所有权人不得干涉用益物权人行使权利"之前还专门规定，"用益物权人行使权利，应当遵守法律有关保护和合理开发利用资源的规定"，表明石油资源矿业权人必须依法勘查、开采石油资源，必须依照矿产资源法律法规履行安全生产、环境保护等法定义务，决不能凭藉矿业权侵犯国家所有权，任意破坏资源，否则将受到法律的制裁。

3. 石油资源矿业权由国家实行一级登记管理和监督

矿业权申请人申请勘查、开采石油、天然气的，必须经过国务院的批准；石油、天然气勘查的申请人必须是法人，石油、天然气开采的申请人必须是企业法人，而且申请人必须符合一定的资质条件；石油勘查采矿资质、勘查许可和采矿许可申请，必须到国土资源部审核、登记。石油资源探矿权、采矿权属于一级行政许可，直接由国土资源部负责登记和监督管理。

石油资源的勘查和开采必须依法分别申请，经批准取得矿业权，并办理登记，但已经依法申请并取得采矿权的矿山企业在划定的矿区范围内为本企业的生产而进行的勘查除外。矿区范围是指经登记管理机关依法划定的可供勘查、开采矿产资源的范围，即由以国家高斯平面直角坐标系的矿区范围各拐点坐标圈定的矿区面积。每个勘查项目允许登记的最大范围，石油、天然气矿产为2500个基本单位区块（矿产资源勘查工作区范围以经度1分×纬度1分为基本单位区块）。

4. 石油资源矿业权具有确定的有效期限

我国颁发的矿产资源勘查许可证、采矿许可证都标有明确的有效期限和矿区范围等内容，也就是明确了取得在特定矿区内进行石油资源勘查、开采的矿业权是有期限的，即：只有在法定的有效期限内，矿业权人进行石油资源勘查、开采活动才是合法的，否则将受到法律的制裁。

根据相关法律规定，我国石油资源勘查许可证的有效期为3~7年，需要延长勘查工作时间的，探矿权人应当在勘查许可证有效期届满的30日前，到登记管理机关办理延续登记手续，每次延续时间不得超过2年。采矿许可证有效期，按照矿山建设规模分为30年（大型）、20年（中型）和10年（小型）。

申请人申请石油、天然气滚动勘探开发的，经国土资源部批准、登记后，可取得滚动勘探开发的采矿许可证。石油、天然气滚动勘探开发的采矿许可证有效期最长为15年。

探矿权人在勘查石油、天然气矿产期间需要试采的，必须向登记管理机关提交试采申请，经批准后可以试采1年；需要延长试采时间的，必须办理登记手续。

探矿权人在勘查许可证有效期内探明可供开采的矿体后，经登记管理机关批准，可以停止相应区块的最低勘查投入，并可以在勘查许可证有效期届满的30日前，申请保留探矿权。保留探矿权的期限，最长不得超过2年，需要延长保留期的，可以申请延长两次，每次不得超过2年；保留探矿权的范围为可供开采的矿体范围。

5. 石油资源矿业权实行有偿取得

1998年，国务院颁布了《矿产资源勘查区块登记管理办法》、《矿产资源开采登记管理办法》和《探矿权采矿权转让管理办法》三个配套法规，对矿业权有偿取得进行了明确规定。首先，明确规定必须缴纳探矿权、采矿权使用费，使用费按照面积大小逐年缴纳。其次，对于国家出资形成的探矿权、采矿权，在出让给矿权投资人时，投资人应缴纳探矿权、采矿权价款。其三，探矿权、采矿权可以通过招标方式有偿取得。具体形式为：（1）缴纳探矿权、采矿权使用费。探矿权使用费的标准为：第一个勘查年度至第三个勘查年度，每平方公里每年缴纳100

元；从第四个勘查年度起，每平方公里每年增加100元，但最高不得超过每平方公里每年500元。采矿权使用费的标准为：每平方公里每年1000元，按照矿区的范围逐年缴纳。（2）如果申请国家出资勘查并已经探明矿产地的区块的探矿权的，探矿权申请人除缴纳探矿权使用费外，还应当缴纳经评估确认的国家出资勘查形成的探矿权价款；如果申请国家出资勘查并已经探明矿产地的采矿权的，采矿权申请人除缴纳采矿权使用费外，还应当缴纳经评估确认的国家出资勘查形成的采矿权价款。

6. 我国推行以最低勘探投入为约束的石油资源探矿权退出机制

根据《矿产资源勘查区块登记管理办法》规定，探矿权人领取了勘查许可证后应该完成最低勘查投入，具体要求为：第一个勘查年度，每平方公里2000元；第二个勘查年度，每平方公里5000元；从第三个勘查年度起，每个勘查年度每平方公里10000元。同时，对违反上述要求的行为作出了行政处罚规定：探矿权人未完成最低勘查投入或已领取勘查许可证的，勘查项目满6个月未开始施工或施工后无故停止勘查工作满6个月的，由县级以上人民政府负责地质矿产管理工作的部门，按照国务院地质矿产主管部门规定的权限责令限期改正；逾期不改正的，处5万元以下的罚款；情节严重的，原发证机关可以吊销勘查许可证。

7. 国家对石油资源实行保护性开采

国家保障石油资源的合理开发利用。国家所有的油气藏，可以依法由全民所有制单位和集体所有制单位开采，也可以依法由民营企业和外国企业开采。国家保护合法的采矿权，前提是石油资源勘查和开采者必须符合规定的资质条件。任何组织或者个人用任何手段侵占或者破坏石油资源将受到法律的制裁。

《矿产资源开采登记管理办法》规定，国家对国家规划矿区、对国民经济具有重要价值的矿区和国家规定实行保护性开采的特定矿种实行有计划的开采。开采石油、天然气等特定矿种，需经国务院授权的有关主管部门审批，方可颁发采矿许可证。国家规定实行保护性开采的特定矿种和国家规定禁止个人开采的其他矿产资源，个人不得开采。

三、我国石油资源矿业权流通体制现状

（一）石油资源矿业权市场概述

石油资源矿业权市场的运作是通过石油资源矿业权的流转来实现的。所谓石油资源矿业权的流转是指在石油资源矿业权市场中，不同的经济主体之间发生的相互让渡探矿权和采矿权的矿业权交易活动。石油资源矿业权的流转包括国家对矿业权的出让和矿业权人对其拥有的矿业权的转让。

石油资源矿业权的出让是指国家国土资源主管部门代表国务院申请批准、招标、拍卖、挂牌等出让方式，向申请人授予石油资源矿业权的行为。国家作为石油资源的所有者向矿业权申请人有偿出让矿业权构成石油资源矿业权的一级市场，石油资源矿业权一级市场由国家垄断，矿业权呈纵向流通。此时，政府不仅代表国家（石油资源所有者身份）与矿业权受让人之间形成平等的民事法律关系外，还存在政府作为监督管理机构与矿业权受让人之间的管理与被管理的行政关系。

石油资源矿业权的转让是指其在不同矿业权主体之间转移的行为，包括出售、作价出资和合作等多种形式。石油资源矿业权的转让构成石油资源矿业权的二级市场。石油资源矿业权的二级市场是在一级市场的基础上形成和发展起来的，是一级市场的延伸和扩大，它有利于优化石油资源矿业权的优化配置和繁荣石油上游市场。石油资源矿业权的转让是平等的民事主体之间的经济行为，体现为石油资源矿业权的横向流通。在二级市场中，政府与矿业权交易主体之间是纯粹的管理关系，而不涉及其他的经济利益，政府仅作为市场的管理者。

此外，从广义的角度来讲，石油资源矿业权市场又是一个系统，是

由若干相互作用和相互依赖的要素（交易对象、交易主体、投资机构、各类交易中介机构和政府矿政管理部门等）结合而成、具有通过市场竞争机制配置石油资源矿业权这种特定功能的有机整体，以实现石油资源矿业权的优化配置和石油资源的合理开发利用这一共同目标。同时，石油资源矿业权市场又是开放的，不论是一级市场还是二级市场，都受到法制环境、政策环境、石油矿业投资环境、石油矿业资本市场、石油矿业劳动力市场和石油矿产品市场等环境要素的影响。

石油资源矿业权的市场化运作是市场经济条件下石油上游产业发展的大趋势。矿业权出（转）让人、矿业权受让人、政府和中介机构是参与石油资源矿业权市场的基本主体，而法制环境、政策环境、石油矿业投资环境等方面是石油资源矿业权市场健康规范运行必不可少的外部环境（参见图 3.1）。

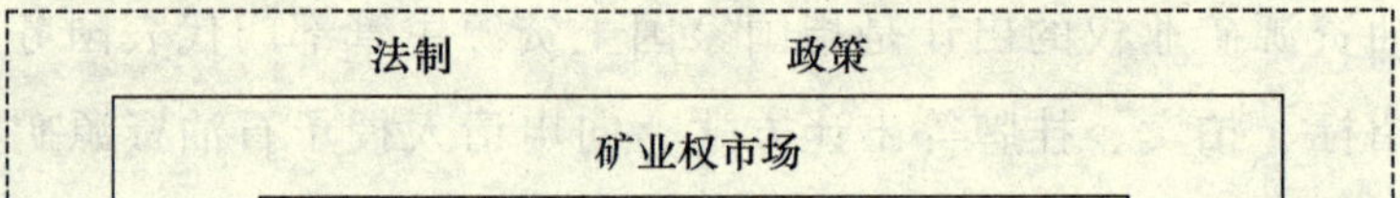

图 3.1　石油资源矿业权市场运作模型

资料来源：课题组总结。

市场机制虽不是万能的，但却是解决稀缺资源优化配置最有效、最活跃的手段。对于石油资源矿业权这种特殊的交易对象来说，只要存在自由竞争的环境，经济主体之间就会自觉的进行权利的置换，在追求最大利益与相互制约的共同作用下，最终达成相互妥协的契约。石油资源矿业权市场的运行条件可以从两个方面表现出来：一是石油资源矿业权流转的竞争环境；二是探矿权和采矿权之间的传递性。

就第一方面来说，如前所述，石油资源矿业权市场包括一级出让市场和二级转让市场两部分。其中，在一级市场，由于世界大部分国家实行石油资源国家所有制，因此，石油资源矿业权的出让一般由国家垄断经营，在这一前提下，市场机制作用的发挥关键要提供石油资源矿业权买方自由竞争的市场环境。而在二级市场，石油资源矿业权的转让是平等经济主体之间的民事行为，对自由竞争具有更高的要求，国家除提供必要的服务和监督职能以外不应让公权干涉其中。由此可见，创造石油资源矿业权市场的竞争环境一方面需要培育符合条件、多元化的市场竞争主体，另一方面则需要国家从资源所有者以及管理者的角度提供必要的政策和管理支持。

就第二方面来说，在石油资源矿业权的设置上，我国同世界多数产油国一样，实行二分法（探矿权和采矿权分开设置）。这就自然产生了探矿权如何向采矿权顺利过渡的问题，因为这不但关乎石油资源勘探开发流程的平稳，更可以有效降低石油勘探的风险，使石油资源探矿权人不论是自已开采，还是将权利让渡给其他主体都可以收回投资，拥有比较稳定的利润预期。两权之间的传递媒质是石油资源开采的信息成本，由于资源埋藏的隐秘性，在其开采之前必须要经过勘查过程，以确定其储量、品位等信息，从而将石油资源开采中的不确定因素通过技术手段转化为相对确定的因素，因此必须认可这些信息的价值，使探矿权人能够参与石油资源开采的最终利益分配过程。

（二）石油资源矿业权价格形成机制

石油资源矿业权在市场不同主体间的流转必然涉及到其自身的最初

定价问题。石油资源矿业权的最初供给是具有垄断性质的，它完全取决于资源所有者的利益诉求。因此，在买方自由竞争的情况下，作为最初权利供给者的国家对石油资源矿业权的基本定价无疑会对石油资源矿业权两级流转市场产生重要的导向作用。

国家在出让石油资源矿业权时需要考虑的价格因素主要有以下几方面：

第一，石油是可耗竭性资源，石油资源的开发利用会造成石油资源的逐渐消耗，如果没有了石油资源这个客体，那么附加在其上的矿业权也将不复存在。因此，给石油资源矿业权定价需要考虑对资源消耗进行补偿，目的是为寻找新的后续替代能源提供资本积累。

第二，石油资源所有者对石油资源预期的经济收益也构成石油资源矿业权价格形成机制的主要因素。石油资源所有者出让的是资源勘查开采的权利，是对资源部分经济利益的让渡。因此，作为石油资源所有者，理应获得石油资源的一部分经济收益。但需要注意的是，虽然把石油资源的部分预期经济收益作为石油资源矿业权价格的形成因素之一，但它在量上的计算确是困难的，所以对该价格组成部分是在其他价格形成因素确定后，通过市场自由竞争方式来实现石油资源所有者对石油资源的预期经济收益的。

第三，国家对石油资源的勘查投入。就国家探明的含油气区块的石油资源矿业权的出让而言，国家对石油资源的勘查投入应该有所回报，因为这部分具有公益性质的勘查投入大大降低了后续投入的自然风险。

第四，石油资源勘查开发对生态环境破坏恢复的成本是指勘查开采石油资源对其他经济主体造成的损害所引起的补偿问题。

以上四个方面的价格形成因素是在买方自由竞争前提下的基本状况。但是，当石油资源矿业权是在非买方自由竞争状况下进行的，对于石油资源预期经济收益的定价放弃了市场竞争决定其多少的运作方式，而是采取经过矿业权评估的国家定价方式。这种定价方式是从资源安全或者国民经济发展的稳定性角度作出的制度安排。

对于上述石油资源矿业权价格形成机制如何在石油资源勘探开发市场配置中发挥作用，主要体现在以下三个方面：

第一，石油资源矿业权最初的配置是由国家垄断，国家对于石油资源矿业权最初价格的确定直接体现了国家对于石油资源勘探开发的激励程度。从市场的角度来说，最初的价格确定对市场起到很大的导向作用。

第二，正是由于价格形成中不稳定因素的存在，促进了市场机制作用的发挥，通过竞争性的交易，可以把这种不稳定的价格因素转化成为相对稳定的因素，即通过竞争性交易行为，基本确定对于预期经济收益在所有资源收益分配中所占的比例。

第三，从价格形成机制和市场机制的相互作用来看，价格的最初确立引导了市场，市场机制的运行保证了资源的有效利用和优化配置，同时市场机制的运行反映出了社会资源配置的总体趋向，这必然又会要求价格机制做出相应的调整，以新的市场导向来解决经济的过热或过冷问题。

（三）我国石油资源矿业权流通体制现状

石油资源矿业权流通体制是由规范石油资源矿业权市场的一系列规制所组成的，以下主要从我国石油资源矿业权市场的准入条件、石油资源矿业权一级市场出让制度和石油资源矿业权二级市场转让制度三方面来对我国石油资源矿业权流通体制的现状进行介绍。

1. 石油资源矿业权市场的准入条件

石油资源矿业权市场的准入条件即指石油资源法律法规中所规定的能够成为石油资源矿业权人所应具备的具体条件。

我国实行矿产资源国家所有制，由国务院代表国家行使石油资源所有权。勘探开采石油资源必须依法分别申请石油资源探矿权、采矿权，并经批准取得矿业权，并办理登记。

石油资源探矿权申请人在申请探矿权时，需要向登记管理机关提交下列资料：

（1）申请登记书和申请的区块范围图；

（2）勘查单位的资格证书复印件；

（3）勘查工作计划、勘查合同或者委托勘查的证明文件；

（4）勘查实施方案及附件；

（5）勘查项目资金来源证明；

（6）国务院地质矿产主管部门规定提交的其他资料。

此外，还应提交国务院批准设立石油公司或者同意进行石油、天然气勘查的批准文件以及勘查单位法人资格证明。

石油资源采矿权申请人在申请采矿权时，需要向登记管理机关提交以下资料：

（1）申请登记书和矿区范围图；

（2）采矿权申请人资质条件的证明；

（3）矿产资源开发利用方案；

（4）依法设立矿山企业的批准文件；

（5）开采矿产资源的环境影响评价报告；

（6）国务院地质矿产主管部门规定提交的其他资料。

此外，还应当提交国务院批准设立石油公司或者同意进行石油、天然气开采的批准文件以及采矿企业法人资格证明。

综上所述，石油资源探矿权人的准入条件包括：应当具有法人资格；勘查单位具备一定的资质条件；具有国务院批准设立石油公司或同意进行石油、天然气勘查的批准文件；依法办理勘查登记，获得勘查许可证等。而石油资源采矿权人的准入条件包括：应当具有企业法人资格；开采企业具备一定的资质条件；具有国务院批准设立石油公司或同意进行石油、天然气开采的批准文件；依法办理开采登记，获得开采许可证等。

目前，国务院批准的有资格从事石油资源勘查和开采的主体有中国石油天然气集团公司、中国石油化工集团公司、中国海洋石油总公司和延长油矿管理局。其中，中国石油天然气股份有限公司、中国石油化工股份有限公司是陆域石油勘查开采的绝对主体，形成两大集团寡头垄断的格局，而在海域石油勘查开采上，则是有利勘探区由中国海洋石油总公司一家公司掌控，形成了以中国海洋石油总公司为主，中国石油天然气集团公司、中国石油化工集团公司为辅的寡头垄断局面。

在对地方石油企业开放方面，除国务院批准陕西延长油矿具有石油资源的探矿权、采矿权外，国家同意授予采矿权但仅限在采矿权范围内特定油气区资源开采枯竭为止的企业有：上海天然气总公司、齐齐哈尔富拉尔基油田和广西田东油矿三家。另外，由三大石油公司和延长油矿衍生的近百家小石油企业，依托中国石油、中国石化和延长油矿的矿业权，进行石油资源的开采，其采出的原油和天然气主要由国有石油公司统一收购并结算。这些小石油企业拥有地方政府颁发的企业营业执照，属于独立的企业法人，但没有采矿许可证。

2. *石油资源矿业权的出让制度*

从1986年我国颁布实施《矿产资源法》至今的20多年间，单纯立法上来看，我国石油资源矿业权出让制度经历了三个阶段的演变：第一阶段（1986～1996年）为无偿行政授予的阶段；第二阶段（1996～2003年）为有偿行政授予为主、招标授予为辅的阶段；第三阶段（2003年至今）为招拍挂有偿出让为主，协议有偿出让和申请在先出让为辅的阶段。上述三个阶段的变化贯穿了两条主线，即从无偿到有偿，从行政主导到市场主导。

根据国土资源部分别于2003年和2006年颁布实施的《探矿权采矿权招标拍卖挂牌管理办法（试行）》和《关于进一步规范矿业权出让管理的通知》的规定，在我国现行的法律框架下，矿业权的出让方式包括招拍挂、协议、申请在先三种方式。

（1）石油资源矿业权出让的方式及其适用情形。为了加强对矿业权出让的规范和管理，国土资源部于2006年发布实施了《关于进一步规范矿业权出让管理的通知》。在该通知的附件（即《矿产勘查开采分类目录》）中，国土资源部按照矿业权出让时可采取的出让方式，将矿产资源分为三类，其中国石油天然气股份有限公司资源被列为第二类之中，即“可按招标拍卖挂牌方式出让探矿权类矿产”。

——应当以招标、拍卖、挂牌的方式出让矿业权的情形：

石油资源探矿权适用于此种情形。而在石油资源探矿权灭失，但勘查工作程度已经达到详查（含）以上程度并符合开采设计要求的含油气盆地以及石油资源采矿权灭失或以往有过石油开采活动，经核实存在可供开采石油储量或有经济价值石油资源的含油气盆地，可以不再设石油资源探矿权，而以招拍挂方式直接出让石油资源采矿权。

——应当以招标方式出让石油资源矿业权的情形：

①根据法律法规、国家政策规定，可以新设探矿权采矿权的环境敏感地区和未达到国家规定的环境质量标准的地区；

②综合开发利用技术水平要求高的含油气盆地；

③矿产资源规划规定的其他情形。

——可以以协议方式出让石油资源矿业权的情形：

①国务院批准的重点石油资源开发项目和为国务院批准重点建设项目提供配套资源的含油盆地；

②已设采矿权需要整合或利用原有生产系统扩大勘查开采范围的毗邻区域；

③经省（区、市）人民政府同意，并正式行文报国土资源部批准的大型石油资源开发项目；

④国家出资为危机油田寻找接替资源的找矿项目。

协议出让石油资源探矿权采矿权，必须通过集体会审，从严掌握。协议出让的探矿权采矿权价款不得低于类似条件下的市场价。

——不得以招标、拍卖、挂牌方式出让石油资源矿业权的情形：

国土资源部于2003年发布实施的《探矿权采矿权招标拍卖挂牌管理办法（试行）》第十条具体规定了不得以招标拍卖挂牌的方式授予矿业权的情形，其中与石油资源相关的规定主要有：

①“探矿权人依法申请其勘查区块范围内的采矿权”；

②“符合矿产资源规划或者矿区总体规划的矿山企业的接续矿区、已设采矿权的矿区范围上下部需要统一开采的区域”；

③“探矿权采矿权权属有争议”；

④“法律法规另有规定以及主管部门规定因特殊情形不适于以招标拍卖挂牌方式授予的”。

(2) 石油资源矿业权出让的审批发证权限。在我国，石油资源的勘探开采实行国家一级审批登记制度，即石油资源探矿权、采矿权属于一级行政许可，直接由国土资源部负责审批和登记，并颁发石油资源勘查开采许可证。

(3) 石油资源矿业权出让年限及延续登记。我国现行矿产资源法律、法规对探矿权和采矿权的出让年限作出了不同的规定。根据《矿产资源勘查区块登记管理办法》的规定，勘查许可证有效期最长为 3 年，但是石油天然气勘查许可证有效期最长为 7 年。如果属于石油、天然气滚动勘探开发的，则采矿许可证有效期最长为 15 年。根据《矿产资源开采登记管理办法》的规定，采矿许可证有效期，按照矿山建设规模确定：大型以上的，采矿许可证有效期最长为 30 年；中型的，采矿许可证有效期最长为 20 年；小型的，采矿许可证有效期最长为 10 年。

勘查许可证、采矿许可证有效期届满，石油资源矿业权人需要继续勘查或采矿的，应当在有效期届满的 30 日前，到登记管理机关办理延续登记手续。其中，勘查许可证每次延续时间不得超过 2 年。石油资源矿业权人逾期不办理延续登记手续的，矿业权自动灭失。

3. 石油资源矿业权的转让制度

从 1986 年颁布实施的《矿产资源法》至今，单纯立法的角度来看，我国石油资源矿业权在二级市场的转让经过了三个阶段，分别是：禁止转让阶段（1986 ~ 1996 年）、有限转让阶段（1996 ~ 2000 年）和放宽转让阶段（2000 年至今）。

(1) 石油资源矿业权二级市场转让的方式。根据 1996 年修订的

《矿产资源法》、《探矿权采矿权转让管理办法》、《矿业权出让转让管理暂行规定》的规定，目前，石油资源矿业权进行二级市场的交易可以通过以下方式：

①石油勘查开采企业分立、合并。即石油勘查开采企业通过分立、合并方式，导致矿业权主体发生变更的情形。

②石油勘查开采企业整体出售资产或变更企业资产产权。即石油勘查开采企业将经营性资产整体转让给他人，或通过改制、重组，使企业资产产权发生变更的情形。

③出售。即矿业权人依法将矿业权出卖给他人进行勘查、开采石油资源。

④合资或作价出资。即石油资源矿业权人依法将矿业权作价后，作为资本投入企业，并按出资数额行使相应权利，履行相应义务。

⑤合作。即石油资源矿业权人引进他人资金、技术、管理等，通过签订合作合同约定权利义务，共同勘查、开采石油资源。

⑥上市。即石油资源矿业权人改组成上市的股份制公司，在办理转让审批和变更登记手续后，将石油资源矿业权作价计入上市公司资本金。

⑦出租。即石油资源矿业权人作为出租人将矿业权租赁给承租人，并向承租人收取租金。

⑧抵押。即石油资源矿业权人作为债务人依其拥有的矿业权在不转移占有的前提下，向债权人提供担保的行为。

此外，《矿业权出让转让管理暂行规定》规定，石油资源矿业权可以通过赠予、继承、交换等方式转让。《探矿权采矿权转让管理办法》和《矿业权出让转让管理暂行规定》均明文禁止将采矿权通过承包的方式转给其他主体开采。

（2）石油资源矿业权二级市场转让的条件。根据《探矿权采矿权转让管理办法》，转让石油资源探矿权需要具备的条件包括有：①自颁发勘查许可证之日起满 2 年，或者在勘查作业区内发现可供进一步勘查或者开采的石油资源；②完成最低勘查投入；③探矿权属无争议；④按照国家有关规定已经缴纳探矿权使用费、探矿权价款；⑤国务院地质矿产主管部门规定的其他条件。而转让采矿权需要具备的条件包括有：①石油开采企业投入开采生产满1年；②采矿权属无争议；③按照国家有关规定，已经缴纳采矿权使用费、采矿权价款、矿产资源补偿费和资源税；④国务院国土资源主管部门规定的其他条件。

（3）石油资源矿业权转让的审批权限。《探矿权采矿权转让管理办法》规定，只有省级以上的国土资源管理部门，才能够行使矿业权转让的审批权力。关于部、厅两级国土资源部门矿业权转让的审批权限，该办法作出了明确划分，即：国土资源部负责由其审批发证的探矿权、采矿权转让的审批，省、自治区、直辖市人民政府国土资源厅负责省厅及以下国土资源部门审批发证的探矿权、采矿权转让的审批。由此可见，国土资源部负责石油资源探矿权、采矿权的转让审批登记。

4. 石油资源矿业权市场的运行现状

我国石油资源矿业权市场作为一种生产要素市场，是我国社会主义市场经济体系中一个重要的组成部分。石油资源矿业权流通机制的建立和改革，是随着我国整体经济体制改革和企业经营机制改革过程以及相关主体认识的不断深入而逐渐推进的。我国石油资源矿业权市场运行至今主要呈现出以下几个特点：

（1）石油资源矿业权市场主体相对单一。目前，我国石油行业已初步完成了从计划经济向市场经济的转变，在上游产业形成了中国石油、中国石化和中国海油相互有限竞争的勘探开发格局，但仍然没有脱离原有的国家石油公司垄断性经营的模式。由于陕西延长油矿等其他石油企业所占市场份额较小，无法构成充分竞争的态势，因此我国石油上游产业市场形成了以三大石油公司为主的寡头垄断格局，石油资源矿业权资源集中配置到中国石油、中国石化和中国海油三大国有石油公司，主要表现为：

第一，在地域勘探开发方面，陆域油气勘探开发形成了中国石油、中国石化两大集团寡头垄断的局面（中国海油在陆域没有申请矿业权），海域油气勘探长期为中国海油一家国有公司从事勘探开发。2003年，国务院允许三大石油公司在陆域、海域申请石油资源探矿权、采矿权，中国石油在海域申请获得了部分探矿权，中国石化因为整体收购新星公司，自然拥有了海域石油资源探矿权、采矿权，并新申请了部分探矿权。由于此前中国海油已进行了多轮申请登记，海域较有利的油气勘探区目前主要在中国海油名下。因此，虽然目前从事海域石油勘探开发的有三家石油公司，但有利勘探区则由中国海油一家公司掌控，形成了以中国海油为主，中国石油、中国石化为辅的寡头垄断格局。

第二，在油气对外合作方面，国家授权由三大国家石油公司专营。1982年，国务院批准中国海洋石油总公司具有海域的油气对外合作专营权。1993年，国务院批准中国石油具有陆上油气对外合作专营权。2001年，国务院批准中国石化也具有陆上油气对外合作专营权。

第三，如前所述，在对地方石油企业开放方面，除经国务院批准具有石油资源探矿权和采矿权的陕西延长油矿外，国家同意授予采矿权但仅限在采矿权范围内特定油气区资源开采枯竭为止的企业有：上海天然气总公司、齐齐哈尔富拉尔基油田和广西田东油矿三家。另外，由三大石油公司和延长油矿衍生的近百家小石油企业，依托中国石油、中国石化和延长油矿的矿业权，进行石油资源的开采，其采出的原油和天然气主要由国有石油公司统一收购并结算。这些小石油企业拥有地方政府颁发的企业营业执照，属于独立的企业法人，但没有石油资源采矿许可证。

第四，在石油资源矿业权设置方面，根据国土资源部资料，截至2008年底，我国共设置石油天然气（含煤层气）探矿权1117个，勘查面积423.44万平方公里（其中对外合作探矿权40个，勘查面积128069平方公里）；采矿权624个，开采面积11.01万平方公里（其中对外合作采矿权22个，开采面积3951平方公里）。我国石油资源矿业权采取许可证授予制度，中国石油、中国石化和中国海油三大国有石油公司探矿权、采矿权项目数共占全国的93.28%（其中探矿权项目数占全国的

90.42%，采矿权项目数占全国的98.40%），探矿权、采矿权面积共占全国的97.21%（其中探矿权面积占全国的96.92%，采矿权面积占全国的99.18%）（参见表3.2和表3.3）。

表3.2　　截至2008年底中国石油资源矿业权统计表

矿业权人	探矿权		采矿权		合计	
	项目数（个）	面积（万 km^2）	项目数（个）	面积（万 km^2）	项目数（个）	面积（万 km^2）
中国石油	436	175.36	380	8.67	816	184.03
中国石化	332	96.53	190	1.81	522	98.34
中国海油	242	138.52	44	0.44	286	139.95
中联煤	28	2.22	0	0	28	2.02
延长油矿	38	1.67	5	0.04	43	9.39
其他	41	9.14	5	0.05	46	1.72
全国总计	1117	423.44	624	11.01	1741	434.45

资料来源：国土资源部。

表3.3　　截至2008年底中国各石油公司石油资源矿业权占总数的比例

矿业权人	探矿权		采矿权		合计	
	勘查区块个数（%）	勘查面积（%）	开采区块个数（%）	开采面积（%）	总数（%）	面积（%）
中国石油	39.03	41.41	60.90	78.75	46.87	42.36
中国石化	29.72	22.80	30.45	16.44	29.98	22.64
中国海油	21.67	32.71	7.05	4.00	16.43	32.21
中联煤	2.51	0.52	0.00	0.00	1.61	0.46
延长油矿	3.40	0.39	0.80	0.36	2.47	2.16
其他	3.67	2.16	0.80	0.45	2.64	0.40
全国总计	100.00	100.00	100.00	100.00	100.00	100.00

资料来源：国土资源部。

（2）石油资源矿业权出让以非市场化方式为主。目前，我国石油资源探矿权和采矿权实行许可证授予制度，授予对象为三大国有石油公司，一级市场的出让以申请登记、行政审批的非市场化方式为主，缺乏有效的竞争机制，制约了石油资源在不同竞争主体之间的优化配置。由于许可证取得成本低，为抢占登记石油探矿权，三大国有石油公司在局部地区展开了“激烈”竞争甚至是“争抢”，进行大范围的跑马圈地，而在高风险、勘探前景较好的区域，三大石油公司之间的合作又不足，没有采用国际惯用的风险共担模式来开展有效合作。

（3）石油资源矿业权二级转让市场基本处于空白。一方面，我国石油资源矿业权市场结构相对单一；另一方面，由于我国相关法律法规的不完善、政府管理职能的弱化以及石油资源矿业权市场配套体系的不健全，这些原因最终导致了我国石油资源矿业权二级转让市场目前仍然不发育，基本处于空白状态。三大国有石油公司对于石油资源矿业权转让总体上积极性不高，形成了我国石油资源矿业权分布格局相对固化的局面。

四、我国石油资源财税政策现状

我国石油资源主要税费的现行法律规定如下。

（一）增值税

在我国境内销售、进口货物，提供加工、修理、修配劳务的单位或个人，都须按规定缴纳增值税。增值税由国家税务局负责征收管理（进口环节的增值税由海关代为征收管理），所得收入中海关代征部分归中央政府，其余部分中央政府分享75%，地方政府分享25%。

根据增值税税目、税率表，原油税率为17%（包括天然原油和人造原油），天然气税率为13%（包括气田天然气、油田天然气、煤田天然气和其他天然气），允许实行进项税额抵扣（部分固定资产除外）。而中国海洋石油总公司海上自营油田和中外合作油（气）田开采的原油、天然气则按实物征收增值税，征收率为5%，不得抵扣进项税额。对油气田企业有专门的征税规定。从事海洋石油勘探生产的中外合作企业还可享受国产设备退税。

（二）所得税

企业所得税是对企业的所得征收的税。企业所得税分别由国家税务局和地方税务局负责征收管理，所得收入由中央政府和地方政府共享。除了规定的中央政府收入以外，其余部分中央政府分享60%，地方政府分享40%。

根据2008年1月1日起开始施行的新企业所得税法，内外资企业适用税率统一为25%，计税依据为按照新所得税法规定计算的应纳税所得额。

（三）资源税

在我国境内开采规定的矿产品，或者生产盐的单位或个人，都要按规定缴纳资源税。资源税由国家税务局和地方税务局负责征收管理，所得收入由中央政府和地方政府共享。资源税中海洋石油企业缴纳的部分归中央政府（目前暂不征税），其余部分归地方政府。

以应税产品的课税数量为计税依据，按从量定额办法征税，税率为浮动定额税率。根据资源税税目、税额标准表，开采的天然原油征税，税额为8～30元/吨；人造石油不征税。专门开采的天然气和与原油同时开采的天然气征税，税额为2～15元/千立方米；煤矿生产的天然气暂不征税。开采海洋石油资源的中外企业、以及合作开采陆上石油资源的企业缴纳矿区使用费，目前暂不缴纳资源税。

（四）矿区使用费

在我国境内从事开采海洋石油资源的中外企业，以及从事合作开采陆上石油资源的企业，须缴纳矿区使用费。矿区使用费目前由国家税务局和地方税务局负责征收管理，为中央与地方共享收入，其中海上矿区使用费归中央所有，陆上石油矿区使用费归地方所有。

矿区使用费以每个海洋、陆上油（气）田日历年度原油、天然气的总产量为计税依据，以实物缴纳。超过规定的免征额的部分实行超额累进费率。原油费率从 2% ~12.5% 不等，天然气费率从 1% ~3% 不等。

（五）矿产资源补偿费

在我国境内和其他管辖海域开采矿产资源的，须缴纳矿产资源补偿费。矿产资源补偿费由地质矿产主管部门会同财政部门征收，为中央与地方共享收入，中央与一般省、直辖市的分成比例为5∶5，与广西、西藏、新疆、内蒙古、宁夏和青海的分成比例为 4∶6。

矿产资源补偿费按照矿产品销售收入的一定比例计征。矿产资源品种不同，费率不同。计算公式为：征收矿产资源补偿费金额 = 矿产品销售收入 × 补偿费费率 × 开采回采率系数。

中央所得矿产资源补偿费纳入国家预算，实行专项管理，主要用于矿产资源勘查支出（不低于年度矿产资源补偿费支出预算的 70%），并适当用于矿产资源保护支出和矿产资源补偿费征收部门经费补助。地方所得矿产资源补偿费的使用由省级人民政府规定。

（六）石油特别收益金

为了妥善处理各方面利益关系，推进石油价格形成机制改革，促进国民经济持续健康协调发展，我国从 2006 年 3 月 26 日开始对石油开采企业征收石油特别收益金。财政部负责石油特别收益金的征收管理工作，属中央财政非税收入，纳入中央财政预算管理。

《石油特别收益金征收管理办法》规定：国家对石油开采企业销售国产原油因价格超过一定水平（40 美元/桶）所获得的超额收入按比例征收石油特别收益金。石油特别收益金实行 5 级超额累进从价定率计征，按月计算、按季缴纳，起征点为40美元/桶。具体征收比率及速算扣除数参见表3.4。

表3.4　　具体征收比率及速算扣除数

原油价格（美元/桶）	征收比率（%）	速算扣除数（美元/桶）
40~45（含）	20	0
45~50（含）	25	0.25
50~55（含）	30	0.75
55~60（含）	35	1.5
60以上	40	2.5

注：石油特别收益金计算公式为：$f=[(c-40)\times$征收率$-$速算扣除数$]\times d\times$吨桶比×汇率（其中，c为销售月平均价格，d为销售数量）。

资料来源：根据相关税法整理。

（七）矿业权登记费

我国《矿产资源法》规定：勘查矿产资源，必须依法登记取得探矿权；开采矿产资源，必须依法登记取得采矿权。这里的矿业权指的就是探矿权和采矿权。办理勘查登记手续、领取勘查许可证从而获得探矿权，以及办理采矿登记手续、领取采矿许可证从而获得采矿权，都应当缴纳登记费用。

探矿权登记费为50元或100元，采矿权登记费为100~500元不等。所收取的费用由矿业权登记管理机关专款专用，专项管理，实行以收抵支的办法，收入大于支出部分上交财政，列其他收入科目中的“规费收入”。

（八）矿业权使用费和价款

国家将矿产资源探矿权（采矿权）出让给探矿权人（采矿权人），按规定向探矿权人（采矿权人）收取使用费。探矿权使用费以勘查年度计算，按区块面积逐年缴纳，第一个勘查年度至第三个勘查年度，每平方公里每年缴纳100元，从第四个勘查年度起每平方公里每年增加100元，最高不超过每平方公里每年500元。采矿权使用费按矿区范围面积逐年缴纳，每平方公里每年1000元。矿业权使用费是探矿权人（采矿权人）因占用排他性矿地的使用权而支付的合理补偿，属于国家资源性资产所有权的合法收益，相当于国际上通行的“矿地租”、“入门费”和“矿地使用费”等。

国家将其出资勘查形成的探矿权（采矿权）出让给探矿权人（采矿权人），按规定向探矿权人（采矿权人）收取价款。探矿权（采矿权）价款以国务院地质矿产主管部门确认的评估价格为依据，一次或分期缴纳，但探矿权价款缴纳期限最长不得超过2年，第一年度缴纳比例不低于60%；采矿权价款缴纳期限最长不得超过10年，第一年度缴纳比例不低于20%。分期缴纳价款的探矿权人（采矿权人）应承担不低于同期银行贷款利率水平的资金占用费。矿业权价款是国家出让由其勘查探明的矿产地应取得的平均投资收益，相当于一些矿业国家收取“红利”、“资源租金税”等。

矿业权使用费和价款由探矿权（采矿权）登记管理机关负责收取，在办理勘查、采矿登记或年检时缴纳。探矿权人（采矿权人）在办理勘查、采矿登记或年检时，按照登记管理机关确定的标准，将探矿权（采矿权）使用费和价款直接缴入同级财政部门开设的“探矿权（采矿权）使用费和价款财政专户”。探矿权（采矿权）人凭银行的收款凭证到登记管理机关办理登记手续，领取“探矿权（采矿权）使用费和价款专用收据”和勘查、开采许可证。矿业权使用费所得收入由中央和省两级财政共享，而国家出资形成的矿业权价款收入按固定比例进行分成，其中20%归中央，80%归地方。

第四章

我国石油资源开发利用的管理体制和政策存在的主要问题

一、我国石油上游产业管理体制存在的主要问题

我国石油上游产业管理体制是改革开放后不断进行改革和完善的结果，基本形成于2003～2008年，但管理体制的总体改革进程与我国石油行业的发展相比进展缓慢，仍不能适应当前石油领域的变革。当前石油上游产业管理体制的不足主要表现为：法律法规不完善、监管不到位、体制变动频繁、行业多头管理、市场机制不足等方面。

（一）法制建设相对落后，缺乏完整的法律框架

改革开放以来，我国陆续颁布了一批涉及石油行业的法律和规章制度，有的法律法规随着国情的变化进行过若干次修改，这对保障我国石油行业的发展起了很大作用。我国目前的石油资源矿业权法律体系，从框架构成上看比较全面，覆盖了对矿业权的取得、流转等方面，基本形成了体系。但由于经济社会形势的发展，我国的矿业权法律体系也显现出一系列的缺陷和不足，主要表现在以下五个方面：

第一，石油立法不健全，层级较低，并且存在很多空白。我国还没有独立的专门调整石油领域的基础法律，目前调整石油领域的基础

法律是《矿产资源法》（1996 年）和在此基础上出台的若干条例、细则、管理办法以及《中华人民共和国对外合作开采陆上石油资源条例》（2007 年）、《中华人民共和国对外合作开采海洋石油资源条例》（2001 年），规制石油上游产业的开采登记与勘查登记等法规均与规制其他矿产资源的法规一致，没有体现出石油资源的特殊性。现行法律法规对整个石油产业链中各个环节没有统一的规定，有些环节的立法出现空白。从石油的勘探、开发、储运、销售、储备等各个环节来看，特别是对石油上游产业加强管理尤其重要，但除了上述两个条例外，目前这些方面主要是由国务院或相关部委（主要是国土资源部）制定的政策性文件加以调整。由于立法层级较低，并与近年来新出台的物权法等相抵触，在实践操作中出现了很多问题，在矿业权、矿业用地等领域尤其明显。

第二，法律法规规定已经过时，不能适应、满足形势发展的需求。例如：目前国有石油企业占有较大部分无偿取得的石油资源矿业权，不适应通过市场优化配置资源的要求，等等。

第三，法律法规规定之间相互抵触，出现了违背基本法理的现象，实际操作中难以把握。例如：法律和行政法规脱节不配套，许多应当在《中华人民共和国矿产资源法》中规定的重大法律制度却在行政法规、部门规章中规定，形成了“弱法强配套”、下位法违背上位法的现象，这虽然在一定程度上促进了矿业权改革，但由于这种现象改变不及时，在立法的程序上和实体上违法的现象时有发生。

第四，法律责任的规定不够明确，违法行为难以得到有效制止。例如：现行《中华人民共和国矿产资源法》法律责任的规定不够明确，对有的违法行为没有作出相应的法律责任规定；也有的虽有规定，但缺乏量化依据，操作性不强，处罚力度低、程序繁杂，不能有效地制止违法行为，并依法给予相应的处罚。

第五，法律法规规定的约束激励机制因形势的发展出现了副作用，有些副作用甚至很强。例如：矿业权有偿使用制度设立的初衷就是为了保护国有资产，防止“跑马圈地”现象的产生，但2000年颁发的《探矿权采矿权价款转增国家资本管理办法》却规定在一定条件下应缴的探矿权采矿权价款部分或全部可转增国家资本（这在某种程度上意味着所有国有石油资源的矿业权配置都可以不交价款），2001年出台的《国务院关于实施西部大开发若干政策措施的通知》也规定在一定条件下勘查、开采石油、天然气资源的可以申请减缴或免缴探矿权使用费、采矿权使用费。这两个规定无形中对石油资源矿业权的有偿使用制度形成很大的阻碍，助推了石油公司的“跑马圈地”，对石油资源矿业权的合理配置和其他矿产资源的勘查开采形成了长期的负面影响。

（二）管理体制变革频繁，石油政策缺乏连续性

改革开放以前，我国石油行业的政府管理部门历经燃料工业部、石油工业部、燃料与化学工业部、石油化学工业部多次更替。改革开放以来，石油行业的主管部门变化依然频繁。1978年撤销石油化学工业部，恢复石油工业部。1980年成立能源委员会负责管理石油部、煤炭部、电力部，1982年能源委撤销。1988年在机构改革中撤销石油部、煤炭部、电力部，成立能源部，负责管理三个部撤销后新组建的石油、煤炭等总公司。时隔5年，能源部被撤销。在1998年的政府机构改革中成立了国家石油和化学工业局，承担石油行业的部分管理职能，该机构于3年后撤销。此后政府再没有设立石油行业主管部门，相关管理职能分别由国家发展和改革委员会、财政部、商务部、国有资产监督管理委员会等政府综合管理部门承担。2008年成立的国家能源局，行使石油等能源行业的管理职能。石油主管部门的多次变革表明，石油行业行政管理体制的改革一直处在探索之中。

新中国成立60年以来，我国石油管理体制变动频繁，石油管理机构分分合合，存续时间最长的机构也没有超过两届政府任期。石油行业具有投资大、建设周期长的特点，如此频繁的体制变动使得相关石油政策缺乏连续性，相关规划不能顺利执行，不仅不利于行业发展，而且对

上游产业发展也造成了不利影响。

（三）管理模式相对分散，管理职能相对弱化

目前，我国石油行业管理职能分散在国家发展和改革委员会、国土资源部、商务部、环保部等十多个部委，这种分散管理模式使得无法制定统一的发展战略，即使政策制定后也出现相互推诿甚至抵触的现象，不利于政策的制定和执行。

石油行业作为国民经济的基础性产业，其产业的发展关乎到社会发展的方方面面，因此，研究石油行业的发展战略和政策不应当局限于某一产业，而要根据世界经济发展趋势，结合我国资源状况和经济发展程度，将石油行业和其他行业的专家集中到一起，对资源禀赋、开发的可行性、结构调整等进行充分论证，研究提出符合我国实际的统一的综合性石油发展战略和政策措施，这样才能更好的促进我国石油行业的发展。而我国目前对石油行业的管理仍然是各产业各自为政，缺乏相互协调和配合，使出台的各类规划和政策存在许多不统一、甚至相抵触的地方，还有一些内容与实际情况有所差距，缺乏可操作性，不利于石油行业的健康发展。

由于我国对石油行业的管理部门分散，而且存在部门职责划分不清等方面的问题，一方面是政出多门，如石油行业重大项目的投资审批和价格制定权以及石油行业节能的政策措施，由国家发展和改革委员会负责，而石油资源勘探和开发由国土资源部管理，石油市场准入审批权则在商务部。另一方面在各有关部门中负责油气资源管理的专职人员却很少，力量配备不足，导致某些政府职能缺位。如国土资源部作为石油资源勘查、开发的主管部门，缺乏专门的主管石油资源的司局，目前地质勘查司作为主管司局，身兼数职，不仅承担着石油资源勘查开采管理的职能，还要负责其他固体矿产资源、海洋资源的调查评价以及地质勘查行业管理。而在地质勘查司内承担着全国石油资源探矿权、采矿权的审批登记管理以及油气探矿权、采矿权、对外合作区块的监督管理和维护

石油资源勘查开采秩序等重大繁杂工作的仅有一个油气管理处，编制仅为5人。相比之下，在挪威、英国、巴西等国家，负责石油资源管理的专职人员多达数百人甚至上千人。这些问题的存在不仅增加了政府管理成本，而且降低了管理效率。

分散、弱化的管理模式在实践中产生诸多问题。目前宏观调控制度不完善，缺乏有效的调控手段，石油资源规划还未能充分发挥作用，石油资源管理与能源管理之间的关系尚未理顺；国家对石油公司的勘探开发部署、探明储量、产量生产等重大内容难以及时准确掌握，不能够摸清家底；管理部门对勘查、开采石油资源的违法行为不作为，越权发证、越权对当地的石油资源勘查开采作出决定；石油开采业多年来粗放经营，资源浪费十分严重。例如，石油开采中放烧天然气的现象十分常见（参见图4.1）。

图4.1　某油田开采原油时放烧天然气的现象（俗称“点天灯”）

资料来源：课题组在某油田某井场调研时实地拍摄（2009年8月）。

（四）石油勘探开发监管体系不健全

石油勘探开发监管体系不健全，缺乏独立统一的监管部门，缺乏行之有效的监管政策。

按照现代监管的要求，监管体系应该包括完善的法律环境、专业化的行业监管机构、多维度的行业自律和消费者权益保护。目前我国没有对石油行业进行监管的专门机构和法律，而且对石油行业的政策制定和监督管理都分散在国家发展和改革委员会、能源局和各部委，对石油资源的管理基本上采取政策制定与监督实施合二为一的方式，政监不分。这一方面使得我国对石油行业的监管不能开展独立的工作；另一方面使得政府机构陷入协调、仲裁、监督等纷繁复杂的事务中，不能集中精力研究制定石油资源管理的重大政策和战略，同时也导致了监管不力。主要体现在：一是对石油公司的勘探投入是否满足最低标准监督不够，使石油资源矿业权退出机制形同虚设，导致“跑马圈地”、“圈而不（少）探”等现象的发生；二是对矿业权人勘探与开发生产全过程的监督不够，导致有的矿业权人在油气勘查开采过程中，对健康、安全、环保重视不够，造成了资源浪费、环境破坏和人民群众生命财产的重大损失；三是有的地方政府擅自配置国家石油资源，非法组织开采，使国家资源和矿业权人合法权益受到了不同程度的损失。

除此之外，监管依据不足，缺乏法律基础，没有严格的监管标准和科学的监管手段，监管活动权威性不强；对监管施加的人为干扰因素较大，公平规则难以形成；监管措施不到位，监管流于形式。

二、我国石油资源矿业权存在的主要问题

由于我国矿产资源的法律法规体系还不健全、计划经济体制和观念的影响还没有根除以及石油行业发展的历史性原因，我国石油资源矿业权存在着诸多问题，尤其是“一家独大，跑马圈地，圈而不（少）探”等深层次的问题突出。

（一）石油资源矿业权呈现“一家独大”的局面

根据国土资源部资料，截至2008年底，中国石油探矿权、采矿权面积分别为175.36万平方公里和8.67万平方公里，分别占全国的

41.41%和78.75%，采矿权和探矿权面积分别比中国石化、中国海油多出10%～70%不等。从图4.2、图4.3可以看出，2006～2008年中国石油探矿权、采矿权面积占全国的比例一直保持在40%和80%左右，长期以来稳居榜首。而且，中国石油登记的170多万平方千米的探矿权面积，主要集中在我国油气最富集的松辽、辽河、鄂尔多斯、准噶尔、塔里木、吐哈、柴达木等Ⅰ类大型含油气盆地，因此，陆域较有利的油气勘探区目前主要在中国石油名下，中国石油一家公司基本上掌控了中国陆域的石油勘探开发。

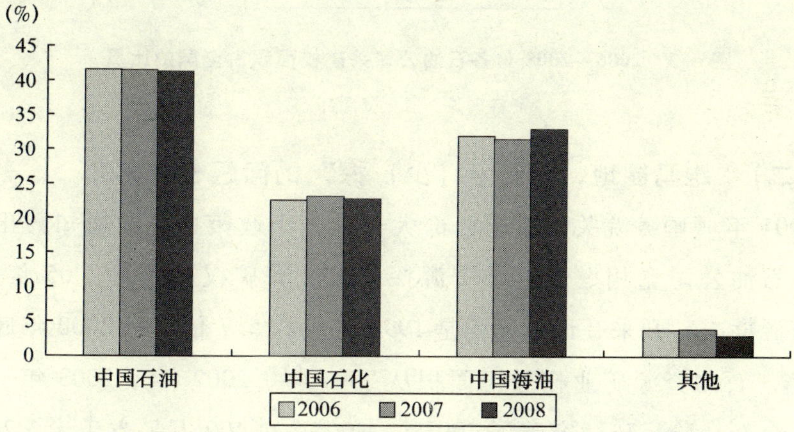

图4.2　2006～2008年各石油公司探矿权面积占全国的比重

资料来源：国土资源部。

截至2008年底，中国海油探矿权面积是138.52万平方公里，占全国的32.71%，而且登记的全部是海域面积。从图4.2、图4.3可以看出，2006～2008年中国海油探矿权面积占全国的比例一直保持在30%～35%左右。海域油气勘探长期是中国海油一家国有公司从事勘探开发，因此，海域较有利的油气勘探区目前主要在中国海油名下，中国海油一家公司基本上掌控了中国海域的石油勘探开发。

多年以来，由中国石油、中国海油分别掌控中国陆域和中国海域的石油勘探开发格局，不利于我国石油资源的合理配置，阻碍了大量的、持续的石油勘查投入，影响到石油资源的合理开发利用。

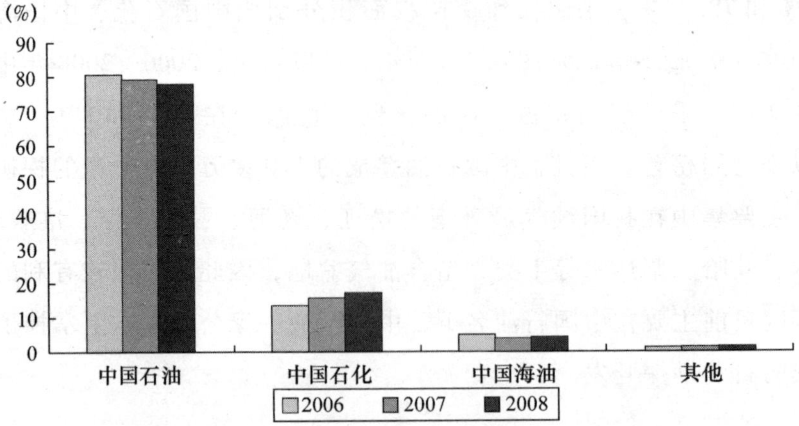

图 4.3 2006～2008 年各石油公司采矿权面积占全国的比重

资料来源：国土资源部。

（二）"跑马圈地，圈而不（少）探"的问题十分突出

2001 年《国务院关于实施西部大开发若干政策措施的通知》出台后，各石油公司竞相登记石油资源探矿权、采矿权。截至 2005 年底，石油资源勘查、开采登记总面积是 1997 年底的 5.7 倍，是 2000 年底的 2.48 倍。石油资源矿业权登记面积从 2001 年、2002 年到 2003 年，一年上一个新台阶，陆续突破了 200 万、300 万和 400 万平方千米。2002 年、2003 年石油资源矿业权登记面积同比增速分别达 16% 和 35%（参见表 4.1）。2004 年，国务院批准中国石油天然气股份有限公司进入海域，加大了海域油气勘探开发的力度，石油资源矿业权登记面积达到 446.7 平方千米。2003～2008 年的 6 年间，我国石油资源矿业权登记面积一直稳定在 430 万～450 万平方千米。而我国沉积盆地的总面积大约为 550 万平方千米，已登记石油资源矿业权的面积占我国沉积盆地总面积的比例已达 80%（440/550）。可以说，我国具有远景的或发现油气的含油气盆地已经全部登记了石油资源矿业权。目前，我国石油资源勘查区块已全部登记在中国石油、中国石化、中国海油和延长油矿名下，他们瓜分了我国陆地和海域的全部石油资源远景地区。这意味着三大石油公司和延长油矿从 2003 年起的"跑马圈地"活动基本上告一段落。

表 4.1　2001～2008 年中国石油资源矿业权变动情况表

年　份	探矿权		矿业权总计		探矿权面积	矿业权面积
	项目数	面积（km^2）	项目数	面积（km^2）	增速（%）	增速（%）
2001	956	2683600	1599	2740858		
2002	992	3118289	1653	3186431	16.20	16.26
2003	1135	4230470	1808	4302406	35.67	35.02
2004	1135	4389936	1756	4467110	3.77	3.83
2005	1131	4301994	1767	4382347	-2.00	-1.90
2006	1159	4344518	1806	4426374	0.92	1.00
2007	1153	4415830	1770	4523025	1.64	2.18
2008	1117	4234400	1741	4344500	-4.11	-3.95

资料来源：国土资源部。

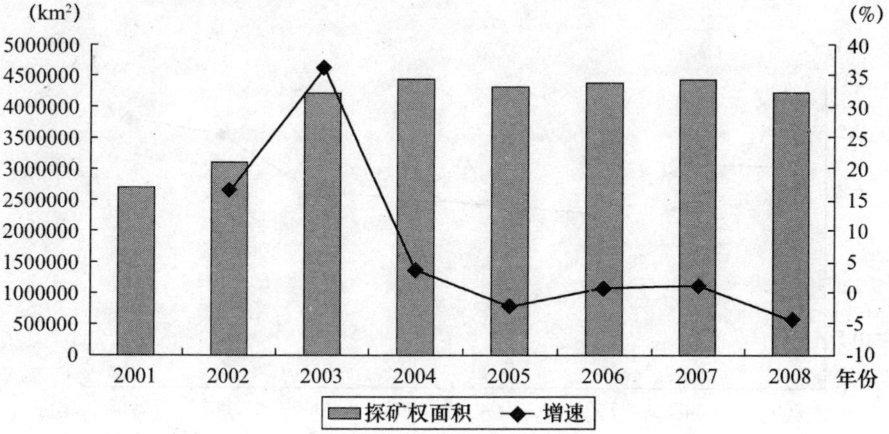

图 4.4　2001～2008 年中国石油资源探矿权面积及增速比

资料来源：国土资源部。

然而，近年来，拥有大量石油资源远景地区的三大石油公司和延长油矿，对油气资源的勘探力度明显不足，不能完成法定的勘查投入。从图 4.5 中可以看出，2002～2008 年，我国石油资源采矿权与探矿权之比从 1.7% 上升至 2.6%，年均增长仅为 0.15%；采矿权面积年均增长约为 7000 平方公里，也就是说全部矿业权面积中新发现的可采油面积比例极低，年均仅占石油资源矿业权面积的 0.16%。根据目前油气发现成本和勘探费用成本（资料引自《国际石油经济》）估算，近年来石油公司投入的勘探资金（资料引自石油公司上市年报）主要集中在一小部

表 4.2 2006～2008 年各石油公司石油资源采矿权与矿业权面积比

石油资源矿业权	采矿权面积/矿业权面积（%）		
年份 / 石油公司	2006	2007	2008
中国石油	3.53	4.44	4.71
中国石化	1.09	1.63	1.84
中国海油	0.29	0.29	0.32
其　他	0.52	0.52	0.66

资料来源：国土资源部。

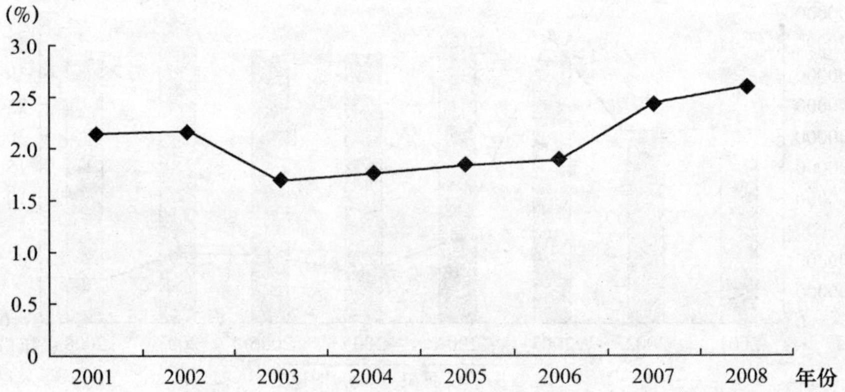

图 4.5 2001～2008 年中国石油资源采矿权与探矿权面积比

资料来源：国土资源部。

分石油资源远景区块，“圈而不（少）探”的问题十分突出。据国务院发展研究中心调查，总体上看，近年来石油公司 90% 的勘探投资集中于 10% 的矿权面积区域内，10% 的勘探投资散布于 90% 的矿权面积区域内，勘探投入极不均匀。国土资源部 2004 年的一份调查表明，在对 2003 年国内石油天然气勘查开采进行年检时发现，最低勘查投入不足成为首要问题，875 个勘查年检项目中有 55% 的项目未完成最低勘查投

入，有36%的项目没有任何实物工作量投入。西部地区这种现象更为严重。投入的不足主要表现在：对大量新区、新领域的基础性石油地质调查评价力度不够，缺少地球物理、科探井等前期勘查投入；跨学科、跨部门的重大油气基础理论联合攻关少；尚没有建立完善的基础性石油地质调查和风险勘探投入机制，难以促进新区、新领域勘探的良性循环。石油勘探有效投入的严重不足直接制约了储量资源的持续增长，威胁到石油储量基础和国家石油安全。

（三）石油资源矿业权的划分已不适应“勘探开发一体化”的要求

现行的矿产资源法律规定，我国石油资源矿业权申请登记可包括五种方式：一是勘查许可证登记；二是采矿许可证登记；三是滚动勘探开发的采矿许可证登记；四是油气试采许可证登记；五是探矿权保留登记。这五种申请登记实际上是根据油气勘探开发的不同阶段，将石油资源矿业权划分为五种，即探矿权、采矿权、滚动勘探开发权、试采权和保留权。多种权利的产生必然需要设立多种行政许可，也就需要根据这种种许可的要求，提交大量的申请资料并通过层层的审查，这既增加了审批环节、审批时间和企业成本，又违背了石油生产运行的基本规律。我国长期的油气生产实践表明，“勘探开发一体化”是石油生产运行的基本规律，其工作方式表现为：勘探、开发专业的相互交叉、有机结合，在同时做好不同勘探开发阶段一体化方案编制的基础上，整体勘探、整体评价、整体开发，分步实施，以减少重复建设和不必要的调整。相关调查表明，虽然石油资源矿业权设有五种登记，但是近年来申请滚动勘探开发的采矿许可证、油气试采许可证和探矿权保留登记的少之又少，其原因就在于我国目前石油资源矿业权的不合理划分，人为地分割了“勘探开发一体化”的工作流程，违背了石油生产运行的基本规律。

另外，《矿产资源勘查区块登记管理办法》第十三条规定，申请国家出资勘查并已经探明矿产地的区块的探矿权的，应当缴纳经评估确认的国家出资勘查形成的探矿权价款；《矿产资源开采登记管理办法》第十条规定，申请国家出资勘查并已经探明矿产地的采矿权的，应当缴纳经评估确认的国家出资勘查形成的采矿权价款。对比这两个条款可以发现，“申请国家出资勘查并已经探明矿产地的”矿业区，可能是同样条件、同样远景甚至是同一地区、有同样价值的矿业权区域，但因法律分割了探矿权和采矿权，结果出现了同一种情况要适应不同法律规定的现象。这不仅造成了法律的自相矛盾，也导致了实践中的无法操作。实际上，有些省份已对相关规定进行了变通，如山东省自 2006 年 9 月起就对无风险或风险低的矿业区不再设置探矿权而直接登记采矿权。

（四）石油探矿权的客体不确定，不属于用益物权

权利的客体是指权利行使所及的对象，它说明享受权利的主体在哪些方面可以对外在的客体作出某种行为或不作出某种行为。这种对象始终与权利本身共存共灭。而物权的客体是物，且物权客体特定原则强调物权存在或成立必须以范围明确并具有表现自己的客体物为前提。按照该原则的要求，物权的客体必须是特定的，以自身所独有的特征而存在。只有特定的物，才具有现实的支配性，也只有特定的物，才有办法进行公示，从而确定权利客体的范围和界限，以排斥他人的干涉和保障交易的安全。这是因为只有特定的物才能被现实所支配，也才可以被公示出来以达到对世的效果。

根据上述分析可知，石油资源探矿权仅是一种法律意义上的权利，这种权利只有与作为实物资产的油气紧密联系在一起才具有价值，其价值主要体现在矿区范围中油气藏的储量资源上。但是对石油资源探矿权而言，其工作区中是否存在油气资源并不确定。探矿权客体的不确定性表现在两个方面：其一是地下被勘查的油气资源可能根本不存在；其二是地下被勘查的油气资源在数量上可能比预期的少。无数既有的勘探实例证实，特别是在圈闭评价阶段之前，工作区中油气资源是否存在、储

量多少不得而知。如果最终油气勘查失败，则探矿权的客体事实上是不存在的。也就是说，探矿权人在开展石油资源勘查时，探矿权客体——油气是否存在并不确定。综上所述，石油资源探矿权客体不是特定的某个不动产或动产物体，不属于用益物权。

三、我国石油资源矿业权流通体制存在的主要问题

（一）石油资源矿业权存在主体和地域的严格限制

鉴于石油资源重要的战略地位和石油上游产业高技术要求、高风险和高回报的特点，我国对石油资源矿业权的主体有十分严格的审核要求，但却缺乏科学规范的资质管理。现有法规中关于勘探开发油气资源必须是国务院批准的石油公司或必须得到国务院批准同意的限定，从立法的角度造成了三大国有石油公司彼此间有限竞争的垄断市场结构。此外，现有法规对石油勘查开采的地域限制也形成了三大国有石油公司“南北分治、海陆分割”的局面。

随着我国市场经济改革的逐步引向深入以及石油供需形势的日趋严峻，石油勘查开采体制不顺、投入不足、活力不够的问题充分暴露出来。由于体制的限制，油田无论大小、高产还是低产，都只能由三大石油公司来开发，结果眉毛胡子一把抓，没有形成石油资源的规模经济开发。因此，以改革石油资源管理体制、以培育石油资源矿业权流转为核心的石油上游产业市场化改革已成为大势所趋，也是满足相关多方面主体利益诉求的必要手段。一方面，已经进入石油下游的三大公司以外的中小石油公司，欲取得与三大公司平等的竞争地位，在一定程度上摆脱三大公司在油源上的垄断状态；另一方面，石油资源所在地的地方政府和当地居民在石油资源开放方面的利益趋导，由于三大国有石油公司的利税大头缴入中央财政，地方在承担土地和环境成本的同时，却没有分享开采石油资源的相应收益，同时地方政府也希望培植地方石油企业、

延伸石油产业链、带动地方就业，以获得石油资源开发所带来的利益。再一方面，石油资源近年来的高额利润回报，吸引了社会各方面资本的极大兴趣，也呼吁石油上游进行市场化改革，以利用多种形式参与石油勘查开采。

但是目前我国石油上游产业的综合改革着力不够，“入世”以来，我国相关的法律法规调整不及时，对国民待遇等问题缺乏明确的法律解释，不能满足对外开放和对内合作的要求，民营企业等非公经济参与石油资源勘探开采还缺乏法律依据。

（二）我国矿业权相邻管理制度不完善

矿业权相邻关系是不动产相邻关系（简称相邻关系）中的一种特殊表现形式，其是指矿业权与其他不动产或不同权属的矿业权之间在地域上构成事实上的相邻。关于相邻关系的管理制度，不仅有相邻权制度，还存在地役权制度。而按相邻权利的空间分布，又可以分为横向相邻关系和纵向相邻关系两大方面。我国在矿业权横向、纵向相邻关系的管理制度方面都存在很大的缺陷。

首先，矿业权横向相邻关系的规定比较薄弱。《矿产资源法实施细则》中仅规定了探矿权人的横向相邻通行权和管线安装权，而对采矿权的横向相邻关系的调整几乎没做规定，对矿业权是否可以和土地权利一样设立地役权制度也未加涉及。我国的《物权法》只对一般以上不动产的相邻权和地役权进行了相关规定，对矿业权的相邻关系没有做出直接规定，矿业权相邻关系是否可直接引用《物权法》中不动产相邻权和地役权制度进行调整也比较含糊。矿业权相邻关系的不足给石油资源矿业权的正常行使造成很大的障碍。调查显示，油田企业在农民集体所有的土地上进行石油勘查开采活动常因通路、通水等问题产生纠纷，企业在投入必要相邻损害的经济补偿的同时，往往不得不投入人力进行大量协调工作，结果却事倍功半，其解决方式往往是通过“行政协调”或“行政强制”来实现，不但增加石油资源矿业权行使的交易成本，也造成行政权的滥用。

其次，法律对矿业权纵向相邻关系的规定还是空白。显然，纵向矿业权的相邻关系是建立在区分矿业权制度的基础之上的，虽然现行《矿产资源勘查区块登记管理办法》明确了国家对矿产资源勘查实行统一的区块登记制度，但由于该《办法》是以经度1分×纬度1分为基本单位区块，仅规定了平面、横向的矿业权范围，并未将区块以地表为基础实行纵向分割，我国现行法律也不存在纵向矿业权相邻关系的规定。在实际的矿业权设置中，油气矿产与其他矿产上下“相邻”的情况很多。特别是石油矿区面积大，与地表层的其他矿产部分投影重叠就不可避免，矿业权纵向相邻关系规范的缺失影响了石油和其他矿产资源的充分利用。

（三）我国矿业用地制度的滞后

我国矿业用地制度的滞后严重制约石油资源矿业权市场的建设。

矿业用地制度是矿业权市场建设的重要组成部分，属于矿产资源管理和土地管理的结合部。石油资源赋存于土地之中，勘查开采活动必然要与其所依附的土地发生密切的联系，同样开发土地资源也可能会压覆石油资源，这就决定了二者之间又不可避免地存在着冲突。

目前我国的矿业用地制度在矿业用地的取得方面很笼统粗糙，而在矿业用地的流转方面则基本上是空白。我国法律将探矿用地、采矿用地的取得与土地权力的关系进行分别规范，其中，对探矿用地的取得与土地权利之间的关系规定的比较明确，实质上是将探矿权用地定性为公益性用地，依照公共地役权的原理而采用临时用地制度（根据我国矿产资源开发利用政策目标，矿产资源勘探是具有明显国家公共利益属性的事业，且对其使用的土地不构成实质性的占有和损害，因而，探矿用地可依据公共地役权原理来取得）；而对采矿用地的取得与土地权利的关系则没做直接规定，只是将矿业用地归于建设项目用地一类而进行间接规范，以建设用地使用权的相关规定来调整。实际上这并不适宜，由于我国土地使用权的多类型、多功能、多用途的特点，按现有法律法规，当开采活动发生在不同类型的土地上时，采矿用地的取得依土地使用权类型的不同而有较大差异。按照目前土地管理法律法规的有关规定，我国石油资源采矿用地取得主要有4种方式，分别是划拨取得、出让取得、转让取得、土地出租取得。

可以说，我国现有的石油矿业用地制度存在的问题是多方面的，有法律上的不健全，有行政体制上的不作为，也有执法上的不严格，还有土地和石油资源管理的不到位。主要表现在以下几点。

1. 在集体土地上取得矿业用地存在制度上的不周延

按我国法律规定，当石油资源矿业权发生在国有土地上时，将其矿业用地归于建设用地一类而适用出让或租赁方式取得。由于石油资源所有权和土地所有权属于同一个主体，土地管理部门代表国家将其土地使用权出让给矿业权人。在已设有土地使用权的土地上进行石油开采，其矿地使用权也可以根据法律法规而以某种转让方式取得。但现有法律限制集体土地进行非农用途的流转，而法律规定任何建设项目必须依法申请使用国有土地。因此，当石油资源矿业权产生于集体土地上时，就只得动用征收这一方式先把集体土地征为国有土地后再出让给石油资源矿业权人，但由于我国集体土地所有权主体的虚位，农民缺乏行使集体土地所有权的组织形式、程序甚至是动机，使集体土地实际成为基层干部小团体所有，给其带来了利用农地转为建设用地而大发横财的机会，一方面造成集体土地隐性、无序的流转，另一方面农民也没有从征地补偿中得到实惠。

随着我国石油企业制度、矿业权制度、农村土地流转制度和征地制度改革进程的加快，石油资源矿业权主体呈现多样化，行使石油资源矿业权的目的也可能更大程度上出于企业利益，“征收”这一方式的适用范围将严格限制在“公共利益目的性”范围内。石油资源矿业权的产生不可能再像计划经济时期一律强行排除土地使用权。由此出现了矿业用地取得的立法缺陷，致使矿业用地取得无法可依，石油资源矿业权的行使得不到保障，实践中已出现石油资源矿业权人取得石油资源矿业权但得不到合法土地使用权而无法行使的局面。石油资源矿业用地的无法律保障提高了矿业用地的交易成本，严重阻碍石油资源矿业权市场的发展。因此，如何在集体土地上取得采矿用地已成了不可回避、亟待解决的现实问题。

2. 现有法律关于草地和林地上取得采矿用地的规定过于原则

现行的《草原法》、《森林法》、《土地管理法》及《矿产资源法》等相关法律、法规对于草地、林地上是如何设定采矿只做了原则性的规定，制度上的不健全时常引发草地承包经营权和林地使用权与石油资源采矿权的矛盾。

3. 石油资源管理工作和土地管理工作的不协调

石油资源管理工作和土地管理工作的不协调，导致矿业用地的取得方式无保障或不经济，矿业用地的设置不科学。

首先，《土地管理法》将土地利用规划、占用农地、征地的审批权赋予了国务院和省级人民政府，实行两级管理。而《矿产资源法》及3个配套法规将石油资源矿业权审批管理部门定为国务院一级国土资源主管部门。由于审批主体不一致以及取得石油资源矿业权并不以取得土地使用权为前提的做法存在，不可避免地会出现取得了矿业权，不一定取得土地使用权的情况，甚至还有石油资源矿业权人申请人先取得了土地使用权，最终还没能取得矿业权。

其次，石油资源矿业权的审批中忽略了土地使用权的管理，土地利用总体规划的编制没有与矿产资源规划相协调，使得有的石油资源矿业权人取得了矿业权却因不符合土地利用管理的规定而不能取得矿地使用权，也有一些石油开采企业因为土地利用总体规划的原因不能扩大开采规模，还有一些石油开采企业在国土资源管理部门取得的矿业权的矿区范围与土地管理部门取得的土地使用权的面积或范围不一致，这些石油资源矿业权人在开采中往往是按批准面积大的范围进行操作，这样，又导致了矿业权和土地使用权的管理上的混乱无序。

显然，石油资源矿业权与矿业用地的审批如何协调也是矿业用地制度中存在的一个重要问题。

4. 石油资源矿业用地的流转缺乏相应的规范

按照我国现行法律，石油资源矿业权在相关法律规定的限制条件下可以以出售、作价出资、合作勘探或开采、上市等方式依法转让。石油资源矿业权流转，矿地使用权必然要流转，但现有规定都没有涉及矿业权流转时土地使用权如何处理。如当前一些国有石油企业其用地大多是划拨土地，企业无偿取得，当其矿业权流转时，必然引起这种划拨土地的流转，这种土地应以何种方式流转，其中的土地收益如何算，很不明确。

（四）石油资源矿业权中介要素严重缺位

构成石油资源矿业权市场的要素包括三方面，分别是主体、客体和市场中介。其中，主体是石油资源矿业权人，即矿业权的出让方（或转让方）和矿业权的受让方；客体是交易的商品，即石油资源矿业权；市场中介即是连接买方和卖方各主体之间的有形或无形的媒介和桥梁——评估机构、交易中间人、市场信息、交易仲裁等。当前，我国石油资源矿业权市场的中介组织的作用和成长，还处于初步发展的阶段，根本无法满足石油资源矿业权市场建设的需要，其服务质量、服务范围和经营效果与市场要求还有很大差距。中介要素的不健全严重制约石油资源矿业权市场的形成与发展。

1. 石油资源矿业权评估体制较为落后

在市场体系中，任何商品都是以价值规律为前提进行等价交换的，而矿业权这种特殊商品既不能单一以劳动价值理论来确定交换价格，又不能单纯从供求关系来确定交换价格。因此，对矿业权价值的评估，则成为矿业权市场建设的重要命题。石油资源矿业权的评估就是为各种因石油资源矿业权流转而发生的经济行为提供矿业权价值咨询意见的服务，其在石油资源矿业权市场的管理建设中具有广泛的需求和重要的作用，如石油矿政管理、石油矿业经营活动、金融市场、法律事务以及咨询和环境保护等。

我国的矿业权评估机制起步较晚，不但与其他一些矿业大国相比具有很大差距，而且也不适应我国矿业权市场发展的需要，具体体现在以下几个方面：

（1）评估法制建设严重滞后。我国矿业权评估行业缺乏统一和完整的专项立法，大量有关矿业权评估业的规定都体现在矿业权评估行政主管部门颁发的规章制度中，由于层级较低，无执法上位法依据，缺乏制约手段，影响了矿业权评估业作为市场经济重要中介服务行业的法律地位。矿业权评估法制不完善，既限制了矿业权评估业的发展，也不利于该行业的自我规范。

（2）行业管理体制不顺。由于我国的矿业权评估业是在政府的直接扶持和培育下发展起来的，监督和管理是政府的职责，但由于管理方式带有较为浓重的计划色彩，具有政府需求大、市场需求小的特点。同时，评估机构受到多方利益牵制，不能做到独立、客观、公正，对矿业权评估的科学性、严肃性产生了很大影响。随着经济与矿业的发展，矿业评估机构的增多，光靠政府对矿业权评估机构进行监管是不够的，应当建立一个矿业权评估机构的自律性组织。但是，目前我国尚没有这样的机构。

（3）矿业权评估机制无法得到很好实施。目前，由于我国矿业权评估执业队伍整体素质不高，执业行为不规范，风险责任意识淡薄以及所采用的评估理论和评估方法不完善等问题，致使评估结果相互矛盾、随意性大，评估收费也无标准，使矿业权评估机制无法顺利实施，实施评估的危害性很大。

2. 石油资源储量评审制度不规范

石油资源及其探明的地质储量和可采储量，是经济社会发展的重要物质基础，它的可靠程度将直接影响到开发投资的风险和决策的成败，尤其是油气开发利用大项目的立项和建设，对资源的依赖程度更大，一旦决策失误，其影响深远，有时甚至是难以弥补的损失，因此，对石油资源储量的可靠性、可利用性、经济性及其规模大小的评审是一项至关重要的环节。评审体制的建立和发挥将会使国家利益和企业利益很好的结合起来。

负责我国油气资源探明储量的统一评审工作的机构几经变革，目前该工作由国土资源部矿产资源储量评审中心石油天然气专业办公室（下称油气专业办公室）承办，并从 1998 年起，着力进行了油气储量规范的修订工作。2000 年 3 月之后，在我国油气探明储量的评审工作中，开始启动了矿产储量评估师制。但目前我国石油资源储量评审制度依然很不规范，体现出较多计划体制、长官意识、任务储量等特点，致使储量失真和开发投资的损失。具体主要表现在：一是我国目前的油气储量规范带有计划经济和行政管理的色彩，已不能完全适应当前市场经济的发展和石油勘探开发实际工作的需要。二是缺乏合格的中立中介评审机构。目前我国不论油气田规模大小，一律进行一级评审体制已经不合时宜。国家一级的评审应着重储量比较大的油气田、对外合作的油气田和向银行大宗借贷开发建设的油气田。一般中小型油气田的储量，可由各石油公司的储委评审上报备案即可。今后要淡化政府行政审批程序，要转变政府职能，就需要建立中介机构，担负起公正、客观、科学、可靠的评估角色。但此类中介机构在我国石油资源储量评审体制中是缺失的，一方面是管理机制的落后，另一方面也缺乏合格的人员队伍。

3. 缺乏全国统一的石油资源矿业权交易平台

目前，我国并没有建立石油资源矿业权全国统一的交易体系，已建立的多家矿业权交易所（中心）的地域服务特点比较明显，各交易所（中心）的联结关系不强，并且多服务于固体矿产。此外，在组织形式上有的交易所还是政府所属的事业性组织，其交易的公平性和社会化服务性较差。而石油资源矿业权交易信息主要是依靠报纸、各交易所（中心）的网络、政府媒体网站等来进行转播，造成信息查询不便利，而且信息格式也不统一和规范，没有形成统一的信息传输平台、规范的传输格式以及信息相关的交换模式。

（五）石油资源矿业权市场的技术规范和标准体系建设滞后

市场必须依靠规则才能有序运转，没有标准、规范和程序，石油资源矿业权市场就形同虚设。我国目前的石油资源矿业权市场标准、规范和程序还很不完善，这些工作亟待完成。石油资源矿业权市场运作过程中的技术规范和标准体系主要有：（1）与地质调查评价有关的技术规范和标准体系；（2）与油气资源储量管理有关的技术规范和标准体系；（3）与石油资源勘查有关的技术规范和标准体系；（4）与石油资源开发有关的技术规范和标准体系；（5）与石油资源保护和合理利用有关的技术规范和标准体系；（6）与石油矿业资本运作有关的技术规范和标准体系；（7）与石油矿业环境管理有关的技术规范和标准体系；（8）与石油资源信息系统建设有关的技术规范和标准体系。这些方面是互为补充、互为联系和支撑的，是石油资源矿业权市场体系建设的基础性工作。

四、我国石油资源财税政策存在的主要问题

（一）石油税费政策本身存在着税负不公平的问题

基于海洋石油资源开发费用高、技术密集、风险性大的特点和当时我国石油工业相对落后的状况，为了鼓励海洋石油资源的开发和加速我国石油工业的发展，充分利用外国的资金、技术和先进的管理经验，国家制定了针对开采海洋石油资源的中外企业、中外合作油（气）田企业的税收优惠政策。然而经过若干年的发展，这种税费政策上的差别待遇已经不能适应我国现阶段的石油资源开发形势，相反还会起到一定的负面作用。

目前，中国海洋石油总公司海上自营油田和中外合作油（气）田开采的原油、天然气按实物征收增值税，征收率为5%，并按现行规定征收矿区使用费，暂不征收资源税。而对于其他陆上石油的开采则按照一般的增值税税率17%来征收，并且征收资源税。这种税收政策的差异，不仅造成了不同石油企业之间税负的不平衡，也妨碍了增值税抵扣机制的正常运行。中国海洋石油总公司海上自营油田和中外合作油（气）田销售原油时按含税销售额的5%向购买方开具增值税专用发票，而购买方的销项税额却要按17%征收，这就形成了按17%征收却只能抵扣5%的“高征低扣”现象，使得企业的税负转嫁至后端加工销售环节。一些地方政府为了争取税源，擅自对在当地从事海洋石油和中外合作开采石油购销加工业务的企业实行税收返还、赠送土地或其他形式的优惠。这不仅破坏了国家税收的执法规范，更是引发了海洋石油资源和中外合作开采的陆上石油资源在地区间的非正常流通，尤其是对国家明确规定要严格控制和管理的海洋重质原油资源的流通秩序带来了较大的干扰。

（二）石油税费制度在促进石油资源合理开发利用上有缺陷

1. 增值税抵扣不足

油（气）田企业属于采掘业，与一般企业的生产方式相比，存在很大差异。尤其是上游的勘探开发阶段，需要投入大量的固定资产，构成其投资成本的主要部分。而根据现行增值税规定，列入《油气田企业购进固定资产目录》中的一百多种固定资产却不能抵扣进项税款，这会导致油（气）田企业承担很大一部分进项税，加重企业的财务负担。

由于目前不少油（气）田都位于边远地区或交通不发达、经济落后地区，对于车辆的需求量和使用量都大大增加，引起相关的维修或保养成本也大幅度上升。而当地提供维修或保养劳务的均为零散的个体工商户且为数不多，无法出具增值税专用发票进行抵扣。许多勘探开发工程项目中的分包工程，诸如修路、架桥等，均因无法取得专用发票而无法抵扣。

2. 资源税制度设计不合理

开征资源税的目的除了部分体现资源所有者的权益之外，更主要是为了提高资源的使用效率，调节由于资源条件差异所造成的资源级差收益。而现行石油资源税制中资源税课税标准是按各大油区的主力油田确定的，没有考虑每个油区既有优质储量也有难动用储量的情况，也没有考虑到随着时间的延续会出现开采难度增加、资源丰度下降的情况。按照统一标准征收资源税就造成各个矿区不同程度的“采富弃贫”现象，加剧对生态环境的破坏，不利于石油资源的科学开发与利用。

此外，我国现行的资源税制一直实行从量定额征收，税额标准不仅长期偏低，而且税收收入与资源品的价格脱钩。尤其在高油价期，资源税负没有相应的提高，处于累退状态，不利于体现国家作为资源所有者的利益。以2003~2007年中国石油化工集团公司数据为例（参见表4.3），2003年12月原油价格为32.03美元/桶，2007年12月原油价格为97.6美元/桶，油价增长了2倍多，而相应的资源税负却并没有增长的趋势，相反还略微有所下降。

表4.3　　　　中石化集团公司资源税税负计算

项目＼年份	2003	2004	2005	2006	2007
原油价格（WTI）（美元/桶）	32.03	38.41	61.97	65.57	97.6
资源税税额（百万元）	434	452	634	818	882
主营业务收入（百万元）	417191	590632	799115	1044579	1173869
资源税税负（%）	0.104	0.077	0.079	0.078	0.075

资料来源：2003~2007年中国石油化工集团公司年报。

3. 石油特别收益金制度设计不合理

目前开征的石油特别收益金是当国际原油价格超过一定水平时，对石油开采企业销售国产原油所获得的超额收入按超额累进比例征收的。这种征收办法存在三个方面的问题：一是据以计算特别收益金的原油价格标准以美元为单位，在当前人民币不断升值的情况下，特别收益金的起征点实际上在下降，这就增加了石油企业因货币升值所承受的成本；二是石油特别收益金的征收仅仅只考虑了石油价格的因素，没有考虑不同企业、不同产区石油开采的成本，这对难采储量和非常规石油资源的开采是不公平的，不利于引导社会资金向这些石油资源的勘探开发投入；三是在石油价格上涨时征收特别收益金，而在石油价格下跌时却没有相应的补偿机制，难以体现出制度设计的合理性。

4. 现行税收政策没有体现出石油勘探开发的特殊性

石油资源是非可再生自然资源，在油田开发的整个过程中呈现出产量自然递减、成本逐步递增的规律。一个油田从投入开发直至枯竭，一般要经历上产期、稳产期和递减期、枯竭期等几个阶段，其中稳产期的开采效益最大，在递减期尤其是递减后期开采成本会越来越高，企业开发石油资源的利润也就越来越低，最后不再获利时企业将废弃油田。但是，按照我国目前的税制，从稳产期到递减期乃至枯竭期，石油企业税负基本上是一致的。这样会导致石油企业在油田开发的稳产期获得超额收益，而在开发后期，要么在还有较高技术采收潜力的情况下提前废弃油田，要么就只能在国家补贴的前提下勉强生产。另外，油田企业因油品、丰度、地质构造等的不同，其开采效益差距很大，而现行的石油资源税费政策不足以充分体现这些差距。

第五章

石油资源合理开发利用的国际经验与借鉴

一、石油资源法律体系和管理体制的国际经验

（一）主要产油国石油资源法律体系的特点

1. 主要产油国都制定了专门用于石油行业的法律法规

世界各主要产油国一般都制定了专门用于规范石油资源开发利用的法律法规，并形成了比较严密的石油资源法律体系（参见表5.1）。其具体操作模式可分为三类。

表5.1　　世界主要产油国石油资源管理与法律概况

地区	国家	管理部门	管理层级	法律法规	专门石油法规状况	备注
非洲	利比亚	国家石油公司	低	石油法（1999）	有	欧佩克成员国（1962）
	尼日利亚	石油资源部	高	石油法令（1996）	有	欧佩克成员国（1971）
中东	科威特	最高石油委员会（SPC）	高	石油最高委员会的法令（1974）	有	欧佩克成员国（1960）

续表

地区	国家	管理部门	管理层级	法律法规	专门石油法规状况	备注
中东	沙特阿拉伯	最高石油委员会（SPC）	高	矿业法令（1963）	无	欧佩克成员国（1960）
	伊朗	石油工业部	高	石油法令（1987）	有	欧佩克成员国（1960）
	哈萨克斯坦	国家石油公司	低	石油法（1999）	有	前苏联产油国
北美	加拿大	自然资源部	中高	加拿大石油资源法令（1985）	有	发达国家主要产油国
	美国	能源部、内政部	高	能源政策法（2005）	有	全球最大的石油消费国
南美	巴西	能源和矿产部	中高	烃类矿物资源法（1997）	有	转型国家主要产油国
	委内瑞拉	能源矿产部	高	烃类矿物资源法（1943）	有	欧佩克成员国（1960）
欧洲	俄罗斯	能源局	高	地下资源法（1995）	无	转型国家主要产油国
	挪威	能源部、石油管理局	高	石油法（1992）	有	主要产油国
	乌克兰	国家石油天然气和炼油委员会	高	地下资源法（1994）	不详	前苏联产油国
	英国	贸易和工业部	中高	天然气法令（1986）、石油法令（1987）	有	主要产油国
亚太	澳大利亚	国家农业和资源经济局（ABARW）	低	石油（水下）陆地法令（1967，1968年修订）	有	发达国家
	印度尼西亚	矿产能源部	中高	石油和天然气矿业法（1960）	有	欧佩克成员国（1962）

资料来源：据各国公开资料整理。

第一类，由国家制订适用于整个石油行业的基本法。该基本法律涵盖石油勘探开发、炼油、运输、进出口和销售等所有领域，并以基本法为基础，结合其他相关法律法规，形成一套比较完善的法律体系。如委内瑞拉，2001 年查韦斯总统签署新《石油法》后，形成了以此为基础的新的石油法律体系。

第二类，一些国家虽然也有专门用于石油行业法律法规，但是与之相关的同层级甚至更高层级的法律法规同时有效，这些法律法规共同形成了石油行业的法律体系。如美国，经过近百年成文法律在实践中的不断修正、完善、补充及细化，已经形成了较为完备的能源法律体系，其中包括矿业通用法律、石油资源专门法等数十部相关法律法规。具体涉及到矿产资源和矿业、能源管理中的以下方面：矿业用地准入；矿产资源勘查、开发、矿业权的招投标程序；矿产品生产、运输、销售、贸易；矿业税收、矿业收益和收益分配；管理者和开发者、矿业持有者的权利、义务、责任；环境保护；矿山复垦；矿山安全、防范措施、应急程序、劳动力健康；社区安全；战略矿产储备等方面。

第三类，国家采取上下游分开立法，石油行业上游和下游领域一般各有一部基本法。这类立法模式多见于日本、韩国和印度等国内自产石油远远不能满足自身需求、石油对外依存度极高的国家。例如，在日本，石油行业上游领域的基础性法律为《石油天然气资源开发法》，该法规定了石油天然气资源开采的批准程序，以推进勘探开发活动。石油行业下游领域的基础性法律为《石油业法》，该法涵盖了石油炼制、进口和销售等环节，目的是实现市场上稳定的石油供应。

2. 立法目的体现国家对石油资源的控制模式

立法目的都体现了国家对石油资源的控制，控制强度与各国所处的历史时期和发展水平有关。

为保证石油这一重要战略资源的安全，在世界各主要产油国的法律体系中都体现了国家对石油资源的控制，只是在控制的强度方面各有不同，差异主要体现在资源所有权、外资准入和利润分成等方面。这种差异性与国家所处的特定历史时期和发展水平密切相关，其宗旨是促使石油资源所带来的国家利益最大化。国家对石油资源的控制模式按照国家干预程度、市场化程度和外资准入制度可分为以下几种：

（1）国家干预程度高且严格限制非国有资本进入的模式。石油资源所带来的收入占国民收入比重较高的石油资源输出国往往在油气领域表现出较强的国家直接干预特征，部分国家还设置了严格的外资准入制度，其中以俄罗斯最为典型。

苏联解体后，俄罗斯的石油上游产业经历了从加快私有化到回归国有化的历程。叶利钦时代鼓励和支持民间资本和外资参股俄罗斯油气企业，在1996年前后，俄基本实现了其石油上游产业的私有化。从2001年开始，俄罗斯石油上游产业进入私有化调整的阶段，石油上游产业开始了向国有化的回归。这一阶段的兼并重组主要集中在俄国内企业，国有控股企业迅速壮大，外资和合资企业的规模则受到严格限制。

为配合石油上游产业国有化回归的进程，俄罗斯出台了一系列法律法规以加强国家干预和限制外资进入。例如，在2008年通过并发布的《有关实施外资进入对国防和国家安全具有战略意义经济部门程序》中规定：外国投资者参与的法人或外国投资者在进行地质研究中发现的含有矿物的矿床，俄罗斯联邦政府有权决定拒绝授予勘探和开采矿藏的使用权，由管理国家地矿资源的联邦机构确定一次性支付最小金额的计算方式；使用地下资源一次性交付的最小金额相当于该法人公司进行矿藏普查和评估的费用。这就相当于利用行政权力强制夺取优先申请探矿采矿权的权利，而小额的赔偿金更是否决了高风险性勘探行业的利润所得。

俄政府还对外国公司购买俄石油资产实行限制，禁止私人和国外资本参与俄干线石油管道建设；禁止外资企业及联邦政府控股低于50%的本国或合资企业进入大陆架区域勘探开发石油资源。

强力的国家干预在为国家财政带来大量税收的同时，也严重阻碍了俄石油行业的可持续发展。①由于俄罗斯目前在税收、投资法律法规、许可证、银行体系以及对某些矿产出口限制等诸多因素的影响，使外资至今未能有效进入俄罗斯丰富矿产资源的开发领域。②俄罗斯在油气勘探及开发方面的投入严重不足，设备技术均落后于国际水平。③据 BP 能源统计，俄近年的石油证实储量不断下滑，已低至 108 亿吨的水平，且很多大型油气田的开采已达到中老年期。

（2）国家干预程度高但适度鼓励非国有资本进入的模式。在呈现出强力国家干预特征的产油国中，还有部分国家虽然一方面采取一些措施限制外资进入石油上游产业，但同时又会在特定方面适度放宽对外资进入该领域的限制，如委内瑞拉、哈萨克斯坦等国。

委内瑞拉于 2001 年颁布了《石油法》（又称《烃类矿物资源法》），该法律于 2002 年 1 月开始实施。这部基本法涵盖了石油勘探开发、炼油、运输、进出口和销售等所有领域，强调了国家对石油的主权控制和国家从石油中获得的收益，体现了比较强的国家干预。该法律把私有公司交纳的矿区使用费从原来的 1% ~16% 提高到 20% ~30%，除此之外还要交纳勘探开采税、土地税、自已消费税、公司所得税及其他普通税费。

委内瑞拉对外国投资者的准入条件设定得比较严格。该国曾一度严格禁止外国资本进入本国石油行业。直到 1991 年，委内瑞拉政府为了更好地发展经济、加速石油行业发展，决定实行对外开放，颁布了《外商投资法》，开始允许外国资本以合资公司的方式有条件地从事石油勘探、开采等活动。委内瑞拉相关的法律规定主要包括：第一，委内瑞拉国有石油公司在任何关于石油勘查、生产、运输和最初储存的项目中应至少持 51% 的股份；合资企业的设立批准权在国民议会。合资公司的最长期限为 25 年，可以申请延期，但延期最多为 15 年，这表明合资公司从事石油生产、经营的期限最多为 40 年。第二，委内瑞拉的石油勘探权许可证的一般期限为 3 年，期满后国民议会有权确定是否延长期限。第三，合资公司需要履行其他附属义务，以给委内瑞拉政府带来一些其他的特定利益，如颁发奖学金、增加技术培训机会等。第四，任何情况下合资公司在从事石油生产经营活动中所引发的无法通过协商解决的疑问和争议，均不能提出国外仲裁或庭审，而必须由委内瑞拉法院根据委内瑞拉法律进行裁决。

然而，为了避免由于过度干预所导致的石油行业利益大幅减少影响外国投资，新《石油法》同时规定，位于以下地区的石油公司因试用新费率而出现利润微薄情形时，经国家主管部门审批同意，可以适当下调费率：位于成熟矿区或奥里诺科石油带的超重油区，可以降至20%；奥里诺科石油带的混合沥青矿区，可以降至16%又2/3的最低水平。

此外，外国投资者可以要求签署稳定性协议。由于委内瑞拉政局多动荡，而石油行业是典型的高风险、高投资行业，为了增强外国投资者的信心，保障投资者的利益，委内瑞拉规定投资者可以要求签署稳定性协议。在稳定性协议中，外国投资者可以就税收政策、出口政策和公司享受的优惠政策等提出稳定性要求。稳定性协议需要国民议会审核批准。

（3）国家干预程度比较强但市场化程度也比较高的模式。在石油行业中国家干预程度较强但同时市场化程度也比较高的国家以美国最为典型。虽然美国在油气领域的法律体系中并没有明确指出以直接的国家干预为立法原则。但在实际操作中，却利用环境保护法规严格限制石油的勘探开发，表现出强力国家干预的特征。这样做的主要目的是为了保证美国在石油领域的长期利益。

出于对本国战略利益的考虑，美国政府严格限制本国石油资源的开发。近年来，尽管国际市场能源价格不断上涨，但在美国政府掌握的约3960万公顷联邦土地上，约1/2的石油资源和超过1/4的天然气资源仍被以“不符合环境保护或历史文化的要求”为由限制或者禁止开发。据统计，在联邦土地中，只有3%的石油资源和13%的天然气资源可以进行满足基本环保要求的“标准开发”，而高达46%的石油资源和60%

的天然气资源虽然被允许开发，但被附加了包括环保和动物保护在内的种种“额外条件”。

另一方面，美国又是石油上游产业市场化程度比较高的国家。美国的石油生产和经营由私人部门按照市场规则运作，政府的职能是对市场主体的经营行为进行规制，以促进公平竞争，提高市场效率。联邦和州政府也不制定和指导石油产品的市场价格，即使是在 1973 年石油冲击的危机中亦是如此。

（4）国家干预程度相对较弱且市场化程度比较高的模式。一些市场化程度较高的产油国在宏观控制的同时充分运用市场工具，鼓励外资进入，活跃石油行业的投资与贸易，如加拿大。

20 世纪 50 年代，加拿大《矿业法》就允许外国投资者勘探包括石油在内的本国矿产资源，只要有加拿大国籍人员参与即可开发；然而 70 年代末期开始实施的稽征购地税（20%）、增加审查过程、雇佣本地人和使用本地材料等政策致使 80 年代前期外来矿业投资骤减。为了促进石油行业的发展，80 年代后期，加拿大再次稳步推行鼓励矿业投资的政策。

加拿大政府积极鼓励外商在包括石油在内的矿业领域进行投资，外商比较容易获取矿业权。如果不直接涉及到加拿大股票或商业资产获取等问题，外商投资通常不受其投资法的约束。在矿业方面，矿产资源开发中的勘查阶段被认为不是商业获取，因此不受投资法约束。而矿产资源开发的生产则被认为是资产获取，需要经过审查批准后方可进行投资活动。

总体来说，加拿大对于石油行业投资主体的限制较为宽松，外国投资者也可以通过合营、控股等方式进入该领域。正因为市场准入门槛较低，相关并购业务活动一向较为活跃。加拿大石油和天然气资产交易是世界上最为活跃的。每年约有 8% 的石油和天然气资产进行转让，而美国仅有 5%，北海地区为 2% ~3%，世界其他地区仅为 1%。

3. 立法层级以国家层面为主，兼有地方层面和国际层面

（1）国家层面。多数产油国的立法层级是以国家层面的法律法规为主。国家层级的法律法规形成了较为完整的法律体系，具体涉及石油资源的勘探、开发、销售、保护等各个方面。

（2）地方层面。个别国家有比较丰富的与石油资源相关的地方性法律法规，作为对国家层级法律法规的补充。

如在加拿大，联邦和各省都有自己的矿产资源相关法律法规。省级政府根据本省的矿业法管理辖区内的矿产资源勘查、开发、销售和保护工作。与矿业活动相关的环境保护、健康、安全和劳资关系等方面的规定也是根据各省的立法制定的。

（3）国际组织。由于石油资源的战略性、不可再生性以及旨在消除国际油价有害的、不必要的波动，部分石油净出口国成立了石油生产的国际组织——石油输出国组织（OPEC），简称“欧佩克”。欧佩克通过生产配额等手段保证各成员国在任何情况下都能获得稳定的石油收入。欧佩克的配额对其成员具有一定的约束力，具有国际条约的性质。

（二）主要产油国石油资源管理的基本制度及经验

1. 主要产油国石油资源管理的基本制度

各主要产油国石油资源管理的基本制度虽然在细节上差异较大，但也有不少相似之处，归纳起来主要有以下几点：

（1）立法管理制度。立法管理是主要产油国普遍采取的国家资源管理的基本制度，是各项行政管理的基础和依据。

（2）行政负责管理制度。就多数国家而言，是由各国政府和相应资源管理部门全面负责石油行业的行政管理工作。个别国家的石油资源行政管理直接涉及到立法机关，比如外资进入委内瑞拉需要其国民议会的批准等。

（3）市场准入制度。世界主要产油国对进入石油行业的企业都采取了一定的准入制度。准入的审查内容主要包括：主体审查、资格审

查、资金审查、国内资本所占股份乃至国家石油公司所占股份审查。

（4）有偿使用与许可证制度。世界各主要产油国普遍实行石油资源有偿使用制度，但有偿使用的方式各异。美国、加拿大主要通过销售油气租约来实现有偿使用；俄罗斯则主要通过拍卖许可证的方式；委内瑞拉的油气企业则依所从事的领域，除缴纳公司所得税以外，还需要缴纳勘探税、开采税、矿区使用费、土地税等税费。

一些产油国实行许可证制度。但是不同国家的许可证的类别有差异，主要分为两类：①一类许可证是确定企业具有石油资源开采或利用能力的资质许可证。例如，在美国开采和利用矿产资源必须持有资质许可证。②另一类许可证是证明所有者在指定的区块、确定期限内、遵守事先约定的条件下拥有某些权利的文件，包括在某个地块或海域的勘探或开发权利，或者是石油资源运输或加工的权利。例如，加拿大初级许可证、勘探许可证、矿产索取权。

（5）监督检查制度。在石油行业管理领域，发达国家普遍实施监督检查制度。如美国和加拿大。

美国联邦政府和各州政府的资源管理部门一般都设有监督执法办公室，对内负责监督同本部门各项计划和业务有关的设计与调查，监督本部门活动，以促进节约和提高效益，防治和消除舞弊行为；对外则对油气生产钻井等矿区施行定期检查，形成检查报告，分析发现的问题并针对某些问题（如安全隐患等）责令矿区设施经营者限期整改。

加拿大对石油行业的监督检查由能源委员会行使。该委员会是在1959年根据加拿大《国家能源委员会法》设立的国家能源监管机构，它隶属于国家自然资源部。该委员会主席向自然资源部长汇报并通过自然资源部部长向议会汇报工作。但该能源委员会独立行使监管职能，不受自然资源部的行政领导，自然资源部的各职能司局不干预能源委员会的工作。

（6）环境保护和战略环评制度。不少产油国尤其是发达国家产油国，十分重视资源开发领域的环境保护工作，以美国、加拿大和英国最为突出。

美国在油气勘查、开发、加工各过程均要提交环境影响报告。项目实施过程中，有关政府官员必到场进行环境检查；在美国联邦政府涉及矿产资源与能源管理的主要行政部门中，均设立有环保专门机构或管理机构。美国还是最早开展规划环评的国家。

加拿大政府在审批许可证时，对于项目环境评价和复垦计划的要求十分严格，且有着具体的执行标准。加拿大能源委员会下设的运行部负责健康、卫生、环保监管及事故调查等事务；委员会还负责能源行业环境研究基金的发放。

英国把“降低温室气体排放，即将环境责任放在优先考虑的地位”作为环境管理的首要目标。英国在管理中十分重视规划的作用，其内容主要包括生态环境保护、环境与安全管理、废弃物循环利用和回填处理、矿区土地恢复与复垦等。

除了对具体的项目开展环境影响评价以外，发达国家还对有关石油资源的战略、政策和规划开展环境影响评价，统称战略环评。加拿大在1990年以《内阁指令》的形式，要求政府各部门在战略、政策和规划层次考虑环境因素，进行严格的环评，并成立了专门的环境评价局。在美国，能源、交通及林业等部门都积极参与战略环评，20世纪80年代，仅环保局平均每年完成约40项战略环评。

（7）规划管理制度。英、美等发达国家普遍重视规划在石油资源管理中的作用。规划管理的目的是周密部署、有的放矢、减少盲目性和随意性，以促进石油上游产业健康、可持续地发展。

规划是英国矿产资源管理的主要宏观调控手段。英国的规划管理制度主要包括：①规划许可制度。对矿产开发、相关辅助设施建设、废弃物处理及辅助设施等方面实行规划许可制度。②规划管制制度。通过实施该制度防止未经审批的开发活动，以保证矿产开发活动严格执行规划的标准和条件。③规划责任制度。矿产规划机构通过与矿产开发企业签订协议或采取其他方式，明确矿产开发企业的责任。英国的矿产规划主要实现两级规划体系，即矿产结构规划和矿产地方规划。结构规划的任务是为地方发展提供战略框架，并作为地方规划的依据。地方规划的任务是为地方发展制定详细政策，为具体开发控制提供主要依据。总体来说，结构性规划是战略性的、全国性的，地方性规划则具有实施性、地方性。规划的主要内容包括矿产保护、保障矿产供应、土地使用期限制、未来开采区、规划中的开发管理政策、生态环境保护、环境与安全管理、运输与物流、辅助开发设施、废弃物循环利用和回填处理、矿区土地恢复与复垦。

美国重视规划对矿产资源的开发和利用的积极作用。联邦政府和各州政府在资源开发利用前，都要对资源进行规划管理。联邦政府的国土资源管理部门对国土资源均设有长期规划项目和短期规划项目，甚至有年度计划。如：美国联邦政府内政部土地管理局、矿产管理局的五年规划和年度计划，地质调查局的《矿产资源项目》、《能源资源项目》等。

（8）战略储备制度。发达国家中的石油净进口国一般都有石油战略储备制度。

美、日、德三国都在1973年石油危机之后开始对战略石油储备立法，美国是《能源政策与保护法》、日本是《石油储备法》、德国是《石油及石油制品储备法》。三国石油的储备目标和规模也在法律中都有明确规定。

在储备量方面，美、日、德的储备量分别是10亿桶、3.15亿桶和5350万桶。加上民间储备，美、日、德的石油储备量分别相当于其158天、169天和117天的石油消费。

三国的储备体制各有不同。美国实行自由市场型，石油储备主体是政府战略储备，对于民间储备，虽然有一些优惠政策和存放服务，但没有任何资金支持，也不进行管理。日本是政府导向型，储备主要由政府进行，但也严格规定每一个石油商须有一定的储备额度，没有完成的要被处罚。而德国是“联合储备”机制，官民联盟储备量、政府储备、民间储备比率为57∶17∶26。

(9) 发达国家普遍注重石油资源的利用效率。在石油价格高企和限制碳排放的呼声下，发达国家普遍重视提高石油资源的利用效率。

美国能源部把提高能源效率作为国家能源战略的主要目标之一。冷战结束后，节能政策、节能技术等领域的研究成为其资助重点。

英国在能源管理的战略目标中，把“首先是降低温室气体排放”放在优先考虑的地位。为提高石油资源利用效率，在能源局下设有专门的能源效率办公室、能源和气候变化战略研究团队、碳排放交易办公室等机构。

2. 主要产油国石油资源管理的相关经验

(1) 对石油资源开发利用的管理层级较高。世界主要产油国石油资源管理与法律概况具体参见表5.1。

(2) 石油管理以集中模式为主，政府管理职能普遍较强。世界主要产油国石油资源管理模式比较具体参见表5.2。

表5.2　　世界主要产油国石油资源管理模式比较

模式类型	集中管理模式	相对集中管理模式	分散管理模式
管理主体	中央政府统一、综合、协调管理	中央政府某个部委以下的二级机构管理或少数专门部委	中央政府的多个部门共同管理
特　征	1. 过程的渐进性 2. 资源的充足性 3. 体制的适应性 4. 发展的带动性	1. 经济发达，资源需求强度大 2. 资源缺乏，资源进口依赖程度高 3. 协调机构对政府与企业沟通有力	1. 资源开发在本国经济中占有较重要地位，多数是发展中国家 2. 资源总量较丰富，具备向工业化高级阶段发展的基础 3. 综合协调机构作用大，保证资源的合理开发利用

续表

模式类型	集中管理模式	相对集中管理模式	分散管理模式
特　征			4. 政府在资源开发管理中处于主导地位
典型国家及管理部门	1. 美国：内政部、能源部 2. 加拿大：自然资源部 3. 俄罗斯：工业能源部、自然资源部 4. 挪威：能源部、石油管理局 5. 尼日利亚：石油资源部 6. 沙特阿拉伯：最高石油委员会 7. 科威特：最高石油委员会 8. 伊朗：石油工业部 9. 委内瑞拉：能源矿产部 10. 印度尼西亚：矿产能源部 11. 乌克兰：国家石油天然气和炼油委员会 12. 英国：贸易和工业部、能源和气候变迁部	1. 法国：中央政府的经济、财政和工业部统一管理能源和其他矿产 2. 德国：联邦机构未设立单独的内阁级资源管理部门，矿产、土地等资源管理机构设于相关部内的司局或部门 3. 日本：产业经济省统一管理矿产资源与能源 4. 澳大利亚：国家农业和资源经济局	1. 印度：矿产、能源、土地、水、森林、海洋均有专门部门管理，根据资源特性某些资源涉及多个部门管理。能源资源管理部门有：石油天然气部、煤炭和矿山部、非传统能源部 2. 巴西：设有全国能源、核能、石油、森林、土地垦植部门 3. 南非 4. 智利 5. 墨西哥

资料来源：据各国公开资料整理。

（3）国家通过政府职能强化对石油资源矿业权的管理。石油资源矿业权管理模式中政府机构与国家石油公司的国际比较具体参见表5.3。

表 5.3　石油资源矿业权管理模式中政府机构与国家石油公司的国际比较

序号	矿业权管理主体及矿业权管理模式	典型国家名称	矿业权管理模式与国家的特点
1	政府机构管理石油资源矿业权 无国家石油公司	①美国、加拿大、澳大利亚、英国、法国 ②文莱、巴布亚新几内亚；也门、约旦、阿曼、黎巴嫩 ③苏丹、刚果 ④俄罗斯（私有化运动后正向强化国家控制方向发展）	**一、发达工业化国家的特点** ①石油工业发达 ②市场化程度高，无国家石油公司，私营石油公司数量多、实力强 ③私营石油公司国际化、大量投资国外，全球资源控制能力强 **二、欠发达资源产出国的特点** ①石油资源丰富，但石油工业不发达或缺乏石油工业基础 ②主要依靠外国公司开发本国资源 **三、美国、加拿大的特殊性** ①石油工业相当发达 ②本身是消费大国和资源大国 ③矿业权有联邦政府与州（省）政府分权管理 **四、俄罗斯的特点** ①石油工业发达 ②转型中的资源大国 ③石油公司私有化运动后无法律意义上的国家石油公司，但国家正逐步加强控制能力
2	国家石油公司不介入石油资源矿业权管理	①挪威、意大利、新西兰 ②泰国、菲律宾、孟加拉 ③哈萨克斯坦、土库曼斯坦、乌	**一、普遍特点** ①国家石油公司由国家绝对控股 ②政府通过法令和政策控制企业 ③享有充分的经营自主权 ④所有权与经营权完全分离

续表

序号	矿业权管理主体及矿业权管理模式	典型国家名称	矿业权管理模式与国家的特点
2		克兰、伊朗、伊拉克、科威特、阿联酋、卡塔尔、叙利亚、巴林、巴基斯坦 ④阿根廷、秘鲁 ⑤巴西、加蓬	**二、挪威的特点** ①石油工业发达，石油资源丰富并归国家所有 ②石油资源矿业权管理完全归属于政府 ③国家石油公司经营国内石油行业（上游产业） ④国家石油公司完全按市场规律参与竞争 **三、中东、中亚主要产油国的特点** ①石油资源丰富，均为发展中国家 ②强调国家对石油资源的控制能力
3	国家石油公司协助政府行使部分矿业权管理职能	①印度、印尼、越南、缅甸、土耳其 ②哥伦比亚、厄瓜多尔 ③喀麦隆、阿塞拜疆、乌兹别克斯坦	**一、普遍特点** ①发展中国家基本上都采用这种模式 ②国家石油公司的协助作用主要体现在涉外管理上（参与勘探开发的对外招标、监管外国公司经营等） ③矿业权管理的其他职能由政府部门承担 ④强化资源国地位，有利于本国资源保护 ⑤将政府与外国投资者的关系，转化为企业间的合作关系，促进国际合作 **二、印度的特点** ①国家石油公司在勘探开发的对外招标中被授权代表政府进行谈判并签订合同 ②在国家石油公司的经营区与外商谈判合作项目，参与承担勘探风险 ③国家石油公司在对外合作中的“协助作用”，在吸引外资工作中起到了特殊作用

续表

序号	矿业权管理主体及矿业权管理模式	典型国家名称	矿业权管理模式与国家的特点
4	国家石油公司兼行石油资源矿业权管理	①利比亚、尼日利亚、阿尔及利亚、突尼斯、埃及、安哥拉 ②沙特阿拉伯 ③马来西亚	**一、普遍特点** ①非洲主要产油国基本上都采用这种模式 ②经济欠发达、石油资源较丰富 ③曾有过被跨国石油公司垄断的历史 ④国家石油公司拥有较多的矿业权管理职能 ⑤在石油行业管理上通常政企不分 **二、尼日利亚的个案分析** ①1977 年负责（石油资源）矿业权管理的矿业动力部与国营石油公司合并为国家石油公司管理国家石油公司，部长改任董事长 ②尼日利亚国家石油公司除负责石油资源勘探开发、储运、商贸、石化产品炼制与销售等外，还设有石油监查部门，负责管理石油行业（含对外合作），同时协助政府建立健全石油行业立法
5	国家石油公司垄断石油上游产业并行使石油资源矿业权管理	委内瑞拉、墨西哥	**一、普遍特点** ①拉美主要产油国基本上都采用这种模式 ②石油资源较丰富的发展中国家 ③政府通过国家石油公司垄断本国石油行业，对本国石油资源的控制力极强 ④排斥外国公司参与开发本国石油资源 ⑤政企不分，国家石油公司完全集矿业权管理与石油经营权于一身

续表

序号	矿业权管理主体及矿业权管理模式	典型国家名称	矿业权管理模式与国家的特点
5			**二、委内瑞拉的个案分析** ①石油公司国有化的典型 ②法律规定“合资公司中，国家主管部门必须控股50%以上” ③石油公司国有化的转型完成后，近年市场略有开放倾向，但对外国投资者的准入条件和运行义务设定得非常严格

资料来源：据各国公开资料整理。

二、石油资源流通体制的国际经验

（一）国际石油资源矿业用地制度和矿业权的相邻关系

1. *石油资源所有权、矿业权与土地权利的关系*

石油资源与其所赋存土地密切相关，石油资源矿业权与土地权利之间存在以下三对关系：

(1) 石油资源所有权与土地所有权的关系。就石油资源所有权与土地所有权关系来说，归纳起来大致有以下两种模式：

第一，石油资源随从土地所有权。即石油资源所有权随其所赋存土地的所有权。该模式以美国最为典型，该国法律规定，地表或地下的矿产资源应被视为土地的组成部分，土地所有者理应获得依附于其土地的矿产资源所有权。由于历史原因，美国土地的所有权属分为四类：第一类为联邦政府的公有土地，但是美国独立前后大量的卖出、转让和租赁，联邦政府的公有土地已为数不多；第二类为州属土地，由州政府全权管理；第三类为私有土地，是私人财产，完全由土地主控制和管理；

第四类为印第安保留地，由联邦政府代为管理。这种情况下，石油资源所有权从属于土地所有权，石油资源可以为私人、政府和团体所拥有。

第二，石油资源国家所有。鉴于石油资源是关系国计民生的重要能源矿产，世界各国都非常重视对其的综合管理和利用，因此大多数国家都规定石油资源属于国家所有，采用石油资源所有权和土地所有权相分离的立法模式，石油资源的国家所有权不因其所依附土地的所有权或者使用权的改变而改变。

（2）石油资源矿业权与土地所有权的关系。在处理石油资源矿业权与土地所有权关系方面，世界各国都较为一致，均规定石油资源矿业权独立于土地所有权，即取得矿业权不以取得土地所有权为前提。

（3）石油资源矿业权与土地使用权的关系。就石油资源矿业权与土地使用权来说，由于石油资源是一种重要的战略矿产，因此各国一般都规定了其矿业权对土地的优先使用权。

2. *石油资源矿业用地制度*

石油资源的矿业用地制度涉及的法律及社会问题非常复杂，它与各国物权法的相关制度（如土地和矿产资源的所有权制度、地上权制度、相邻关系制度、债权制度等）以及相关公共制度（如生态环境保护制度、征地制度、土地用途管制制度、土地和矿产资源的行政管理制度、矿产资源开发利用政策）甚至少数民族区域政策等密切相关。可以说，石油资源矿业用地制度主要是矿产资源所有权、矿业权与政府行政管理权之间规范的制度安排。矿业用地制度包含诸多制度因子，所包含的内容十分广泛，国外矿业法对矿业用地制度的安排涵盖了多个方面。

（1）矿业用地的准入制度。矿业用地准入制度主要是从土地和矿产资源行政管理、生态环境保护、军事战略等角度出发对矿业用地实行公权限制，即：什么样的土地、什么人的土地准用于什么样的矿业活动（包括地质调查、矿产勘探或开采），或禁止矿业活动以及矿业用地准入的基本条件。

世界各国根据其资源情况，在不同的历史时期实行不同的矿业用地准入制度，矿业用地的准入问题近年来已成为发达国家修改矿业立法的一个重要方面。例如美国公有土地上的采矿越来越多地受到限制。矿业法涉及到多个与矿业用地有关的问题，如矿业用地恢复的标准、地表破坏的规章、支付地表资产价值制度、野生物保护区等等。矿业用地准入较过去具有更复杂的程序和更多的限制。

加拿大国土辽阔，大部分土地属于国家所有（即联邦公有土地和省级公有土地），特别是在其北部地区。但并不是所有土地都可用于采矿活动（如国家公园、省级公园、军事用地等）。加拿大实行的是土地所有权、处置权和管理权基本一致的管理体制，各级政府对土地的开发、利用和保护，均执行联邦和省级的有关土地法规，联邦和每个省的土地管理部门都有权决定其所属土地是否用于矿业开发。

（2）矿业用地取得方式。按各国矿业法规定，矿业用地的取得依其所占用的土地用途不同、土地权属不同和矿业活动的内容及目的不同而准用不同的方式。总的说来，可分为强制性矿业用地制度和意定矿业用地制度。强制性矿业用地制度是指无论土地所有人或占有人是否同意，法律优先保障矿业活动用地；意定矿业用地制度是指法律虽然规定矿业权获得者有使用他人土地的权利，但能否取得土地进行矿业活动，完全取决于矿业权者和土地所有人、土地使用人等相关土地权利人之间的谈判与协商，如土地权利人不同意矿业权者使用其土地，矿业权者则无权进入。

①强制性矿业用地制度。根据强制性取得他人土地的所有权或使用权的方式依其项目的性质是否具有公共目的性，可分为：征收（国家或政府基于公共目的强制取得私人土地所有权），征用（国家或政府基于紧急避难的需要强制取得私人土地使用权），设立公共地役权（如涉及公共利益的行业或活动）和依相邻权取得邻人用地（基于私法上不动产相邻的役使关系，并不具有直接的公共目的性）。他人土地所有权或使用权中，以征收、征用或设立公共地役权的方式强制取得他人土地，是基于项目具有的公共利益性，其法律关系主要由公法调整，而依

相邻权取得他人土地使用权，则是基于不动产相邻私法上的役使关系，其法律关系由民法调整。

无论是哪种类型的强制性用地，其前提是法律必须有明文的规定。德国法律将采矿权看成是具有排除土地所有权人效力的、类似于所有权的优先占有权。法国也实行和德国类似的矿业用地强制许可制度。

《新西兰矿业法》对进入土地所有区域进行地质及其他测量，实行强制用地保障制度。其矿法规定，由政府雇用并经部长以专门或一般性书面授权的人在其受雇用期限内，可在白天时间以其认为合适的助手进入任何土地区域，为采矿目的进行地质、地球物理或地球化学测量；从土地中提取和运走任何矿石或沉积物质；在土地上竖立或建设测量所需的界桩、标志、测杆或其他设施；作为测量工作或任何检查工作所需的其他事情。但条件是：有这种授权的人在进入该土地区域之前，必须向该土地的所有人和占用人发出通知，并出示授权书。但勘查许可证持有人在依法进入任何国家公园或公共保护地之前，须适当通知该区的管理当局，进入该区后还须遵守当局制定的规章制度。对于从事上述工作所造成的任何毁损，土地所有人和占用人有权要求赔偿。

②意定矿业用地制度。意定矿业用地取得分为土地购用和土地租用及土地权利入股等方式。购用由矿业权人付款取得土地所有权，矿业权人购用土地的地价应以土地市价为标准。租用由矿业权人分期或一次缴纳租金。

《韩国矿业法》将矿业活动用地的取得方式划分为两种，一是收用（征收）他人土地，二是使用（土地所有权不转移）他人土地。其矿法规定，矿业权人或租矿权人在矿区、租矿区或其附近，在符合下列各项目的之一时，可征收他人土地：坑口的开设；露天矿矿物采掘；采矿或矿物采掘作业所需机械设备的设置；土石或矿渣堆积场的设置；铁路、轨道、公路、运河、排水道、井池或电气工作物的设置。

《日本矿业法》规定的矿业用地基本制度与韩国相同，将矿业用地按其矿业活动的目的不同而采用不同的用地取得方式。日本矿法规定，无论是使用还是征用他人土地，都必须向通商产业局长提出申请，经许可方能使用或征用。

③矿业用地预先同意制度。《俄罗斯联邦地下资源法》规定了矿业用地的预先同意制度，即在解决颁发矿产资源开采许可证问题时，必须有土地资源管理机关和土地所有者或占用者出具的书面证明，预先同意在他们享有的地区划出一块（几块）土地用以开采矿产资源。如果采矿权是通过投标或竞拍得到的，则相应土地的划出首先应经相关的俄罗斯联邦主体执行权力机关预先同意。

（3）矿业用地复垦保证金制度。所谓复垦保证金制度是指企业在得到采矿许可证前，必须以一定数量的资金、资产存放在有关管理机构，以确保矿区土地复垦工程的完成。复垦保证金的数量，根据企业在申请采矿许可证时，按照在最坏情况下完成该土地复垦工程所需费用提出预算，并在审批过程中经有关机构证实，要求预算的土地复垦保证金略大于实际复垦费用。如果企业没有履行土地复垦义务，那么政府则利用这笔资金组织复垦，如果采矿企业在采矿后完成了矿区的土地复垦，并经验收合格，此保证金就如数归还给采矿企业。

就全球范围来说，矿区土地是破坏最为严重的区域，也是土地复垦的重点和难点。世界上大多数国家均建立起了相应的土地复垦法律制度，其重点是确立了“谁破坏、谁复垦”的复垦原则，并建立了落实该原则的复垦执行保证金制度，从而形成了矿区复垦制度的核心。通过对美国、加拿大、澳大利亚为代表的发达国家和印尼为代表的发展中国家的复垦法规的研究发现，这些国家均采取了经济激励型手段——执行保证金制度，并且具有很多共同的特征。

首先，这些国家均实行了矿产资源开采许可证制度、矿区复垦规划制度等复垦保证金制度的配套制度；其次，在复垦保证金的类型上也都包括全程保证金、阶段保证金两种；再次，这些国家均实行多种形式的保证金；此外，实行了复垦保证金制度的国家，均建立了类似于美国的复垦督察、保证金复审、保证金罚没、保证金返还和公众参与等制度。

（4）矿业用地的取得程序。各国矿法规定的矿地取得程序不一，但一般必经过的程序是：①相关矿业权人依法向行政部门申请；②行政机关发给申请矿地的土地所有者书面通知；③行政机关在报纸上发布公告；④征求公众意见；⑤批准与不批准。

（5）矿业权相邻关系的制度规范。对于矿业权的相邻关系，各国主要根据其民法相邻制度的基本原则进行调整。但迄今为止，各国法律对矿业权的相邻关系的规制主要放在一般矿业权相邻关系的调整上，而对于区分矿业权相邻关系的调整的立法相对薄弱。究其原因在于受技术水平的局限，在相当多的矿区或工作区难以精确划分不同的地层段，故只能作为单层看待，仅允许一个矿业权存在，不注重矿业权的纵向相邻关系。但随着权利主体乃至社会生活的复杂化和多样化，物尽其用的效益原则在各国立法实践中得到越来越多的体现，物权或准物权的客体立体化，进行多视角的观察和界定运用在法律实践中越来越广泛。随着各国立法理论的不断完善，建立立体化的矿业权相邻关系制度已经成为许多国家的立法选择。

以下将对国外矿产资源法等相关法律专门针对矿业权相邻关系的法律规定进行简要介绍。

①相邻提供便利关系。在矿业权相邻提供便利方面，部分国家的矿法主要规定了矿业权的相邻通行、相邻开凿井隧等权利义务关系。如《澳大利亚西澳洲矿业法》规定了矿业权人于周围土地上的通行权。该矿业法第29条规定：被批准用于矿业活动的矿地持证人，可享有其周围土地上的通行权。但矿地持证人不享有在用作场院、花园、果园或耕地的任何土地上通行的权利，通过这类土地需经其土地所有者和占有者的书面同意。法律允许矿地持证人为了矿业活动的目的通过以上地区，只有取得了土地权利人的同意，持证人采取了对土地的损害以最小的方式进行并规定赔偿了土地所有者或占用者遭受的或可能遭受的全部损失的协议已达成后，监察员才可以发布通行命令。

②相邻安全防险关系。在矿业权的相邻安全防险方面，不少国家的

矿业法对矿业权相邻安全防险的内容、损害赔偿制度进行了规定。比较而言，《韩国矿业法》对其规定相对完整，从采矿权相邻安全防险的内容、采矿权相邻妨碍的赔偿方式、损害赔偿的诉讼时效、采矿权相邻妨害的责任划分以及损害赔偿裁定机关等五个方面进行了规定。

③区分矿业权相邻关系。由于矿业权在行使过程中，矿业权人要对地下的一定空间进行开发利用，因而矿业权具有空间利用权的属性，属于一种特殊类型的地下空间利用权，与地中权非常类似。

基于矿业权与空间权相类似的性质，许多国家仿照区分空间权制度，建立了相应的区分矿业权制度，即地下垂直的存在两个以上矿业权的制度。例如，在美国的石油天然气矿区，随着垂直划分地段开采方式的出现，区分矿业权广泛实行。在泰国、印度尼西亚，随着科学技术的进步，同一地区内不同主体探采不同层位、不同深度气藏，由地面一点向多方向打定向井、水平井的作业极为普遍。在加拿大以艾伯塔省为例，将矿业权行使分为两种形式：一是将一个矿区或工作区的沉积区分为深层或浅层分别出租，使之成为不同的矿业权的客体，由不同的矿业权人支配；二是将一个区块垂直地划分为多个地层段或地层区，由勘探、采矿申请人选择不同的地层段或地层区与矿业主管部门订立租赁合同，成为该区段矿业资源的使用权人。

（6）矿业用地争议的仲裁机制。由于矿业用地涉及矿产资源管理和土地管理两个方面的问题，矿业权、土地所有权、土地使用权、优先权、相邻关系、损害赔偿等各种权利和法律关系十分复杂，难免发生争议和纠纷，对此，美国和加拿大等发达国家建立了专门的仲裁机制。

例如，在加拿大，矿业权与土地使用权是分离的，取得矿业权需要地面所有人同意。若地面所有权归属联邦或省级政府，矿业权人可以无偿使用土地，但必须得到有关部门的授权。如艾伯塔省矿业法规定，矿业权人必须得到政府按照《公用土地法》中的《矿产地面租借细则》（A. R. 228/58）授予的矿产地面租借权（MSL）。如果地面权由私人所有，取得矿业权则需要地面权人的同意，并给予一定的补偿。补偿数额达不成协议时，地面所有权人可依法律规定申请仲裁；如果地面所有权人不同意矿业权人使用土地，按矿业法规定，矿业权人可以通过一定的程序进行申诉。此外，有些省（如安大略省）还专门设置了矿业法庭，专门负责处理、解决因矿业产生的土地争端和纠纷。

（二）国际石油资源矿业权流通体制的相关经验

1. 石油资源矿业权市场准入制度

（1）准入方式。国际上，石油资源矿业权主要在两级市场中进行流通。主要产油国的石油资源矿业权一级出让市场一般由国家垄断，并由国家有偿出让。此外，由于矿业权流转是矿业权内在属性的外显化，因此允许石油资源矿业权在二级市场上有条件的流转是全球的基本趋势。

（2）准入程序。世界各国或者通过许可证制度或者通过工作合同制度对矿业权市场投资进行控制。例如，美国、加拿大、英国、挪威、巴西、日本、韩国、印度和委内瑞拉等采取许可证制度，俄罗斯和印度尼西亚等采取工作合同制度（更多的采用产量分成合同制）。许可证制度由政府授权石油公司代表国家进行石油勘探、开发和生产，履行国家对石油资源的主权，以行政性授权为主。工作合同制度是石油公司通过与拥有许可证的国家公司或代表国家的政府机构签订合同来开展石油业务，是一种合同性授权。许可证制度和工作合同制度都是授权当事人在规定的区块和规定的期限内开展规定的石油业务，并履行相应的责任和缴纳规定的税费。在各国石油法律中，一般都规定了许可证或工作合同的申请或参与资格和条件、适用范围、授予或批准机构及程序、基本条款内容、政府对许可证或工作合同另行颁布管理条例的权限。

（3）国家参与。国家参与是政府授予石油公司的特权，目的是加强国家对石油行业的控制，培养并壮大自己的民族工业。国家参与一般通过国家石油公司与合作方签订合作合同或合作协议来实现，合同（协议）还必须经政府主管部门的审批。国家参与曾是一些国家石油法律制度的重要内容，国家参与的比例或政府发布合作协议的标准模式在法律中规定。

（4）市场作用。准入方式、准入程序和国家参与三个因素确定了一国石油资源矿业权市场准入制度的基本框架。准入制度严格与否取决于多重因素，如体制传统、能源安全、利润分配等。在把石油看做战略资源的国家，能源基数相对较大，国家对外部投资的需求较小，因此制定了较为严格的市场准入制度，更多依靠国家石油公司对石油资源的产供销进行控制；而在把石油看做商品的国家，能源基数相对较小，国家对内外部投资的需求较大，因此制定了对石油行业投资更为有利的法律法规。但石油从资源到商品的转变要经历勘探、开采、炼制、运输等多个环节，每一环节的业务都要依赖企业来完成。无论国家把石油资源看得如何重要，依靠市场机制调动企业积极性投资于石油资源矿业权市场都将是必然选择，发挥市场机制对石油资源矿业权市场投资的调节作用将成为国际潮流，放松准入、科学设置准入方式和准入程序将无疑是世界各国解决石油供给或实现能源替代的治本之策。

2. 石油资源矿业权流通市场

（1）一级出让市场。一级出让市场是石油资源矿业权的初始交易市场，基本上由国家垄断，且任何出让都是有偿并附有条件的，出让的原则是权利和义务相一致，不得损害国家和社会利益。在出让方式上主要有非市场化和市场化两种方法。出让方式多种多样，从各国来看，主要有授予（特许权）、协议、招投标、租让、委托等。

尽管石油资源矿业权的一级出让市场主要由国家垄断，但市场化的矿业权出让方式已经成为大势所趋。世界上发现石油资源的 90 多个国家中，有 80 多个国家采用招投标与合作（包括租让）模式颁发石油资源矿业权，仅有少数国家采用许可证授予方式颁发石油资源矿业权。

欧美主要产油国对石油资源矿业权一级市场采取一级管理的方式，建立了公开、公平、透明的矿业权区块招投标制度。由这些国家的政府部门组织区块的招投标活动，国内外石油公司平等投标、公平竞争。例如，英国贸易和工业部油气司依据有关法律法规建立了相对完善的油气区块招投标制度，对全英陆上和海上所有油气区块实施招投标，允许国内外所有公司平等、公开、透明地参与石油资源矿业权竞标。挪威、巴西政府也建立了相对完善的油气区块招投标制度。

(2) 二级转让市场。石油资源矿业权的二级转让市场是矿业权的再交易市场，其中的矿业权转让必须依法定程序进行。在矿业发达的市场经济国家，二级市场中的包括石油资源在内的矿业权转让是平等主体之间的经济行为，除非其与国家利益相悖或者有碍于他人权利的行使，否则没有什么特殊的限制，国家一般不进行干预，但需要经过政府部门的审查登记，审查的内容包括受让人的资质（资金规模和技术能力等)、转让人必须履行的义务（最低投入、环境恢复、最低占有期等)、转让的内容（经详细说明的权益情况及转让收益）等。同时，矿业权转让适用不动产物权登记制度，所有的矿业权转让必须在主管部门登记方才生效。

矿业权在二级市场的转让方式也较为灵活多样，有出售、作价出资、合作、出租、抵押，等等。

(3) 石油资源矿业权市场建设的主要特征。国际上矿业权市场发展较为成熟的产油国经过不断地深化改革，逐步建立起了相对完善的矿业权流通体制，在矿业权市场建设方面，可归纳为如下特征：

一是划分油气区块。按照有关法律，将陆上和海上陆架区的勘探开采区块进行划分，分批次分别实施招标。

二是制定规范的招投标程序。规范标书、标准，明确评判的标准和程序，确定合同类型和条款。

三是建立有效的区块退出机制。按照资金投入、技术、工艺、环保等标准和矿业权期限要求，依法责令不符合要求的企业部分或全部退还油气区块的矿业权。

四是完善矿业权市场配套建设。国外石油资源矿业权市场配套建设比较齐全，包括：建立了国家地质调查组织，提供公共服务制度，以降低勘查风险机制，吸引商业油气勘探，鼓励和保证矿业权的正常流通。此外，国外石油资源矿业权流通的较高市场化水平，是伴随着矿业权评估、矿产资源/储量分类分级以及国际矿产勘查开发技术日渐标准化而逐步实现的。同时，完善矿业权市场一般还要求建立一个公开注册登记授予矿业权以及这些矿业权的所有交易的记录系统。

三、石油资源财税政策的国际经验

（一）国外对石油行业征收的主要税费种类

石油资源的战略性地位决定了世界各国的税制设计中都会有针对石油的专门性政策条款，归纳起来，国外石油税费主要有如下十几种。

1. 流转税

与石油生产相关的流转税主要是增值税和消费税。增值税是以商品生产和流通过程的价值增加额为课征对象的税种。目前世界上主要实行生产型和消费型两种类型的增值税。OECD 成员国的石油上游产业主要采用消费型增值税，税率一般为 20% 左右。增值税一般实行抵扣制度，以确保在以后的流通环节不被重复课征。

美国、加拿大、日本等国还对天然气征收消费税。乌兹别克斯坦从 2006 年 1 月 1 日开征液化天然气消费税，税率为出厂价格的 21%；不过，对本国居民供应的液化天然气不在征收之列。

委内瑞拉与石油行业有关的消费税包括自己消费税和普通消费税两种。对于石油公司在生产中产生并以燃料方式在自己的作业中消费掉的油气产品，公司需要交纳自己消费税，税率为油气产品市场价值的 10%。

2. 公司所得税

公司所得税（即公司税）是对公司利润征收的税种，由公司实体支付。所得税的征收方法大体有两种：一种与一般企业所得税征收方法相同，另一种则是按专门制定的石油法或石油税法征收专门的石油所得税。

3. 权利金制度

权利金，其词根 Royal 是“皇室”的意思。在中世纪的罗马法中，已经出现了权利金一词。当时其本意是，矿产资源为皇室所有，开采矿产资源要向皇室献金，其缴纳方式相对简单，即主要按从量法计征。

现代市场经济国家所征收的权利金是矿产开采人（矿业权人，主要指采矿权人，或称采矿租约持有人）向矿产资源所有人因开采（这个开采的权利是所有权人让渡给矿业权人的，这是矿业权制度的核心）不可再生矿产资源的支付（这个“支付”反映了绝对地租）。资源权利金体现的是所有者的经济权益，是对不可再生矿产资源消耗的合理补偿。

从20世纪开始，虽然曾出现过弱化权利金的趋势，但随着资源、环境压力的日益凸显，国际上又出现了新一轮的矿业税费调整趋势，其中之一就是扩大和提高了权利金在整个矿业税费中的比重，加大了政府对矿产资源的控制力度，如美国在过去几十年中，政府在租约中把石油的权利金费率提高到计征收益的百分之几十的程度，经过数次法令的修改才固定到外海石油 16.7%、内陆石油 12.5%。

4. 资源租金税

有的国家也称之为“资源税”、“附加利润税”、“与矿山利润相关的权利金”、“资源租金权利金”、“消费税”、“超权利金”等。从本质上说，资源租金税是源于矿产资源所有权的，是采矿人（采矿人或采矿租约持有人）因开采自然资源禀赋特别好，能产生级差地租的矿产资源而向所有人的支付，它是权利金的一种特殊形式，是一种超权利金资源租金税，是对项目利润高于一定水平的部分征收的累进税。这个税种是针对项目的盈利水平而制定的，一般只有当项目盈利并达到一定水平时才能征收。一方面可以在某种程度上平衡收益的分配，达到公平税负的目的，另一方面也鼓励企业对风险项目的勘探和开发，促使其充分挖掘油田潜力，提高油田的生产效益。目前只有澳大利亚等少数国家征收资源租金税。

5. 矿区使用费

矿区使用费是矿产资源所有人把矿产资源出租给他人开采、使用而获得的一种权益所得，也可以视作使用者因开采不可再生资源而向所有者支付的补偿金。各国主要采取按石油产量或产值的一定百分比计征的方法，也有个别国家按照净收入的一定比例计征。大部分国家的矿区使用费率都在10%左右。在国与国之间，不同产品、不同地理位置、不同时代的储层、不同产量、不同收益的情况下，矿区使用费率的区别还是较大的。

6. 矿业权租金

矿业权租金体现的是一种矿地租的概念，所有各矿业主要国家均征收这种矿业权租金。矿业权租金是矿业权人取得探矿权或采矿权后，按年度、面积向国家缴纳的探矿权租金或采矿权租金。这是国外管理矿业权普遍采用的做法。目前，澳大利亚、美国、智利、印度尼西亚、印度等国均向矿业权人征收矿业权租金。矿业权租金的费率由各国矿业法或矿产资源法或其他细则规定。

矿业权租金虽然是按照占用土地面积征收的，但它是矿地租金，是对占用地下含矿空间征收的，是立体概念，源于矿产资源的所有权。矿业权租金一般根据矿业活动的类型（勘查、评价、采矿）按面积收费，初级阶段（前期勘察）收费较低，高级阶段（采矿）收费较高。一般情况下，探矿权租金按勘查区块面积分年度支付，采矿权租金则按开采区块面积分年度支付，以限制矿业权人的矿地面积。

7. 暴利税

在一些产油大国，收取暴利税的情况相对普遍，其主旨是为了调控垄断行业的高利润，征税依据是这些企业获取的超额利润源于其所占据的垄断性资源。近年来，在全球石油价格上涨的情况下，一些国家也通过征收暴利税将石油的溢价部分收归国家财政，以调节社会收入差距的失衡状态。如委内瑞拉，以布伦特原油作为参考价格，当油价升至70美元/桶时，开始向石油公司征收石油暴利税，税率50%，当油价突破100美元/桶，税率将升至60%。

2004年5月7日，俄罗斯政府颁布决议以修改海关税法等相关法律，开始对出口原油实行"讨伐性"关税。税费随国际市场油价变动，最高时一度达到总收入的59.5%。

8. 现金定金

现金定金是石油公司在签订合同、获得商业性发现、投产及当产量达到一定水平时向政府缴纳的现金费用。按照缴费阶段的不同，一般可分为签字费、见油费、投产定金和高产费。现金定金一般是按单位面积或区块计征，定金金额通常通过竞标或谈判确定。目前收取现金定金的国家已经在逐渐减少了。

9. 资本税

加拿大对经营资本额超过1000万加元的任何矿业公司征收一种所谓的"大公司税"。这是一种按年计征的税，实际上是一种资本税。一般说来，公司资本限定为包括在公司收支平衡表中的全部的股票资本数量、汇回收入及应收债务。在1995年2月加拿大联邦预算案出台以前，大公司税的税率为0.2%。而预算案提议将税率增加至0.225%。除艾伯塔省、纽芬兰省、爱德华王子岛省和北方三地区外，其他各省均征收年度资本税，税率在0.3%左右，最低的是不列颠哥伦比亚省（0.1%），最高的是魁北克省（0.64%）。各省资本税的起征点也有所不同，新不伦瑞克省和安大略省的起征点是500万加元，萨斯喀彻温省为1500加元（但有一定前提条件）。

10. 其他税费

除了上述税费以外，在有些国家，石油公司还要交纳其他多种税费。例如，在委内瑞拉，石油公司还需要交纳其他普通税费，如市政税、印花税、国民教育税、失业救济费、社会保险费等。

（二）国外对石油行业税收优惠与支持政策

主要产油国多采取一定的税收政策和发放科研经费等方式鼓励开发老油气田以及运行条件差的油气田，鼓励勘探和开采技术的研发。

俄罗斯于2006年7月21日颁布了《关于税法第26章修改》，规定在萨哈共和国、伊尔库斯克州和克拉斯诺亚尔斯克区开发油田时，在累计产量低于2500万吨或者开发的前10年内，实行矿产资源税的零税率；若该区已开发油田的开发系数低于0.05，也执行零税率。新税法的实施，极大鼓励了老油田和偏远地区新油田的开发，也为中小油气企业提供了生存空间。

委内瑞拉新《石油法》规定，位于超重油区、混合沥青矿区的石油公司若出现利润微薄情形时，经国家主管部门审批同意，可以适当下调矿区使用费分别至20%、16%又2/3。

美国能源部每年向所属实验室或民间企业拨付科研经费，与民间企业合作进行提高开采、钻井技术的研究开发。在过去20年中，美国钻井技术的提高已使石油开采成本从每桶20美元降低到5美元。此外，为鼓励特殊石油资源（如深层气等）的研究、勘探和开发以及新技术在石油上游产业的应用，美国联邦政府和州政府还实施了广泛且有成效的税收优惠政策。

（三）国外石油行业税费制度的主要经验

1. 石油税费制度中的弹性因素不断加大

早期的石油行业税费制度中条款规定比较单一或固定，随着税费制度的不断改进和完善，含有灵活性条款的合同已越来越普遍，考虑的因素也越加全面。从各国石油行业税费制度的实践来看，建立具有灵活性税费制度的最常用方法是使用滑动台阶条款。如以产量规模的大小来确定矿区使用费、利润分成和所得税的比率，使整个石油税费制度建立在随产量规模的增加而呈台阶式增长的基础上。滑动的因素有多种，按产量滑动是较普遍的，此外还有与价格、成本、利润、收益率等指标相关的滑动因素。如2003年哈萨克斯坦对当时的石油开采纳税机制进行改革，实行了随国际石油价格的变化而变化的弹性石油开采征税表。根据石油牌价可以计算出将出售的哈石油价格，由此来征收石油开采税。

2. 鼓励石油资源勘探开发的税费制度比较健全

许多国家在制定石油行业税费制度时，给予了石油资源勘探开发诸多的优惠。例如，不再收取现金定金和地租，在矿区使用费方面对勘探开发条件差的油田或低产油田等低收益高风险的油田实行减免优惠，加大所得税税前抵扣范围和标准、允许勘探风险准备税前扣除等。加拿大对重新投产井、低产井、深井、老井侧钻和提高采收率项目的产出，均享有矿区使用费免收的优惠；对基础研究、应用研究、开发和高成本的勘探等，给予25%的投资补偿。美国对那些已关闭油田的再生产以及为延长寿命期而继续生产的油田，矿区使用费只按3%征收，而其他大部分油田为12.5%；同时美国对油气勘探的鼓励还表现在，进行勘探开发的前5年给予油气勘探成本50%的投资补偿，可在州所得税前扣除。

3. 石油税费制度的苛刻程度总体较高

通常国际上采用“政府所得”这个综合评价指标来进行不同国家间税费制度苛刻程度的比较。政府所得代表政府在项目收益中所占的比例，用百分数表示。在石油上游产业中，政府所得具体包括所得税、矿区使用费、利润油分成、暴利税等。目前，原油生产的政府所得范围跨度很大（51%~95%），但多数国家在75%以上，税费的苛刻程度总体较高。原因是最近20年，随着世界油气勘探面积的不断扩大，资源潜力也在不断下降，很多石油公司比过去更努力地寻求商业机会，使国际石油勘探开发的竞争更加激烈，也就形成了石油勘探开发市场长期高价的局面。为了维持稳定的市场秩序和相对平衡的收益分配格局，政府较高的所得也就是理所当然了。

不仅如此，许多国家的政府所得，对于不同的油气产品以及不同地理位置的油气开发项目有不同的税费规定，体现出政府所得的差异，以此形成各国的鼓励和限制性机制。

四、石油上游产业中政府作用的国际经验与比较

当石油在世界范围内取代煤炭成为一种主导性能源时，石油上游产业就具有了不同于一般竞争性行业的战略意义，各国政府也就不可避免地介入石油领域，对国际和国内石油上游产业竞争格局的形成发挥不可替代的作用（参见表1.3）。

在国际石油市场的大环境中，各国政府在石油上游产业中的作用主要有对外和对内两个方面。各国政府对外发挥作用的主要方面是通过体制、政策的选择，建立能够回应国际竞争压力的产业结构，以有效保护本国的资源和市场，提高国家石油安全程度和本国石油企业的竞争力。各国政府对内发挥作用的主要方面则是通过体制、机制的选择，建立能够回应国内相关利益诉求的产业结构，以提高国内石油产业的整体效率和消费者福利。各国政府制定本国石油产业的体制和政策，往往是内、外两方面因素相互平衡的结果，当内、外因素发生变化时，体制和政策也会进行相应的调整（参见表5.4）。

表5.4　政府在不同类型石油上游产业中发挥作用的主要方式

国内市场类型	竞　争	寡头垄断	垄　断
政府对国内市场垄断有无限制	限制	局部限制	不限制
政府对国内市场有无保护	没有保护	有程度不强的保护	有很强的保护（尤其是在开采环节）
国内处于主导地位企业的产权类型	私有企业	国有企业或私有企业	国有企业
政府和主要企业之间的关系	行业监管（特殊情况下有控制）	间接监管	直接控制

续表

国内市场类型	竞　争	寡头垄断	垄　断
主要代表国家	美国为主的发达国家	发展中国家的部分产油国和大部分消费国	发展中国家的大部分产油国

资料来源：根据国务院发展研究中心相关研究成果整理。

回顾世界石油工业的发展历程，国家石油工业的整体实力及其在世界竞争格局中的位置是影响该国内、外环境的关键因素。在世界石油工业中具有先发优势，拥有众多巨型跨国石油公司的美欧等国，在内、外两方面都具有选择更合理政策的环境优势，经过百年的发展，形成了能够兼顾外部安全和内部效率的竞争性产业结构。对内，美、欧多家上下游一体化大石油公司和专业化中小石油公司通过多年的相互竞争已经在国内市场上形成了稳定的竞争结构，政府的作用只限于制定反垄断法等措施防止国内市场过于集中和形成区域性垄断；对外，美、欧具有全球竞争力的跨国石油公司能够凭借资本、技术和管理优势在全球范围内争夺资源和市场，政府的作用只限于通过石油储备来调节国内短期供需的不平衡。因此，在石油工业整体实力的支持下，美、欧政府对内奉行限制垄断的市场开放政策，通过促进竞争提高国内石油产业的效率；对外则支持本国石油公司的兼并重组，以进一步加强国际竞争能力，提高本国石油供应的抗风险能力。典型的例子是1998年美国埃克森和美孚公司提出兼并申请时，美国联邦贸易委员会一方面通过了兼并申请，同意组建超大规模的石油公司；另一方面，为了防止国内地区市场形成区域性垄断，要求两家公司出让其在部分地区的炼油厂和加油站资产，以降低其区域终端市场占有率。在石油企业管理方面，美、欧国家普遍采取了私有化的制度安排，除了正常的监管外政府并不干涉企业的运营，只有在涉及石油安全的极其特殊情况下，才会对企业进行直接控制。

在70年代石油资源国有化运动中掌握了本国石油资源的石油输出

国，其国家财政收入状况与国家石油公司的收入密切相关，甚至国家财政收入的绝大部分来自本国的石油企业，控制石油企业的收入就相当于控制了国民经济的命脉。因此，大部分发展中国家产油国的政府在选择本国体制和政策时，把保护本国石油资源看作是压倒一切的首要因素，常常实行高度垄断的产业结构，每一个国家仅设立一个垄断性的国家石油公司，并由政府对石油企业直接控制；由政府实行对资源领域的行业保护，国家石油公司控制本国石油资源的开采和供应，通过严密的行政垄断保证本国的石油和经济安全。然而，发展中国家产油国实行高度垄断的产业结构是以牺牲本国石油产业整体效率为代价的，封闭的市场体系在保护本国资源和国有企业的同时也限制了国外资金和技术的流入，在一定程度上阻碍了发展中国家产油国石油工业和国家石油公司的发展。当国际石油产业在经济全球化的推动下向更成熟的方向发展，使石油输出国的资源安全环境得到改善以及国家石油公司的实力已经达到一定高度时，发展中国家产油国的政策逐渐向减少对本国市场保护和对国有石油公司控制，以逐步引入竞争机制的方向发展。

对于既是产油国又是消费国或者大部分石油消费国来说，在国家石油工业处于比较重要的地位而石油工业整体水平不具备全球竞争实力的情况下，政府在对外和对内两个方面发挥作用时，可采取的政策常常是相互矛盾的。通过前面的分析，一国政府保护国内市场和资源而采取限制竞争的政策，往往是一种回应国际竞争压力的结果；而保护市场或者保护企业的政策又必然降低国内石油产业效率，减少消费者福利。相反，降低政府对国内资源和市场的保护，提高市场开放度会促进竞争，提高产业效率和消费者福利，但如果缺乏本国企业主导的竞争，把市场和资源拱手让人，其结果必然是在石油安全问题上受制于人。因此，政府常常采取一种折中的体制和政策，建立介于高度垄断和竞争之间的寡头垄断产业结构。政府既希望保持对石油市场的相对保护和对石油企业的相对控制地位以有利于国家能源政策的实现，同时又希望利用市场经济的优点在国内引入竞争机制及公司化改制，提高产业效率和消费者福利，其结果是形成一种市场垄断和行政垄断并存、国有企业和私有企业并存、对企业适度控制与间接监管并存的混合结构。这种混合结构并不是一种稳定结构，常常会因为回应国际竞争或者国内利益诉求的变化而进行相应的体制政策调整。

综合分析石油上游产业中政府的作用，可以总结如下：

（1）管理国内市场和本国石油公司是政府在石油上游产业中发挥作用的两种主要手段。管理国内市场是通过市场准入和反垄断政策来调节国内市场的开放程度和竞争程度，管理本国石油公司是通过国家的石油公司产权政策和对石油企业的监管政策来控制石油产业中的企业行为。

（2）政府在石油上游产业中发挥作用时，要受到国内和国外两个环境的影响。面向国内的主要目标是回应国内各方面的利益诉求和提高产业效率，面向国外的主要目标是通过提高本国石油工业的国际竞争力和保证国家石油安全。各国政府选择本国石油产业的体制和政策往往是内、外两方面因素相互平衡的结果，并且当内、外因素发生变化时，体制和政策也会进行相应的调整。

（3）以本国企业国际竞争力为标志的国家石油工业整体实力决定了政府在追求外部目标和内部目标时的政策定位。石油工业整体实力最强的国家制定政策时可以兼顾外部石油安全和内部市场效率；石油工业整体实力稍弱的国家则采取折中的体制政策追求有限度的石油外部安全和内部市场效率；石油工业整体实力不强且石油对国民经济有重要影响的国家常以牺牲市场效率来保护国家石油安全。

五、国际石油资源合理开发利用的相关经验对我国的借鉴

（一）在国有石油公司体制下改革的重点

在国有石油公司体制下加快勘探开发领域的综合改革，提高效率、

引入其他资本；改革的重点是矿业权投资的多元化。

从国际经验来看，如何根据本国的国情，平衡地运用好政府干预和市场化两种手段，促进石油资源勘探开发领域的发展是各产油国长期的命题。鉴于石油资源的战略性地位，世界各主要产油国都把石油资源带来的利益最大化或最优化，作为本国石油资源战略的根本出发点。其中，政府干预与市场化是实现利益最大化的两种根本的手段。

同样地，鉴于石油资源的战略性地位，世界各石油净进口国都把石油安全作为国家安全的重要保证。我国既是产油国，又是石油净进口国。因此，就必须在保障石油安全的大背景下，考虑如何把石油资源带来的利益最大化。

要深入研究如何平衡好政府管治与市场调节，实现国家石油安全背景下的利益最大化，需要从国家干预的能力、市场成熟的程度以及我国在石油勘探开发领域所面临的主要问题和机遇等角度来考察。

第一，我国生产的石油占国内石油消费的份额不断下降。2009 年前三个季度，我国石油进口依存度接近 51%；预计这个数值还将持续上升，有预测称：我国石油进口依存度到 2050 年将达 75%。因此，国家石油安全的战略出发点就变成了开发国际原油资源和开采国内资源并重。如何进一步提高我国石油公司的效率，提高其国际竞争力也相应成为当务之急。

第二，我国在石油勘探开发领域面临的主要困难是：虽然我国拥有较多的石油资源远景区，但现阶段的石油资源相对匮乏；束缚我国石油上游产业发展的瓶颈是资源勘探程度较低。

第三，市场化改革仍然需要国有石油公司体制。在我国现阶段所面临的国内外形势下，国有石油公司体制对保证国家能源安全有不可替代的作用。即使是发达国家，如英、美等国，国内一般都有大的石油公司，尽管这些公司不是国有的，但是国家十分重视对此类公司的管治。优尼科就是一个很好的例子，而优尼科的油气产量不到全美石油和天然气消耗量的 1%。

综上所述，要加快石油上游产业的改革，需要推进配套的矿业权、许可证、有偿使用制度的改革，其核心是矿业权的改革。考虑到我国对石油资源的需求比较大，各类油气田或勘探区域的差异比较大，对石油资源矿业权的改革可以根据实际情况，设立多样化的有偿使用制度。

1. 在4家国有石油公司体制下进行矿业权改革的基本方向

在4家国有石油公司体制下进行矿业权改革，基本方向是——“中国石油天然气集团公司、中国石油化工集团公司和延长油矿下海；中国海洋石油总公司上岸”。

在市场经济发达的产油国中，获得矿业权的过程中市场起了主要的作用。美国联邦政府的石油和天然气租约项目都是以竞争为基础的，一般情况下，任何人均可通过投标方式获得石油和天然气项目的租约权；非竞争的油气租约只有在竞争性的拍卖流标的情况下才能签订；租约有最大面积、最长期限、转让等限制；企业也可以购买私人所有的矿业权。英国石油行业市场化程度很高，政府则以规划为主要管理手段，来弥补市场机制的不足。此外，俄罗斯获得矿业权的方式主要也是竞标和拍卖。

一些发展中国家在矿业权市场化的改革中也取得了丰硕的成果。20世纪90年代中期以来，巴西对石油行业管理体制进行了大刀阔斧的改革，用8年时间实现了石油消费自给自足。1995年巴西议会通过了开放石油行业的宪法修正案。1997年巴西出台并实施新《石油投资法》，该法律虽然仍维持巴西国家石油公司的国有地位，但允许国内外私营公司投资巴西石油行业，与巴西国家石油公司进行合作与竞争，从而结束了巴西国家石油公司长达40年的垄断经营地位。根据《石油投资法》，巴西在3年之内取消石油产品的价格补贴，完全放开对石油价格的管制。近年来，随着巴西石油天然气勘探开发力度的加大，油气发现总储量逐年增加，油气产量获得了大幅度的增长，较快地实现了石油消费自给自足。

在我国，为进一步提高效率，应当逐步推进矿业权的综合改革。油气上游领域兼具资本密集型和技术密集型的特点。短期内，我国的民营资本大量进入该领域的可能性不大。因此，为保障国家能源安全，提高石油上游产业竞争程度，同时又保留国有石油公司体制，建议加快实施“中国石油天然气股份有限公司、中国石油化工股份有限公司和延长油矿‘下海’；中国海洋石油总公司‘上岸’”的战略。这样，无论海上还是陆地，都将有4家石油公司开展商业竞争。相应地，要修改相关法律法规，有序过渡到主要采用竞争方式获得石油资源矿业权的局面。

2. 完善市场准入制度

石油资源矿业权综合改革还需要完善市场准入制度，建议抓紧拟定准许进入上游领域的各类主体资格、资质标准、准入程序、准入方式等，形成法律或法规，以保障石油资源开发利用的质量，同时有利于国内企业逐步进入石油上游领域。

3. 重视过渡性制度安排

在推进石油资源矿业权综合改革时，应重视过渡性制度安排，保证改革有序、稳步推进，以确保国家石油安全。

在对石油行业的管理发生了较大调整时，相关国家一般要在新生效的石油法律中安排过渡性制度。例如，巴西1997年《石油法》规定，石油、基础石油产品及天然气的价格在3年内仍由国家控制，国家石油管理局在5年内向国内私有炼厂提供经营和经济方面的条件，同时炼厂也必须向国家石油管理局提交技术改造和扩能计划。印度尼西亚2001年生效的《石油天然气法》规定，该法生效后1年内成立管理产量分成合同的执行机构和下游业务的监管机构，原国家石油天然气公司（Pertamina）要在2年内改制为国有有限责任公司，并且在4年内继续负责国内成品油供应。

（二）不断完善有偿使用制度

在完善资源有偿使用制度时，除了在探矿、采矿领域完善竞争机制以外，可以在油价高企时，考虑开征资源税或暴利税或调整矿区使用费的费率来提高政府所得。

美国1980年《原油暴利税法》规定，石油公司因油价上涨获得的超额利润要上缴国家。巴西1997年《石油法》第50条规定，在产量很大或利润很高的情况下，应适用总统令规定的特殊分成。此外，世界多数产油国原油生产的政府所得占项目收益的75%以上。

（三）建立多样化的国有石油公司与非国有资本合作模式

我国目前的石油上游领域国有石油公司与非国有资本合作模式单一。可以考虑根据油气田的实际情况，借鉴国际经验，建立多样化的合作模式。目前国际上可供借鉴的常用模式有以下三种。

1. 产品分成协议（合同）

在完整的产量分成合同制度中，生产的石油总量一般分为三个部分：首先是矿区使用费部分，通常按产量的10% ~30%计征，不同规模、开采条件的油田一般适用不同的费率；其次是成本回收部分（成本油），允许签约人用此回收作业过程中的投资和运行费用，但并不是所有的成本都是可以回收的，一般在合同中规定了可回收成本和不可回收成本；最后的剩余部分是可以供国有合作方和签约方按一定比例分配的利润油，国有合作方一般在高产油田获得的比例较高。因此，在这种制度下，国家的财税收入包括矿区使用费及合同各方缴纳的所得税和其他税。

在国际石油资源领域的勘探开发中，实施产品分成协议的国家很多，例如俄罗斯、哈萨克斯坦、利比亚、印尼、也门、卡塔尔等。

以俄罗斯为例，《俄联邦产品分成协议法》（1999年1月）极大简化了投资者与国家之间的相互关系，征税基本上被按协议条款分配产品所取代。在协议有效期内，投资者免交除企业所得税、资源使用税、俄籍雇员的社会医疗保险费和俄罗斯居民国家就业基金费以外的其他各种税费。在俄罗斯，一般以30%左右的分成为基准。迄今为止，俄境内可按产品分成协议条件开采的油田石油总储量约占俄全国已探明石油储量的 20%。俄政府希望通过这种方式吸引更多投资，把外国投资吸引到开采条件较差的矿区和矿种，这对于投资者的资金投入、生产工艺技术水平、生态污染控制技术提出了较高要求。

我国目前对中外合作油气开采企业均以实物的形式征收矿区使用费，这实质上带有产品分成协议的性质。建议在修订资源税或暴利税时，可考虑参照矿区使用费的缴交方式，即以实物的方式缴交。

2. 合作开发模式

合作开发模式即与投资者共同成立合资企业，共同生产销售本国原油和油品。合作开发模式是委内瑞拉最早采用的开放方式。从 1991 年到现在，该国国家石油公司 PDVSA 已经先后与若干国外公司合作。合作重点是奥里诺科重油带和东北部沿海地区的天然气开发。

3. 服务模式

为了挖掘老油田的剩余价值，使老油田恢复生气，委内瑞拉政府从 1991 年开始，将一些老油田和边际油田对外招标，中标公司以服务合同的方式开发、经营油田。值得一提的是，1997 年 6 月，委内瑞拉拿出 20 个边际油田进行国际招标，中国石油天然气总公司分别中标东委内瑞拉盆地的卡拉高莱斯油田和马拉开波盆地的英特甘博油田，获得了这两个油田 20 年的生产经营权。

（四）完善石油上游产业的监管体制

1. 重视石油上游产业的监管

发达国家产油国普遍重视石油上游产业的监管，有的国家采用政监分离的监管体制。

以美国、加拿大、英国等为代表的发达国家产油国，普遍遵循现代监管理论所倡导的政策制定和执行相分离的原则，建立专门的、独立的石油天然气监管机构。石油行业的政策法令由政府部门制定，监管部门负责具体实施，对执行情况进行监督、协调和仲裁。

监管机构具有独立性。作为政府的组成部分，监管机构必须了解并执行政府的政策，但是为保证公平，监管机构在作出自己的个案决策时，要独立于政府决策机构。监管的决策程序须十分透明，在作出独立决策时，要提供决策理由。当事人如果对监管者的决策有质疑，可向法院提出上诉。同时，为避免利益冲突，监管机构的决策者不得在被监管企业投资，不得接受被监管企业的礼品或招待，不得在监管服务终结后受聘于被监管企业。监管机构必须遵守有关解决利益冲突的规定，必须有专业人员的支持并有适当的经费来源。

美国实行政监分离的能源监管体制。美国联邦能源管理委员会（FERC），也称美国联邦能源管制委员会，是一个独立的能源监管机构，实行独立监管能源部的工作。该委员会的主要职责是依法制定联邦政府职权范围内的能源监管政策及实施监管，负责管理州际之间的能源经营行为。该委员会在油气领域的主要职能有：（1）监管州际天然气交易和项目；（2）监管州际石油管线的传输；（3）监管州际天然气管道、存储设施以及相应的安全问题；（4）监管能源市场；（5）对能源公司和个人违反该委员会规定的行为进行民事或其他方式的惩责；（6）监督与水电和天然气相关的环境问题；（7）监管能源公司和个人的相关财务和金融情况。

2. 完善石油天然气监管体制，建立独立的监管机构

由于能源行业改革的特殊性及其广泛存在自然垄断性环节，发挥政府管理的作用是毋庸置疑的。但政府应该逐步从竞争性领域中退出，进一步转变职能，从“指令性管理”向“禁令性管理”、“指导性管理”转变，这就要求将政策的制定与监管职能完全分开，建立独立的国家级综合监管机构和行业监管机构。按照依法监管的原则，建立现代监管制度，针对石油天然气行业制定有关促进竞争和反垄断的政策和法规，保证市场的公平有序竞争，使企业成为真正的市场竞争主体；根据各环节的技术经济特点，采取不同的监管机制，在竞争性环节放开竞争，进行市场准入和价格监管等，在自然垄断环节实行政府监管。

勘探开采环节的监管目标主要是合理保护和有效利用石油天然气资

源。这一环节要打破资源垄断性分割的局面，逐步提高市场化程度。积极开展油气勘查开采方案的审查，确保油气勘查开发活动科学、合理。完善探矿权最低投入机制，健全矿业权退出机制。加强对区块退还的监督检查，加强油气矿业秩序治理整顿，防止非法开采及破坏资源的问题，切实维护矿业权人的合法权益。监督检查地质资料汇交与管理，确保政府出资获得的基础性地质资料真正公益化，服务于社会。

（五）逐步完善石油上游领域的法律法规体系

石油上游领域的综合改革、有偿使用制度和监管体系的完善都需要法律法规建设的先行。

目前，在石油上游领域，我国缺乏针对性强的法律制度，有些规定不统一，在实际中难以操作、实施困难。在全行业统一立法遇到的阻力比较大的情况下，建议先通过修改相关法律法规的方式，加快石油上游领域的综合改革，这样或许更有利于为全行业统一立法创造条件。而且，从发达国家的石油行业法律法规体系来看，更多采用的是各专业领域分别立法；全行业统一立法则多见于经济对石油的依赖性较强、国家对石油行业干预较多的国家。因此，分别立法还是统一立法并不是决定行业效率的根本性因素。

（六）完善环境保护制度

先进国家具有完善环境保护制度、注重对资源和环境的专业化监管，并且具有较为完善的战略（规划）环境影响评价制度。

1. 注重对资源和环境的专业化监管

完善环境保护制度，注重对资源和环境的专业化监管。我国正处于工业化的中期阶段，面临的资源环境压力较大，油气监管机构应该建立起公共协商制度、检查程序以及其他一些必须遵守的程序。通过借鉴发达国家较为完善的健康、安全、环境监管方法，不断完善石油资源和环境保护监控、评估制度，及时发现破坏资源和环境现象，对破坏程度做评估，为环境保护提供科学依据，为监管处罚提供强有力的执法依据。

2. 尽快全面开展战略（规划）环境影响评价

除了开展项目环境影响评价以外，还应尽快全面开展战略（规划）环境影响评价。发达国家的实践经验表明，战略（规划）环评是控制环境风险的根本手段。战略（规划）环评是指将环境因素置于重大宏观经济决策链的前端，通过对环境资源承载能力的分析，对各类重大开发、生产力布局、资源配置等提出更为合理的战略安排，从而达到在开发建设活动源头预防环境问题的目的。在重视规划的管治作用的同时，应尽快开展规划环评，分析规划对环境资源的需求，根据环境资源对规划实施过程中的实际支撑能力提出相应措施，从而对有关规划的资源环境的可承载能力进行科学评价。通过规划环评，能够有效设定整个区域的环境容量，限定区域内的排污总量。

油气开发规划环境影响评价工作开始于20世纪80年代初，美国先后进行了大西洋沿岸及阿拉斯加湾外大陆架石油及天然气开发的环境评价，美国西部8州的区域能源、资源开发的环境影响评价和美国南部阳光地带13州环境开发的区域评价等，为油气开发规划环评奠定了一定基础。美国天然气水合物顾问委员会（MAHC）是能源部相关的顾问委员会，其主要职能之一是向能源部部长提出天然气水合物领域的环境影响报告。

在充分吸取国外先进理念的基础上，我国开展了石油天然气开发规划的环境影响评价试点工作。在经过多个陆上油气田开发规划环评的试点工作之后，我国能源规划环评已经形成了较为稳定的模式，取得了良好的效果。因此，建议尽快全面开展油气领域的规划环评。

（七）完善税收政策，建立投资与科研的激励机制

采取一定的税收政策和发放科研经费的方式，鼓励石油勘探和开采技术的研发，鼓励开发老油气田以及运行条件差的油气田。

1. 实施税收优惠政策，鼓励开发运行条件差的油气田

世界各主要产油国多采取一定的税收政策，鼓励开发老油气田以及运行条件差的油气田。

英国政府为了避免油气区块闲置，吸引投资，促进油气勘探开发，出台并多次修订了油气区块招投标、税收等多项政策，包括废除了专有勘探权、简化了勘探开发许可证申请程序、对新开发油田免征石油税、降低老油田的石油税率等，鼓励提高采收率，开发边际油气田，加强环境保护，实现了石油资源开采效益最大化和环境影响最小化。

在美国，为鼓励特殊石油资源（如深层气等）的研究、勘探和开发以及新技术在石油上游产业的应用，联邦和州政府实施了广泛且有成效的税收优惠政策。

我国应不断调整和完善石油资源税费政策，促进资源合理开发利用。按资源优劣、开发阶段及市场供需状况制定更加灵活、合理的税费标准，逐步建立反映资源品位、稀缺程度、环境成本和市场供需状况的税费政策体系。鼓励开发老油田、新区、新领域石油资源。研究制定低品位石油资源开发政策，鼓励开发利用低渗透稠油、高含水剩余油等难动用储量。

2. 发放科研经费，鼓励勘探和开采技术的研发

除了税收优惠以外，美国联邦政府还对石油技术研究进行投资，引导企业实现国家能源目标。美国大部分油田都属于开采多年的老油田，由于地质和环保要求等原因，开发难度越来越大，勘探和生产费用越来越高。为了促进和稳定国内石油勘探和生产，美国能源部每年向所属实验室或民间企业拨付科研经费，与民间企业合作进行提高开采、钻井技术的研究开发。在过去 20 年中，美国钻井技术的提高已使石油开采成本从每桶 20 美元降低到 5 美元。

加拿大联邦和省级政府通过一系列鼓励计划向企业提供资金帮助，用以引导企业的地质工作；通过政府的科研机构不断开发新技术，迅速向企业普及，以促进和提高企业勘探开发水平。

挪威、巴西及英国高度重视石油科技研发工作，形成了各具特色的、具有核心竞争力的海洋油气勘探开发技术体系，促进了商业油气发现，增强了本国石油行业的国际竞争力。主要体现在：一方面，注重公益性地质工作，政府出资开展基础地质研究和远景资源调查与评价，以促进区块招投标和商业性油气勘探。另一方面，政府出资设立了油气勘探开发科技攻关计划，打造油气开采核心技术，增强国际竞争力。比如，挪威政府制定并实施了面向21世纪的油气勘探开发科技研发计划，该计划由基础研发项目和应用研究项目组成，包括深水生产、处理和运输、储层描述、三次采油等8大关键技术。巴西联邦政府与巴西石油公司联合开展了深水油气勘探开发关键技术攻关计划“PROCAP”，相应的科研投入年均超过2亿美元。

在加快石油资源矿业权综合改革的同时，我国政府可以将获得的更多政府所得的一部分投入到石油资源勘探开发技术的研发中，加强国家石油资源战略调查和科技攻关，促进商业油气勘探。在石油资源战略选区等公益性油气地质调查工作基础上，积极开展国家石油资源战略调查工作，逐步建立长期稳定的国家财政投入机制，创新和完善国家石油资源战略调查新机制，加强队伍建设和人才培养。同时，积极开展海外基础性油气地质研究与调查工作，促进国际石油资源合作。针对重大油气地质理论和关键技术问题，加强油气基础地质研究，继续实施国家油气重大科技攻关项目，加大力度研发新领域、新层系油气勘探开发关键技术、工艺和装备，不断发展老油田和运行条件差的油田的利用技术，以促进我国油气勘探开发，保障石油稳定供给。

第六章

我国石油资源合理开发利用的管理体制改革展望及政策建议

一、石油资源矿业权管理中的政府职能定位

（一）政府职能定位应遵循的原则

对矿业权管理中政府的职能定位要主次分明、层次清晰。在市场经济条件下，政府作为矿业权管理的主体，不应是市场活动的参与者，而应该是场外的管理者、监督者和服务者。政府的职责主要包括：制定法律和政策，监督运行过程，提供服务，等等。政府处于矿业权管理体系的中心，要对整个矿业权管理的相关因素及其相互关系有一个宏观的认识。它与其他社会组织的关系怎么处理，它怎么处理自身组织内部的关系，在这些关系的处理中运用什么机制保障其实现而不是偏离。这些都是政府职能定位要思考的核心问题。

对矿业权管理中的政府职能进行定位，必须遵循以下原则：

（1）政府是管理的主体，是整个管理体系的中心，处于核心位置，不能偏离这个中心。它是管理者，而不是一般的参与者。

（2）政府自身部门关系的处理及与相关组织的关系的处理力求清晰。

（3）这个职能定位的构架需要相应的机制作保障，要有一定的管

理理念作引导，从而保证整个管理体系运行不偏离轨道。

4. 职权与职能要相匹配。处于什么位置具有什么权力，就要履行相应的职责，不越级，不缺位。既要有宏观管理又要有微观管理，既要有直接管理又要有间接管理。

要实现矿业权管理中政府职能的准确定位，需要明确各级政府职责定位，界定中央与地方的权限，建立中央与地方的合理分权体制。

（二）矿业权管理中政府职能定位整体构架设想

1. 管理理念定位

整个矿业权管理体系应贯穿服务行政理念。主要体现在：一是矿业权管理机构要树立服务意识，提高服务的效率，多从人民的角度出发，设立便民措施，对于矿业权的相关信息及政策，通过各种渠道让矿业相关人迅速得知，建立信息公开制度等。二是做好公益性地质调查，提供基础地质信息，并引导矿业发展。建立和完善地质信息服务系统，提供地质信息服务。三是注重管理手段创新，增加经济调整手段的运用，淡化矿产资源管理中行政强制性管理色彩。四是尊重被管理者的意思自治，各地区可以制定指导性的标准合同，并且可以针对不同的矿种和地区，允许当事人在适当范围内自行协商进行变更。五是不断完善制度和技术管理等方面的配套改革，积极营造规范活跃的矿业权交易市场，注重运用财政补贴、税费减免等经济刺激手段，促使石油资源的合理适度开发利用。

2. 政府层级划分及权责定位

在矿业权管理中，中央与地方形成权责分明、有层次、相互协调的层级划分与权责机制。明确界定政府权力、规范权力行使程序，规范纵向权力划分的原则、内容、监督机制。中央和地方要弄清各自的管理权限，明确各自的管理责任，做到各负其责，各司其政。中央负责宏观政策的制定，进行调控规划、宏观管理，起政策导向的作用。就如同火车头，带领整个管理体系的运行。而地方的主要职责主要是政策的执行。

要实现政府权力的规范化就必须实现国家向社会分权、中央向地方分权的规范化。

3. 政府与非政府部门的关系

政府如何定位，也体现在政府与其他非政府部门的关系上。目前，政企改革已经取得了一定成效，而政事改革及政府与其他非政府部门的改革尚须加紧步伐。矿业领域的事业单位与政府的联系一向很紧密，割开这种联系，对事业单位的发展有利，对政府来说也是一种减负。但是由于地矿行业的特殊性，政府应为事业单位的发展多提供资金、技术和政策支持。对于政府与矿业权中介组织之间的联系，可以说是不符合市场规律的，应该将两者分开，使中介组织在市场竞争中得到发展。

4. 沟通机制

管理要有效实施，沟通起着举足轻重的作用。沟通是多向的，包括宏观决策部门与行政部门之间的沟通，行政部门与监管部门之间的沟通，上下级之间的沟通，组织内部各职能部门之间的沟通，管理者与被管理者的沟通，政府、企业与资源所在地居民的沟通等。沟通是进行协调、防止管理误差的重要手段。所以矿业管理要形成畅通的沟通机制，使信息交流准确无误，使矿业政策传达及时快捷准确，从而也使政策的执行更到位。

矿业权管理中，中央政府制定政策，而制定政策的前提和依据是对现实情况的了解。地方政府直接接触矿业活动的现实。这就需要有效的沟通和反馈，中央政府才能了解到信息，制定合理的政策，调整管理的偏差。隐瞒信息、知情不报，必然会造成问题的继续存在或延迟解决。所以要形成畅通高效的沟通机制，一方面可以保证政策的及时调整，另一方面可以保证问题的及时解决。

5. 监督机制

监督机制可以说是管理中必不可缺的。监督对于防止权力滥用、权力寻租、腐败等现象起了重要作用。建立完善的中央、省级政府、基层政府三级行政监督机制和行政责任制度，使各级政府对整顿矿业秩序、加强环境保护有实质性的责任和作为，并形成责任追究制度。

推行政务公开，让权力在阳光下运行，是制约和监督权力、预防和治理腐败的有效措施。矿业权管理也要推行政务公开，防止官员滥用权力谋取私利的现象，实现好、维护好、发展好人民群众的根本利益。要与行政管理体制改革相结合，推进政务公开，推动服务政府、责任政府、法治政府和廉洁政府建设，形成权责一致、分工合理、决策科学、执行顺畅、监督有力的行政管理体制。

矿业权管理监督还有一些具体的监督方法，包括审批制度、年检制度等，这些一方面要完善，另一方面要落实。为了加强矿产资源管理执法监督，应当健全执法监察组织体系。省、市、县分别设立国土资源执法监察总队、支队和大队，隶属同级国土资源主管部门，接受上级国土资源执法监察部门的业务领导，切实加大执法监察力度。还应当进一步建立和完善重点矿区动态巡查制度、探矿权采矿权审批会审制度、保护性开采矿种开采总量控制制度、矿产资源违法案件立案查处制度，健全领导责任制和责任追究制度等，对探矿权人采矿权人勘查、开发、利用、治理生态环境等实行有效监管监督机制的形成，要有一整套监督体系，以权力制约权力，以制度防腐败，形成从上到下、从内到外的监督体系，使各项权力之间以及权力运行各个环节之间，既环环相扣又相互制约。监督不仅要有内部监督，还要有外部监督，要形成公众共同参与的监督机制。

6. 法律保障

上述的这样一个整体的政府职能定位构架，需要通过法律来保障其实现。法律是合理分配权力、限制权力的一种工具，亦可以调节相关主体的关系。现有的矿业权相关法律存在不完善和滞后的地方，需要对其进行健全与完善，改变其中陈旧和落后，不适应现实的地方，补充不完备的法律和条款，形成完备健全的矿业法律体系。

法律对政府矿业管理各个职能部门的权力进行了分配，只有这个权力分配合理而到位，才能保证权责的分明和管理的高效。法律对相关主体的关系进行调节，规范政府和各类组织的关系。法律可以调节主体之间的各种利益冲突和纠纷，制定解决利益冲突的实体规则和程序规则，对各种利益冲突进行法律疏导。总之，法律是实现政府准确定位的保障和基础。

二、改革面临的形势

（一）新形势下对我国石油资源产业提出了更高的要求

党中央、国务院已充分认识到我国石油资源供给的严峻形势，对加快石油资源勘探开发提出了更高的要求。胡锦涛总书记在2003年中央经济工作会议上专门强调了能源安全问题，指出："必须从战略全局的高度，加快制定新的能源发展战略。要坚持开发和节约并举，利用国内资源和国外资源并举，积极推进能源多样化和进口多元化，加快建立国家石油战略储备，逐步建立境外能源生产供应基地，积极开发石油替代产品，采取各种有效措施，确保国家能源安全。"2006年上半年，国务院先后颁布了《关于加强地质工作的决定》（1月4日）等三个纲领性文件，对加强我国油气工作做出了重要表述。《关于加强地质工作的决定》指出，油气勘查"必须放在地质勘查的首要位置。按照深化东（中）部、发展西部、加快海域、开辟新区、拓展海外的方针，重点加强渤海湾、松辽、塔里木、鄂尔多斯等主要含油气盆地勘查，积极探索陆地新区、新领域、新层系和重点海域勘查，切实增加可采储量。"要"积极开展煤层气、油页岩、油砂、天然气水合物等非常规能源资源的调查评价和勘查"。《关于实施科技规划纲要增强自主创新能力的决定》（1月26日）中提出了优先发展的主题，"重点开发复杂环境与岩性地层类油气资源勘探技术，大规模低品位油气资源高效开发技术，大幅度提高老油田采收率的技术，深层油气资源勘探开采技术"。《"十一五"规划纲要》指出，要"坚持节约优先、立足国内、煤为基础、多元发展，优化生产和消费结构，构筑稳定、经济、清洁、安全的能源供应体系。”“加大石油天然气资源勘探力度。加强油气资源调查评价，扩大勘探范围，重点开拓海域、主要油气盆地和陆地油气新区，开展煤层气、油页岩、油砂、天然气水合物等非常规油气资源调查勘探。推进油气勘探主体多元化。”“实行油气并举，稳定增加原油产量，提高天然气产量。加强深海海域和塔里木、准噶尔、鄂尔多斯、柴达木、四川盆地等地区的油气资源开发。坚持平等合作、互利共赢，扩大境外油气资源开发。在沿海地区适度建设进口液化气天然气项目。扩建和新建国家石油储备基地。”

（二）石油资源矿业权改革是保障国家石油安全的必然要求

国家经济安全的首要意义，就是国民经济的重要领域自身能够在竞争中获得生存与发展能力而不会受到重大的威胁。石油安全是国家经济安全体系中必不可少的组成部分。所谓石油安全是指一国拥有主权、或实际可控制、或实际可获得的石油资源，在数量和质量上能够保障该国经济当前乃至今后的需要、参与国际竞争的需要和可持续发展的需要。国家石油安全的内涵主要由三部分组成：（1）石油安全的“量”，即石油供应的稳定性，指能够满足国家生存与发展正常需要的石油供应保障的稳定程度；（2）石油安全的“价”，即石油的价格应在社会和消费者能够承受的范围之内；（3）石油安全的“质”，即环境的安全性，即石油的消费和使用，不应该对人类自身生存和发展环境构成任何威胁。

石油安全是国家能源安全的重要组成部分，是国家经济安全的保证，因而也是国家安全的核心内容。国家石油安全的重要程度取决于一个国家在经济发展需求状况下对石油的依赖程度的大小，因此石油已远远超越了能源的概念而成为对一国更具有战略价值的物资。凡是依靠进口石油的国家，无一不把石油的可靠供应作为国家安全的生命线。中国是一个“富煤、缺油、少气”的国家，石油是中国极为稀缺的战略资源，未来供需缺口很大。为了保证经济建设中对石油的需求，需要大量进口石油，而大量进口石油又必然受世界市场的影响。2008 年中国的石油对外依存度已超过国际警戒线，达到了 51.3%。据预测，2020 年中国的石油对外依存度将达 65% 左右，因此中国的石油供应对国家经济安全以及国家安全的影响是非常之大的。

随着中国经济的高速增长，在未来一段时期石油短缺问题将是能源安全的主要矛盾，石油安全问题已经越来越成为中国经济发展中必须面对、无法回避的问题，石油对中国经济社会发展的瓶颈制约日益凸显。保障石油安全（包括影响石油稳定、经济、安全、清洁供应等各个方面）不仅是一个物质层面的问题，而且是一个多元化的系统工程，它至少涉及到物质层面、制度层面和理念层面的诸多问题。因此，厘清石油上游领域的体制机制，改革影响我国石油稳定供应的制度瓶颈——石油资源矿业权，是维护国家能源安全和经济安全、实现现代化建设战略目标的必然要求。

（三）石油资源勘探开发难度逐渐加大，利益分配不合理

石油资源勘探开发难度的逐渐加大和利益分配的不合理，客观上要求尽快形成石油勘探工作持续投入的有效机制和更合理的规制环境。

我国石油资源主要赋存于陆相盆地，地质条件相当复杂。经过近 50 年的大力开采，几大主力油田大多已进入高采出、高含水阶段。特别是大庆、胜利等主力油田，综合含水率已超过 88%，采出程度达 75%，总体已进入产量递减阶段。东部待发现油气田规模逐渐变小、隐蔽性增强；中西部地表地质条件复杂、资源埋藏深、技术要求高；海域受高温、高压地质条件影响大，缺乏深水勘探技术装备，施工难度大、风险高。综上所述，受低品位难动用石油资源比例增大以及老油田综合含水高、普遍进入产量递减阶段等因素的影响，我国石油勘探开发的成本增加，开发难度加大。

近几年国家对石油资源基础性、公益性的前期地质工作投入较少，缺少有效机制，发现性调查评价工作力度不够，基础地质理论研究长期

没有取得重大突破，国土资源大调查经费主要安排在固体矿产勘探开发上，油气领域投入不够。石油公司改制上市以后，工作重点转移到以经济效益为中心，侧重于经营性的勘探开发，对风险较大的前期资源调查评价工作做的不多，缺乏可供进一步勘探的有利区块，实现石油资源的重大发现和突破难度越来越大。

另外，由于国家对石油资源实行一级管理，石油的勘探、开发、加工、炼制、销售等都由国家石油公司垄断经营，因此在石油产业的上中下游都存在利益分配不合理、地方受益偏小的现象，导致资源产出地并未将资源优势转化为地区经济优势。各种不和谐因素导致了地区间矛盾加剧和油田治安秩序问题突出：盗抢原油、占压破坏输油气管线、破坏油田基础设施等违法犯罪活动时有发生；违法进入他人矿权区钻采石油问题屡见不鲜；部分地区勘探开发征地困难等。公安部等八部委 2003 年启动的油田治安秩序专项整治行动虽然在一定程度上有助于这一问题的解决，但要彻底解决这一问题，依然需要一个更合理的法律政策环境。

三、改革的指导思想和基本原则、目标、要点与任务

（一）改革的指导思想和基本原则

1. 改革的指导思想

要以我国宪法为根本依据，坚持以下指导思想：

（1）有利于坚持以公有制为主体、多种所有制经济共同发展的基本经济制度。

（2）有利于支撑国家经济发展、实施国家能源和石油发展战略。

（3）有利于提高资源利用效率、提高国家石油安全程度；提高国际竞争力、培育世界级的跨国石油公司。

（4）有利于提升自主技术创新的能力。

（5）有利于产业结构调整和可持续发展。

2. 改革的基本原则

要以科学发展规为根本依据，坚持以下基本原则：

（1）坚持符合国情原则。在世界石油市场总体格局中，石油上游产业的垄断竞争具有必然性。世界各国都不同程度的存在石油资源垄断的问题。尽管世界各国都认识到垄断是影响公平竞争秩序和良性市场的主导力量，并试图通过法律手段予以限制，但由于各国经济社会条件和对国家石油安全认识等方面的差异，各个国家对石油上游产业所采取的对策差异性很大，在此基础上形成的石油资源规制的表现形式、内容、影响等也各不相同。因此，必须立足于我国的实际情况、具体的历史阶段以及问题的特殊性和复杂性，创设具有中国特色的石油上游产业管理体制。

（2）坚持经济效率原则。建立社会主义市场经济体制的目的就是要通过市场配置资源，发挥市场竞争机制的作用，以有限的资源生产出尽可能多和好的产品和服务，以满足全社会的物质文化需求。石油上游产业管理体制改革的目的就是要提高经济效率，合理开发利用石油资源，减少资源的浪费。有限竞争机制是实现石油资源配置效率和生产效率的有效途径。因此，石油上游产业规制的建设，应该充分考虑市场竞争机制的作用，使石油公司为了自身的利益，不断调整其投资和生产经营行为，从而使石油资源得到最合理的开发利用。只有以效率为标准，配置石油资源，增加石油储量，才有可能实现高层次的国家石油安全。

（3）坚持社会公共利益原则。国家为社会整体利益考虑，有必要在特殊时期、特殊领域以及特殊情况下实行特色政策。如今世界经济的全球化和一体化方兴未艾，石油国内市场与国际市场的结合日益紧密，我国政府应该十分重视这两个市场的区别与联系。而作为一个重化工业中后期阶段的发展中国家，在石油资源的垄断性、石油政策的自主性、石油供应的稳定性等方面，应特别加强政府的监管作用，以保护我国石油行业和国家经济的安全。石油上游产业管理体制改革，就是要使我国的石油市场沿着健康的方向前进，使我国的石油政策能体现和反映社会整体而非少数人、少数企业集团的利益。

(4) 坚持公平竞争原则。公平竞争是指竞争者之间所进行的公开、平等、公正的竞争。公平竞争对市场经济的发展具有重要的作用。政府的责任是维护公平竞争，如果国家机构利用公权力制造垄断、限制竞争、制造市场中的不公平竞争，这既与市场经济条件下政府的职能相悖，也不符合市场经济的原则。因此，国家出台的关于石油上游产业的规制，就应该让所有的石油公司能够在同等的条件下公平竞争，进而形成和维护公平竞争的市场经济秩序，以实现国家能源安全和社会公共利益。

(5) 坚持统筹兼顾原则。我国石油产业应该保护市场主体，包括消费者参与市场经济活动的权利和利益，保护中小石油企业参与石油资源勘查开采的权利不受强力阻碍。在中国特色市场经济条件下，由于各种进入市场障碍和国有石油公司优势的存在，政府应该创立更加科学有效的体制、机制和公平、公正的市场环境，以形成和维持公平竞争的市场秩序。尤其在石油上游领域，更要坚持统筹兼顾，其规制和政策不仅应该维护国家的能源安全、国有石油公司的主体地位和地方政府的利益，而且应该保护更多的市场主体平等和自由地进入市场、参与竞争的机会和权利，从而使石油上游市场健康、稳定、可持续地发展。

(二) 改革的国际经验与启示

(1) 改革的总体目标和原则趋于一致，但改革的重点和政策措施存在明显的差异性。

(2) 法律制度层面的健全和完善是改革取得成功的保障和前提条件。

(3) 政府的组织和推动是改革总体目标得以有效实现不可或缺的环节。

(4) 完善和有效的现代监管制度是各国能源部门健康发展的制度

保证。

（5）明确的石油勘探开发战略和政策导向以及循序渐进的改革方案非常重要。

（6）石油管理机构的权威性、综合性、统一性和相对独立性，是保证改革与发展的组织保证。

（7）全球石油市场的垄断竞争特征与区域寡头垄断特征相互交融的背景下，重视和规范石油投资显得十分重要。

（8）协调中央政府、地方政府、石油企业、资源所在地居民等各方关系十分重要。

（三）改革的目标

1. 改革的目的

实现石油资源国家所有者的权益，实现石油资源经济效益、社会效益和环境效益的统一，实现石油资源的可持续利用，保障国家能源安全和经济社会的可持续发展。

2. 改革的总体目标

适应社会主义市场经济体制要求，有利于扩大石油资源基础和保障国家能源安全，保护和合理开发利用石油资源，维护和协调所有者和使用者的经济利益，创设产权明晰、程序完备、制度健全的包容物权法制原则的现代法治制度。

3. 改革的近期目标

争取到2015年，形成以三大石油公司为主体（油气储、产量分别占全国总量的80%左右）、辅以一批独立的中小型石油公司（油气储、产量分别占全国总量的20%左右）的石油上游产业新格局。允许具备资质的各种所有制性质的企业依法取得石油资源矿业权，实现许可证制度和招投标制度的有效结合；着力解决与中国石油、中国石化以协议等方式建立的各种小石油公司的矿业权资质问题，对符合资质要求的依法办理矿业权流转；依法准入，严格资质审查，严格控制中小石油公司总量，严格执行矿产资源法律法规制度；建立和完善公开透明、监管有力的石油监管体系，加大对各石油公司勘探开发活动的监管，切实维护石油资源勘探开发秩序。

（四）改革的要点与阶段性任务

1. 改革的要点

（1）切实转变政府职能，建立与能源资源合理开发利用改革方向相适应的管理体制。

（2）改革政府管理机构与职能设置，组建综合性能源资源管理部门和专业性能源资源监管机构。

（3）按照能源资源可持续供给的要求，完善能源发展规划，提高能源资源管理的科学化、信息化水平。

2. 改革的阶段性任务

（1）中长期任务。

①建议建立国家石油局（副部级），作为国土资源部管理或国家能源综合管理部门的国家局。将国土资源部石油相关职能划归国家石油局管理，可以实现更好地集中管理和专业化管理。

②改革我国石油上游领域监管模式，建立由国土资源部直接领导的独立于地方国土资源管理部门的石油监管队伍，加强监管队伍的专业化管理，重视石油资源矿业权领域的监管。

（2）近期任务。

①加强石油资源矿业权流转市场管理。加强矿业权市场的管理，严格市场准入、运营和退出机制，包括市场主体的资格审查、经济合同的规范化、交易行为管理等；加强对有形场所和无形交易载体的监管，规范交易秩序。

②试点建立独立的石油资源监管体系。考虑到石油上游领域监管的难度，建议在主要产油区建立独立的监管队伍，重点进行石油勘探开发环节的监管，尤其是石油资源矿业权和储量合理开发利用的监管。

③从改革储量评审认证机构入手，尽快建立独立权威的技术鉴证部门；从矿业权流转中的政府信息（特别是招投标、招拍挂）公开入手，公开资源信息，体现以民为本，提高公共服务的水平。

④完善以石油资源矿业权为核心的石油上游产业规制及相关配套政策，尽快形成一整套有利于石油资源合理开发利用的产业政策、财税政策和矿业权制度。

四、改革和完善石油资源合理开发利用的管理体制及政策建议

（一）改革和完善管理机构与职能

1. 我国石油上游产业管理存在部门设置、职能定位的“短板”

我国自从撤销石油部、重组国家石油公司后，国务院不再设置专门管理部门，相关职能分布于国土资源部（主要是地质勘查司和矿产资源储量司）、国家发展和改革委员会（国家能源局）等十多个部门，其中日常管理工作由国土资源部负责。由于种种原因，国土资源部在石油领域的行政许可与监管等方面显得力不从心，人员不足、专业性不强，基本上处于外行管内行的状况。如国土资源部负责石油资源矿业权管理的只有5人，且部分由于定期轮岗等原因变换比较频繁，熟悉石油上游领域的人并不多。

另外，国土资源部石油天然气储量评审办公室前身是中国石油天然气股份有限公司的机构，人员构成与中国石油天然气股份有限公司有着千丝万缕的联系，目前仍与中国石油天然气股份有限公司合署办公。这种局面造成了石油技术鉴证部门的权威性、独立性和公正性存在问题，同时对其他石油公司也有失公平。

2. 建议建立专门的石油管理部门

目前我国涉及石油勘探开发的管理部门多达10个以上，条块分割

严重，在实际管理中国石油天然气股份有限公司的特殊性又没能得到体现。建立独立的石油专门管理部门，可改善目前石油领域政出多门的现状，使得石油管理更加高效、专业，并使监管更加有力。在资源综合管理和资源约束的趋势下，将石油这种重要的能源矿产资源的管理从其他矿产资源中独立、突出出来，并入能源管理部门或建立专门的石油管理部门十分必要。

专门的石油管理部门，其目标将是强化国家对石油资源的所有权、控制权，更合理有效地配置石油资源，提高石油资源利用效率，减少石油资源开发利用过程中的负面影响，维护石油资源开发、利用的市场秩序，保障公平竞争与利益分配。

考虑到当前大部制改革的趋势与资源综合管理的要求，建议建立国家石油局（副部级），作为国土资源部管理的国家局。将国土资源部石油相关职能划归国家石油局管理，可以实现更好地集中管理和专业化管理。

3. 政府应增加公共服务职能

在法律不断健全的过程中，管制型政府向服务型政府过渡成为必然。政府管理职能的行使方式由重行政手段转向重经济手段与法律手段，政府利用市场机制进行调节，可更加有效地管理石油行业，更加有效地促进资源合理配置与利用。专门的管理部门职能划分将更加完善、专业、高效，同时加强半官方的协调机构，作为政府管理的补充与延伸。

建议：一是从改革储量评审认证机构开始，尽快建立独立权威的技术鉴证部门；二是从矿业权流转中的政府信息（特别是招投标、招拍挂）公开入手，公开资源信息，体现以民为本，提高公共服务的水平。

（二）改革和完善石油勘探开发监管体制，重视石油资源矿业权监管

1. 我国石油资源矿业权监管体制不完善、不健全

我国石油资源矿业权管理为一级管理，由国土资源部直接负责，但

在监管方面国土资源部有些力不从心。我国石油资源分布广、区块面积大、勘探开发作业点多等特点，直接影响了石油行业管理，特别是矿业权的监管。

县（市）、乡（镇）这些国土资源管理的基层机构通常是矿业政策、监督和管理矿业活动的最终执行者。虽然国土资源部实行了油气督察员制度，并且组织开展油气矿业权现场督察、加强油气矿业权年检制度、整顿规范油气勘查开采秩序等专项活动有所成效。但是，不能忽略的是基层国土资源监管机构始终是油气勘探开发监管的主力军，他们在维护石油勘探开发秩序时往往受制于当地政府，加之基层国土资源监管人员的专业水平较低，这导致他们受地方利益支配，监管工作往往不能到位。在实际的石油勘探开发过程中，勘探开发企业利益往往受损而得不到解决，监管不力是其中的重要原因。

2. *改革和完善以矿业权监管为重点的石油上游领域监管体制*

我国石油资源矿业权市场特别是一级市场形成较晚，相关法律制度不完备，亟需完善矿业权登记公示制度，并考虑择时建立立体矿业权分区制度，同时要加强矿业权监管。针对石油资源的特殊性，考虑建立矿业权二级市场流通制度和完善国家回收制度。

加强政府监管，建立完善的省、市、县级行政监督机制和行政责任制度，使地方各级政府对整顿矿业秩序、加强环境保护有实质性的责任和作为，并形成责任追究制度。

加强政府监管的同时，要重点处理好各部门之间的关系（参见图6.1）。第一，能源宏观决策部门（国家发展和改革委员会、能源局）与资源行政主管部门（国土资源部）、监管部门之间的指导与沟通关系；第二，资源行政主管部门与监管部门之间的监督与反馈关系；第三，资源行政主管部门与行业协会（独立技术鉴证部门、有资质的中介咨询机构等）之间的监管与服务关系；另外，还有资源行政主管部门、监管部门、行业协会与企业之间的政策指导与行政许可、执法监督、行业服务等关系。

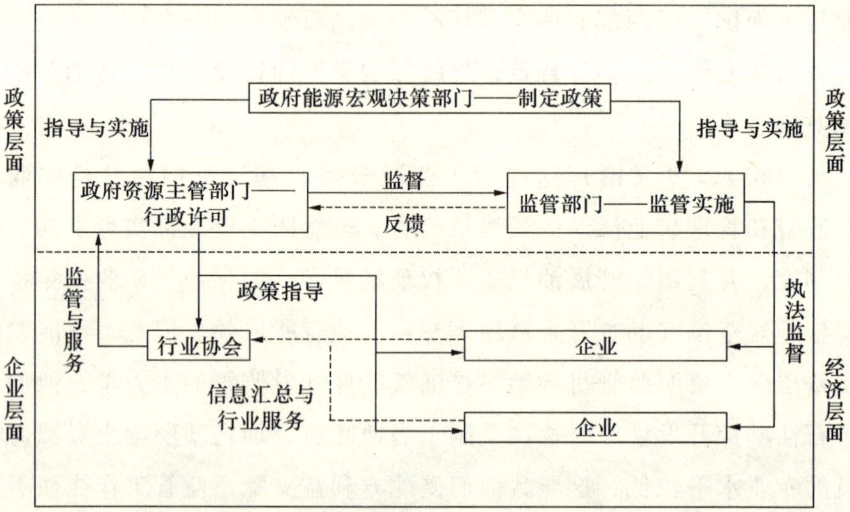

图 6.1　石油资源上游领域行政与监管政府部门关系设想图

资料来源：课题组总结。

监督的主要方式包括：参与审查矿业权申请人提交的勘查计划或采矿方案；审查矿业权人提交的年度工作报告；勘查许可证和采矿许可证年度检查；矿产督察；抽样调查；建立并实施履约保证金制度。

改革的重点方向建议如下：

（1）鉴于我国资源禀赋、石油勘探开发本身的特点及我国矿产资源开发利用监管的当前状况，建议改革我国石油上游领域监管模式，建立由国土资源部直接领导的独立于地方国土资源管理部门的石油监管队伍，加强监管队伍的专业化管理，重视石油资源矿业权领域的监管。

（2）加强石油资源矿业权流转市场管理。加强矿业权市场的管理，严格市场准入、运营和退出机制，包括市场主体的资格审查、经济合同的规范化、交易行为管理等；加强对有形场所和无形交易载体的监管，规范交易秩序。

（3）试点建立独立的石油资源监管体系。考虑到石油上游领域监管的难度，建议在主要产油区建立独立的监管队伍，重点进行石油勘探开发环节的监管，尤其是石油资源矿业权和储量合理开发利用的监管。

（三）石油资源矿业权改革的总体思路

1. 实行探矿权、采矿权“二权合一”

实行探矿权、采矿权“二权合一”，将石油资源探矿权、采矿权统一为石油资源矿业权。

探矿权和采矿权是根据矿产资源勘探开发中所处的不同阶段而划分出来的一对权利主体、客体和内容有所区别但又密切相关的权利。由于探矿权对于采矿权具有从属性和依赖性，探矿权不属于用益物权、其客体具有不确定性以及石油资源开采活动的特殊性等鲜明特征，建议将石油资源探矿权、采矿权“二权合一”统一为石油资源矿业权。

第一，矿业权的整体特点反映出二者的共性，如二者均是矿产资源国家所有权所派生出的子权利，其最终目的均是对矿产资源的利用和收益，二者的取得变更均需遵循严格的要式主义等。

第二，探矿权是采矿权的前提和基础。行使探矿权是为了通过勘查和研究获取具有经济意义和开采价值的矿产资源，矿产资源的隐蔽性和不确定性决定了矿产勘查的必要性。如果没有实施油气勘查、圈闭评价，就很难发现可供开采的油气藏。

第三，采矿权是探矿权的目标和归宿。由于勘查阶段只有投入而没有收益，从理论上讲，其投入最终只有进入采矿阶段、通过销售采出的矿产品才能收回。探矿权从属于采矿权并依赖、服务于采矿权。脱离了开采，探矿权就不成其为权利。

第四，探矿权不属于用益物权。一方面，探矿权人实施矿产勘查的目的在于找矿，即在法律许可的范围内按照一定的规律和规则选取若干“点”进行查看、分析、评价、研究，从而判定被许可的整个勘查区块内的地质体内是否有矿物存在及其质量和数量如何（探矿权客体不确定）。另一方面，这种以“以点代面”式的手段对标的物实施的“探”而不“（动）用”即不改变其具体形态的发现和探索活动，而且其中含有相当大比例的不触及标的物的智力劳动因素，因而不是像在采矿阶段那样直接实施具体的大面积、全方位地占有、使用、收益，并且在采矿的同时使标的物本身发生实质性的改变。从用益物权的角度看，探矿权只是行使了对标的物的有限占有权和使用权，即在法定的时间内占有特定区块范围内的地质体以及采集使用的标本、数据等进行研究、评价和分析等的权利。如上所述，真正实现对标的物施加实质性影响即处分，并通过采出矿产品从中收益属于采矿权的范畴，探矿权行使的过程通常只是实施采矿权的必要准备阶段。

第五，石油资源探矿权、采矿权“二权合一”是我国剩余石油资源特性以及石油资源勘探开发的生产运行规律、发展趋势的必然要求。我国剩余石油资源以岩性地层油气藏为主、质量总体上较差以及地表环境复杂等特点，使得未来我国石油资源的勘探开发难度加大，勘探开发投入大、风险高、周期长、成本较高，这决定了整体勘探、整体评价、整体开发、分步实施以及多种生产工序集中使用和多种技术集成的“勘探开发一体化”，将是我国石油资源勘探开发的基本方式。

《中华人民共和国对外合作开采陆上石油资源条例》和《中华人民共和国对外合作开采海洋石油资源条例》规定：“开采”是指石油的勘探、开发、生产和销售及其有关的活动。可见，我国对外合作勘查、开采石油资源的矿业权（石油合同所约定的内容）是一分法，即只有“开采权”，而没有将石油资源矿业权划分为探矿权和采矿权。

综上所述，将石油资源探矿权、采矿权“二权合一”统一为石油资源矿业权，将成为提高我国石油资源勘探开发效率、增加石油储量和产量、转变我国石油上游产业增长方式的重要举措。

2. *石油资源探矿权、采矿权存量部分的处理方式*

实行探矿权、采矿权“二权合一”后，对已经存在的探矿权、采矿权，应在不影响生产的前提下，按照以下原则进行处理。

第一，将“采矿许可证”更名为“石油资源开采许可证”。《石油资源开采许可证》上标注受益年限和有效期限两个期限，通常情况下，受益年限为5年，有效期限为35年（含受益年限期间）。

根据我国现行法律规定，油气勘查许可证有效期为3~7年，采矿许可证有效期一般为 20～30 年。根据英国相关法律规定，石油资源矿业权登记只设立开采许可证，并分初期、第二期、终期三个时期；许可证初期 6 年，第二期 12 年，终期 18 年；石油公司有义务按许可证的规定在一定时间内投入足够工作量，进行作业，并接受政府的监督。《中华人民共和国公司法》规定，公司设立时出资人可以分期出资。为体现公司注册资本到位情况和公司经营有效期，《企业法人营业执照》上标注有注册资本到位期限和营业期限两个法定期限。因此，借鉴英国的经验并参照我国《企业法人营业执照》的标注和现行勘查许可证、采矿许可证的期限规定，建议我国《石油资源开采许可证》上标注受益年限和有效期限两个期限，受益年限为 5 年，有效期限为 35 年（含受益年限期间）。

第二，采矿权存量保持不变。截至 2008 年底，我国共设置石油天然气采矿权 624 个，开采面积 11.01 万平方公里（其中对外合作采矿权 22 个，开采面积 3951 平方公里）。石油资源矿业权改革后，建议已登记的石油资源开采权属（含采矿许可证、滚动勘探开发的采矿许可证和油气试采许可证）、采矿权人、矿区面积、矿权范围、开采期限等保持不变，全国一次性统一更换采矿许可证（含滚动勘探开发的采矿许可证和油气试采许可证）为《石油资源开采许可证》。

第三，探矿权存量区别对待，妥善处置。不限定矿业权人对勘查地的最低勘探投入。截至 2008 年底，我国共设置石油天然气（含煤层气）探矿权 1117 个，勘查面积 423.44 万平方公里（其中对外合作探矿权 40 个，勘查面积 128069 平方公里）。关于处置探矿权存量的建议包括：（1）探矿权人已申请或经登记管理机关批准保留探矿权且在保留期限（含延展期）内的，经审核批准可以将相应的矿产资源勘查许可证一律变更为《石油资源开采许可证》，变更申请的应按石油资源开采许可证的变更要求，依法进行审批登记，变更登记后的开采许可证的有效期限为 30 年；（2）探矿权人持有的矿产勘查许可证仍在有效期内的（除上款规定外），勘查许可证经申请批准可一律变更为《石油资源开采许可证》，变更申请的应按石油资源开采许可证的变更要求，依法进行审批登记，变更登记后的开采许可证的受益年限为5年，有效期限为35年；（3）探矿权人持有的矿产勘查许可证已经到期（含保留探矿权延展后又到期）的，一律不再延期。这种矿产勘查许可证自《石油资源开采许可证》相关法律规定颁布之日起自动失效，该探矿权及其矿区面积全部归还国家，由国土资源管理部门按相关法律规定重新配置。

3. 新申请矿业权的处理方式

新申请矿业权的，一律按石油资源开采许可证的设立登记要求（包含资质、准入条件等），依法进行审批登记。

建议在新申请石油资源开采许可证时，法律规定以出让和无偿授予两种方式审批登记。对于国家规划区内具有重要价值、风险较小或是有三家以上矿业权申请者的石油资源远景区，矿业权管理机关应以招投标的方式有偿出让空白地；其他情形仍应按申请在先的原则，无偿批准授予矿业权，以促进石油勘探开发的可持续发展。

石油资源矿业权属于用益物权。建议在相关法律中明确规定：石油资源矿业权具有特别优先权和受限排他权。特别优先权是指相对于土地使用权、其他矿业权而言具有优先权，即具有优先使用土地和矿区的权利，但在行使优先权时如果给土地使用人、其他矿业权人造成损失的，应依法给予相应的补偿。受限排他权是指其他矿业权人在没有妨碍石油资源矿业权人正常的油气勘查、开采生产活动的情况下，不能排除、阻止或者妨碍其他矿业权权利的行使和其他矿业权人在同一矿区勘查、开采除油气外的其他矿产作业。

4. 改革石油资源矿业权使用费

建议将探矿权使用费和采矿权使用费统一改革为石油资源矿业权使用费，并按照矿区范围的面积逐年缴纳。石油资源矿业权使用费标准为：受益年限期内，每平方公里每年缴纳500元；受益年限期后的有效期限内，每平方公里每年缴纳1000元。并且，为了切实解决“圈而不（少）探”的问题，同时鼓励矿业权人积极投入油气勘探，建议尽快取消探矿权、采矿权使用费和探矿权、采矿权价款减免的各种优惠政策，改为在许可证受益年限期内减免矿业权人的所得税、增值税以及为油气勘探直接提供服务的企业的所得税、营业税。

5. 改革石油资源矿业权退出机制

石油资源矿业权退出机制分为到期退出、违法退出和受益退出三种情况：

（1）到期退出机制。《石油资源开采许可证》申请登记之日起5年内，在登记的矿区范围内未探明可供开采的含油气圈闭的，自5年受益年限到期之日起，《石油资源开采许可证》自动失效（含未到受益年限而矿业权人自动申请退出的），该矿业权及其矿区面积全部归还国家，由国土资源管理部门按相关法律规定重新配置。对于到期退出的矿业权及其矿区，原申请人1年之内不得重新申请登记。对于勘查期间获得的相关地质资料，依法可以有偿转让。

（2）违法退出机制。在《石油资源开采许可证》有效期限内，矿业权人违反相关法律规定应该吊销许可证的，原发证机关一律吊销其开采许可证，并依法追究含取消石油资源投资资格等其他法律责任。该矿业权及其矿区面积全部归还国家，由国土资源管理部门按相关法律规定重新配置。对于违法退出的矿业权及其矿区，原申请人3年之内不得重新申请登记。

（3）受益退出机制。《石油资源开采许可证》申请登记之日起5年内，在登记的矿区范围内探明可供开采的含油气圈闭的，《石油资源开采许可证》的有效期限为35年（含受益年限期间），原矿业权人可以继续投入进行油气生产开采，也可经申请并经原审批机关核准后进行依法转让等。所以，矿业权人可回收投资、得到报酬，从而保障矿业权人的合理投资回报。

6. 完善石油资源法律法规

完善石油资源法律法规，合并“对外合作开采海洋石油资源”和“对外合作开采陆上石油资源”二条例，尽快出台针对石油资源勘查开采的行政法规或条例。

现有的矿产资源法以固体矿为立法基础，规范的是矿产资源权属关系的共性问题，不能解决石油天然气作为特定矿种的特殊性问题。由于石油天然气是液态和气态矿种，成矿条件复杂，矿床埋藏深，勘探开采难度大，再加上石油在国家经济社会发展中的特殊地位，因而油气勘探、开采、利用中形成的法律关系更为复杂。特别是在石油资源的规划、生产条件、矿业权设置和退出、利益分配以及不同作业者对同一油气田的合作开采等，都应有特别的规范加以调整。

7. 加强基础地质工作，完善投资机制

加强基础地质工作，完善投资机制，形成多元化投资、标准化规范、市场化运作的石油上游市场新局面。

完善基础地质工作投入机制，整合数支精干的油气基础调查队伍，培育一批专业的油气勘查开采技术服务机构，为石油勘探开发提供专业化、标准化、市场化服务；设立专项基金（也可在地质勘查基金中设立，目前这一基金的主要使用对象为固体矿产），加大前期地质调查评价，增加科探井等实物工作量投入，对新区、新领域进行调查评价，获取油气基础地质资料，为吸引国内外石油企业投资，进行商业性勘查创造条件；加强监管，鼓励勘探投入；推行石油资源矿业权招标制度；完善石油标准合同，提高开放水平，积极推进对外合作；完善上游市场，积极探索以融资、参股等方式有序引入非公有资本参与油气勘探开发；加强石油公司间勘探信息交流和共享。

（四）改革和完善石油资源矿业权流通体制的对策建议

1. 取消影响石油资源矿业权流转的不合理限制

目前石油资源矿业权市场主体的单一化以及流转交易的不发育，在很大程度上与现有制度对其种种不合理的限制有关，需要在石油上游市场改革的过程中逐步规范。

（1）取消矿产资源管理相关法律法规中的不合理限制。现有矿产资源管理方面的法律法规大多形成于20世纪80、90年代，由于所处时代的环境以及自身认识上的原因，众多矿产资源管理相关的法律法规中具有较多限制矿业权流转的条文，而且大多法律层级和效力很高，这对形成石油资源矿业权市场极为不利，需要随着矿法的修改予以取消，为矿业权流转正名，例如：《矿产资源法》第六条“除按下列规定可以转让外，探矿权、采矿权不得转让：①探矿权人有权在划定的勘查作业区内进行规定的勘查作业，有权优先取得勘查作业区内矿产资源的采矿权。探矿权人在完成规定的最低勘查投入后，经依法批准，可以将探矿权转让他人。②已取得采矿权的矿山企业，因企业合并、分立，与他人合资、合作经营，或者因企业资产出售以及有其他变更企业资产产权的情形而需要变更采矿权主体的，经依法批准可以将采矿权转让他人采矿。前款规定的具体办法和实施步骤由国务院规定。禁止将探矿权、采矿权倒卖牟利。”《民法通则》第八十一条中“国家所有的矿藏、水流，国家所有的和法律规定属于集体所有的林地、山岭、草原，荒地、滩涂不得买卖、出租、抵押或者以其他形式非法转让。”等等。

（2）取消对石油资源矿业权主体的行政性限制。取消对石油资源矿业权主体的行政性限制，代之以科学合理的资质管理。

目前我国石油上游市场是三大国有石油公司为主体的市场。石油上游的改革破冰首先要解决的就是现有法规关于勘探开发石油资源必须是国务院批准的石油公司或必须得到国务院批准同意的限定，进而从技术、资金和工艺等多角度进行科学合理的资质界定。上游市场化准入的范围是空白、拟招投标区块和流转的矿业权，对于想涉足上游领域的中小石油公司，在获得勘探开发许可证之前，必须通过其资本金、技术专业队伍等多方面的资质审查。从而在带动社会投资石油上游领域、培育多元化主体的同时，又能够在很大程度上保证上游市场的有序竞争。

2. 填补我国矿业权相邻关系制度

我国现行《物权法》中对于不动产相邻关系的调整，不仅规定了相邻权制度，还规定了地役权制度，为矿业权相邻关系制度的建立提供了理论基础。但矿业权由于其自身的特殊性，具有不同于一般不动产的特点，不能将《物权法》中的相邻关系制度直接用于矿业权相邻关系的调整，而均应由作为单行法的相关法律来进行规范。具体来说，应该在矿业权相邻关系的管理制度中增加如下内容：

（1）矿业权横向相邻关系制度的规定。增加的内容既应该包括矿业权相邻权制度，也包括矿业权的地役权制度；相邻关系主体既有探矿权人也有采矿权人；相邻关系的内容不仅应包括矿业权的相邻提供便利关系，也应包括相邻安全防险关系。

（2）建立区分矿业权制度，并进行全面具体的制度规定。为了充分合理利用石油和其他矿产资源的需要以及面对不同矿区范围广泛存在着交叉重叠的特点，并结合目前石油勘探开采技术的成熟度，应尽快建立区分矿业权的制度，即：将一个矿区或工作区的沉积层划分为若干个地层段或地层区，每个蕴藏矿产资源的地层段或地层区即“特定立体空间”均可以单独的划分矿业权，由不同的矿业权人支配。具体应包括：探矿权人、采矿权人为行使矿业权在周围土地上的通行权；水、电、气等管线的安设权等相邻提供便利的权利和矿业权相邻安全防险的义务。同时，也应在矿业权纵向相邻关系方面进行地役权制度的相关规定。

3. 完善我国矿业用地制度

矿业用地制度所涉及的社会经济关系十分复杂，“矿地之争”的背后包含石油资源矿业权与土地权利之间错综复杂的权利利益关系。因此，理顺二者之间的关系，满足多方面相关主体的利益诉求，需要从多个不同的层次对现行制度予以完善，在改革中应谨慎对待。

关于完善现行石油资源矿业用地相关制度的具体对策，建议如下：

第一，加强矿业用地的管理。应将矿业用地作为单独一类土地用途进行管理。由于矿产地具有先定性和不可改变性，矿业用地在很大程度上不同于一般建设用地，应进行单独规范。制定规范的矿业用地取得、流转、补偿和退出机制，从而使石油资源矿业权人有一个明确的办理矿业用地程序和用地成本，这无疑是妥善处理石油资源矿业权和土地使用权之间关系的一项重要措施。

第二，创新石油资源矿业用地的取得方式。对于石油资源探矿用地的取得，可以采用设立地役权的方式解决。当与土地权利人不能达成土地准用合意时，则可依据临时用地制度的法律强制而取得石油资源的探矿用地。石油资源作为重要矿产，目前其采矿用地的取得方式主要有行政划拨、土地出让和原土地使用权人的转让，建议在原有方式的基础上，也应将租赁、作价入股和设立地役权等包括其中，丰富石油资源采矿用地的取得方式。但总体原则是，除国家重点扶持的能源基础设施用地使用行政划拨之外，石油资源矿业用地都应实行有偿取得的制度。

在具体操作中，当不能与土地权利人达成土地准用合意时，石油资源矿业权人可以申请对集体土地所有权的征收或国有土地使用权的征用来解决采矿用地问题。当然，这类用地要符合土地利用规划、公共利益和环境保护等公法规范的要求，因此必须经行政审批并进行相应的登记，同时还必须按照标准对集体土地所有权人和原国有土地使用权人进行合理的补偿。此外，如果石油资源的采矿用地发生于农业用地，特别是耕地之上，石油资源矿业权人还应做好矿区土地复垦和土地占补的平衡工作。

第三，建立石油企业划拨土地流转制度。在1998年新修订的《土地管理法》正式生效之前，石油企业的矿业用地大多是以行政划拨方式取得，一般是无偿或者仅缴纳补偿、安置等费用。石油资源矿业权的流转作为石油上游市场化的重要内容，必然涉及到原划拨土地使用权的流转，因此，应建立划拨矿业用地的流转制度，规范流转方式以及土地收益的核算。

第四，建立矿业用地的争议仲裁机制。矿业用地涉及矿产资源管理和土地管理两个方面的问题。石油资源矿业权、土地所有权、土地使用权、优先权、相邻关系、收益分配和损害赔偿等各种权利义务和法律关系十分复杂，难免发生种种争议和纠纷，建立专门的仲裁机制是十分必要的。一是由具有专业知识的人员进行裁决，有利于依法、合理的解决争议；二是由专门裁决机构解决争议的程序简单、时限短，降低了争议解决的成本，有利于快速、便捷解决争议，维护争议双方的合法权益。

4. 健全并规范我国石油资源矿业权中介机构

（1）促进我国石油资源矿业权评估业的健康发展。第一，完善矿业权评估行业的法律法规和准则体系。着重研究矿业权评估师和评估机构的准入管理、矿业权评估准则、职业道德或执业操守、有关当事人的权利、义务和法律责任，构建矿业权评估行业执业规范具体实施细则。第二，加强对评估机构和人员的监管力度，促进行政监管和行业自律的和谐发展。定期对评估报告进行抽查，根据矿山实际运营情况确定评估质量，并给予相应的处罚和信任评级。但矿业权评估不能单靠行政管理，必须与行业协会相结合，双管齐下。行政主管部门只进行监督管理，不直接干涉评估机构的运作行为。政府赋予行业协会一定的权力，由行业协会依照国家法律制定行规，开展行业自律。这样既能提高协会的影响力，达到行业协会和评估机构相互监督、相互交流的目的，又能减少主管部门直接干预所带来的政治影响，消除评估机构的抵触情绪，有利于评估业的良性发展。

（2）规范我国石油资源储量评审机制。建立具有资质的中立中介机构评审体制。要在油气资源评审体制中逐渐淡化政府的行政审批程序，切实转变政府职能，尽快制定油气资源储量评审的准入规则，建立合格的中介机构，担负起公正、客观、科学、可靠的评审角色。并理顺管理体制，加强油气资源储量评审的监督管理，注重评审人才的培养。

（3）建立健全方便快捷的石油资源矿业权交易信息平台。该平台可以实现石油资源信息在全国范围内的共享，其可以是有形市场，也可以是整合各地信息之后的一个综合信息平台。制定和规范交易信息的传递途径与格式；利用现代信息网络技术，依托全国各地的矿业权市场交易机构或交易中心，健全全国性的矿业权市场交易信息网；通过网络系统，及时、准确地发布和传递矿业权交易信息；通过网络信息传递和交易信息反馈，建立中介组织、矿业权的投资主体资信等级评估体系；公布国家有关矿业权管理及流转的政策信息。

5. 加快建设我国石油资源矿业权市场相关的技术规范和标准体系

如上所述，需要从技术规范和标准体系方面进行完善，以有力支撑石油资源矿业权市场的建设。此外，为适应我国石油上游产业改革的大趋势以及石油资源矿业权出让方式从许可证授予到招投标为主要方式的转变，应制定规范的招投标程序、标书、标准，明确标书评判的标准和程序，确定合同类型和条款。同时，应严格规范石油资源矿业权的退出机制以及多种转让方式的市场交易规则和程序。

（五）我国石油税费制度改革和政策调整的建议

1. 增值税改革

（1）降低增值税税率。将现行的陆上原油开采增值税税率由17%降为13%，并允许在计征时抵扣进项税款。石油作为国家的重要能源，在发展国民经济、增强综合国力和维护国家安全等方面起着越来越重要的作用。但是我国陆上石油企业的税负过重，它既不享有国外石油行业全额抵扣的优惠，税率又比海洋石油开采企业和中外合作油气田企业5%的增值税率高，比煤炭、电力等其他能源工业13%的税率也要高，明显造成税收政策上的不平等，影响了陆上石油企业的积极性，与国家优先发展能源工业的产业政策不符。因此建议降低陆上石油企业的增值税税率。

（2）加大油气田企业进项税额抵扣力度。尽管目前石油行业已实施了准消费型增值税，但仍有列明的六大类一百多项固定资产进项税款不能抵扣，而这些固定资产基本都是油气田企业用于生产的关键资本品投入，若不能抵扣，会对减轻企业税负、扩大生产和投资、加大勘探开发力度造成一定阻力。

（3）适当扩大增值税适用范围。现行政策将油气田企业为勘探、开发、生产原油所发生的生产性劳务纳入增值税的征税范围，而对非油田企业从事此类劳务却仍然征收营业税，从而造成了不同企业从事同一类劳务活动的不同政策待遇，也使得油气田企业向非油田企业购进上述生产性劳务不能纳入进项税款抵扣的范围。从政策统一和减轻石油企业外购生产性劳务的税负的角度考虑，应将非油田企业提供的生产性劳务也纳入增值税征税范围，由劳务提供方向税务机关申请代开增值税专用发票，油气田企业据此抵扣这部分购进劳务的进项税款。

2. 所得税政革

（1）制定合理的石油企业所得税税前扣除政策。目前，我国油气资源探明程度不高，为实现我国石油生产的可持续发展，进一步加强勘探、搞好储采平衡和资源接替是至关重要的。针对上述情况，建议实行以下措施：第一，新技术、新产品的开发和研究费用，只要在业务收入一定比例范围内的，可允许其全额在税前扣除，以促进石油行业改进开采技术，提高采收率；第二，石油行业风险高、投资大且周期长，生产经营过程中的费用和资本性支出相对于其他行业而言具有较大的特殊性，尤其是前期的勘探开发投入和后期的废置费用支出，需要在税收处理方面有特殊的考虑，以促进石油企业生产成本得到及时、合理的补偿，增强企业持续经营能力。

（2）制定合理的汇总纳税制度。石油资源分布的地域性，决定了石油企业跨区域生产经营的特点。新企业所得税法实行的是法人所得税制，对企业在不同地区的总分支机构实行汇总纳税。就石油企业而言，实行汇总纳税有利于减轻企业负担，但由于石油资源的地域性特征比较明显，因此必须充分考虑汇总纳税对石油资源输出地财政收入的影响，避免对石油企业的发展带来不良影响。一个可供选择的思路是，在由集团公司汇总计算应纳税所得额的基础上，根据不同地区子公司或分支机构资产、销量、人员的一定比例，划分各自相应的应纳税所得额，并根据税法计算出应纳税额，在所在地就地缴纳，从而避免汇总纳税制度下税收的跨地区转移，均衡地区间的收入利益，以使石油企业更好地取得地方政府的支持。

3. 资源税费改革

（1）建立资源税收入与资源品价格相关联的弹性机制。将国际市场的原油价格作为计征石油资源税的依据，计征方式由从量计征改为从价计征，从机制上解决现行石油资源税税额变化与石油价格变化脱钩的问题。通过建立资源税收入与资源品价格相关联的弹性机制，加大政府对资源品溢价收入的调节力度。在油价上涨时，加大国家参与溢价收入分配的力度，防止石油资源收益的外溢；在油价下跌时，降低石油企业的税收成本。

（2）完善资源税的计税依据和费率标准。开征资源税除了要体现国家作为资源所有者的权益之外，更主要是为了提高资源的使用效率，调节由于资源条件差异所造成的开发资源级差收益。而前文已述现行石油资源税制中并没有鼓励劣等资源开发的政策，资源税课税标准是按各大油区的主力油田确定的，没有考虑每个油区既有优质储量也有难动用储量的情况。建议按照“普遍征收，级差调节”的原则，依据资源赋存状况、开采条件、资源等级、地理位置等客观条件的差异规定不同幅度税额，并为每一个课税矿区规定适用税率。对不同开发时期、不同资源禀赋、不同油品产量的油田设置的不同费率，可根据石油企业的税负情况以及国家对石油企业宏观调控的实际需要加以研究确定。我国可以借鉴国外经验，对边际油田、即将失去商业价值的含油区块、稠油、高凝油、三次采油等实行减免税优惠。通过建立级差税率制以及税费减免，可以将不经济储量转为经济储量，促进边际石油资源的开发，增加国内石油产量，减少对国际石油市场的依赖。

资源税和矿产资源补偿费不能简单的合二为一，两者之间具有诸多不同之处：一是性质不同。补偿费是国家凭借其对矿产资源的所有权征收的，是国有资源的合法收益，体现的是所有者的收益权；资源税是国家凭借其行政权力征收的，具有强制性、无偿性、固定性的特征，体现国家公共管理职能。二是立法目的和征收方式不同。《矿产资源补偿费征收管理规定》明确补偿费的立法目的是“保障和促进矿产资源勘查、保护和合理开发，维护国家对矿产资源的财产权益”；《中华人民共和国资源税暂行条例》明确的资源税的立法目的是“调节矿山企业级差收入，筹集财政资金”。三是征收机关不同。一个由资源主管部门征收；一个由税务部门负责征收。四是分配形式和使用管理不同。补偿费中央与地方按固定比例（5:5 或 4:6）进行分成，专项用于矿产资源的勘查开发与保护；资源税除了海上石油外，其他全部归地方所有，用于平衡预算支出。可见，资源税和补偿费将在各自领域内发挥各自的功能和作用，二者不能偏废，但应进行改革和完善。

但是，矿区使用费的存在意义就得另当别论。区别内外资，制定不同的税收政策，给外资企业一定的财政、税收优惠，对扩大对外开放、引进外资、促进我国国民经济和社会的发展发挥了重要作用。但随着国民经济持续快速发展，特别是中国加入 WTO 后，这种内外资企业不同税费制度的弊端日益显现，要求统一内外资税收制度的呼声日益高涨。统一各类油气企业资源税制度，取消对开采海洋油气的中外企业和中外合作开采陆上油气的企业征收的矿区使用费，统一征收资源税和矿产资源补偿费是十分必要的。

4. 石油特别收益金制度改革

针对前面提到的征收石油特别收益金所产生的一系列问题，可将石油特别收益金逐步过渡为按所得税的方式征收，在对石油企业征收一般所得税的同时，再征收一道特别所得税，既有利于实现国家对石油企业超额收益的调控目的，也有利于石油企业运用所得税的成本补偿和亏损弥补机制，以应对低品位油气资源开采和国际原油下跌所带来的收益变动风险。同时，对石油企业征收特别所得税也是许多国家的通行做法，符合国际惯例。

5. 其他财税政策调整的建议

加强勘探，合理开发，实现老区稳产、新区增储上产，保持原油产量稳定增长，是贯彻石油行业“立足国内”发展战略的重点。税收政策应围绕这一发展战略重点进行必要调整。

（1）加大对石油勘探开发投入的支持力度。

第一，完善油气田勘探开发投入的税务处理方法。现行税法对于石油企业的开发投入的课税没有严格划分有形资产或无形资产，均以油（气）田为单位，全部累计作为资本支出，从开始商业性生产取得的收入中分期折旧（摊销）。这在一定程度上不利于石油企业发生的开发费用及时通过税前扣除的方式得以补偿。从降低企业资金成本、提升企业积累能力的角度考虑，可允许企业将对油气田的开发投入分为有形设备成本和无形钻井成本，对有形设备成本作为资本化投资，按照规定年限进行折旧，而对无形钻井成本，可以由企业在分期摊销和费用化计入成本这两种方法中进行选择，从而更好地兼顾不同石油企业的实际情况，对开发投入进行合理的税务处理。

第二，完善勘探开发所需关键设备的税务处理政策。对采油井、采气井、注水井以及三次采油等提高采收率的关键设备，按照单位产量法计提折旧，对其他辅助生产设备采用年限法计提折旧。同时，还可以考虑借鉴目前在东北老工业基地实施的固定资产加速折旧政策，对石油企业用于勘探开发的关键设备，可在现行折旧年限规定的基础上，按照一定比例缩短折旧年限，或者可采取年数总和法与双倍余额递减法实行加速折旧。此外，对于勘探开发所需进口的关键设备，可给予免征或减征进口增值税、关税的优惠。

（2）加大对新区勘探风险防范的支持力度。由于新区勘探的投入高、难度大且具有较强的风险性，有必要进一步突出对新区勘探风险防范的税收政策支持。可考虑允许石油企业对新区勘探所发生的损失适当延长亏损弥补年限，或者用勘探所属期间企业实现的所得弥补。不足弥补的，可以在勘探活动结束后的5年内抵补，从而增强企业防范和消化风险的能力，促进新区的勘探开发。

（3）加大对老油田挖潜增产的支持力度。目前，我国有不少主力油田都已相继进入高含水后期开采阶段，进一步挖潜增产的要求更为迫切，国家有必要运用税收的手段予以一定的支持。对达到经济极限含水和极限产量的老油田，制定专门的尾矿税收政策，对其超过极限产量或可采储量的部分给予一定的减征或免征资源税和矿产资源补偿费的优惠，以提高企业挖潜增产的积极性，延长老油田的有效开采期。

（4）加大对难采储量以及非常规石油资源勘探开发的支持力度。目前，我国已探明石油地质储量中，近一半是低品位储量。低品位资源开采的技术难题多，工艺要求高，资金投入大。世界上各产油国为了充分开发和利用各种石油资源，均对一些难以开采的油藏采取相应的税收优惠政策，以利于提高石油资源的动用程度。因此我国现行税制在制定税收政策时，应当充分考虑油藏类型、开采工艺技术和成本差别，改变一刀切的石油税制。在税收政策上对于从事这类石油资源开采活动，予以一定的差别对待，充分调动企业开采外围边际油田及稠油、高凝固油的积极性，提高难采储量以及非常规石油资源的开发利用率，以保障我国原油增产稳产。对开采边际油田、稠油、高凝油、三次采油、油页岩、油砂等石油资源勘探开发活动，可以给予一定的投资抵免政策，对其关键设备的投入可比照环保、节能项目专用设备投资，按一定比例实行税额抵免。同时，进一步完善促进油气田企业资源综合利用的税收政策，对企业综合利用资源开采石油所取得的收入，如使用自己生产的再生水回注油层开采的石油，减按90%计入应纳税所得额等。

（5）加大对技术创新和人才引进的政策倾斜。无论是对新油田的勘探，还是对老油田的挖潜，随着我国石油勘探的不断深入，剩余石油资源赋存条件日趋复杂，石油丰度相对下降，石油勘探开发难度不断加大，勘探开发对象对技术工艺的要求也就越来越高。过去研发并推广应用的一些理论技术，目前已不能完全适应勘探开发需要，特别是在一些关键性、瓶颈性、前沿性问题上，如在老油田二次开发、稠油蒸汽驱、高效动用砂砾岩、滩坝砂等低渗透油藏及海上油田开发等方面，科技滞后于生产力发展，限制了资源的发现程度和转化速度。此外，专家经验在石油勘探开发领域也体现得尤为重要，特别是前期的勘查、寻找并探明储量环节，不同的专家根据自身的经验会做出不同的判断和结论，这将直接影响到后期的开发和利用。因此，下大力气解决制约油气勘探开发的地质认识问题、技术瓶颈问题和工艺升级问题，切实提高科技和人才对生产的贡献率，增强隐蔽油藏勘探开发能力，是我们制定政策过程中必须要考虑的重要因素之一。

参考文献

References

[1] 国家发展和改革委员会能源局．能源法律法规政策文件汇编．北京：中国经济出版社，2006

[2] 张耀仓,黄振中．中国石油天然气使用法律法规汇编．北京：中国石化出版社，2008

[3] 国土资源部信息中心．2008 年国土资源形势分析报告．北京：地质出版社，2009

[4] 国土资源部油气资源战略研究中心．新一轮全国油气资源评价．北京：大地出版社，2009

[5] 国土资源部咨询研究中心，国土资源管理相关问题研究．北京：全国地质图书馆，2006

[6] 国土资源部．美国内政部考察报告．北京：全国地质图书馆，2004

[7] 国土资源部油气资源战略研究中心．油气矿产资源勘查开发战略研究，2007

[8] 中国石油集团经济技术研究院．2008 年国内外油气行业发展报告，2009

[9] 国土资源部信息中心．世界主要国家能源供需现状和政策分析．北京：地质出版社，2008

[10] 卜善祥．国内外自然资源管理体制与发展趋势．北京：大地出版社，2005

[11] 王丹．中国石油产业发展路径——寡占竞争与规制．北京：中国社会科学出版社，2007

[12] 李润生等．石油与监管．北京：石油工业版社，2002

[13] 胡健等．油气资源开发与西部区域经济协调发展战略研究．北京：科学出版社，2007

[14] 张抗．中国和世界地缘油气．北京：地质出版社，2009

[15] 赵贤正等．中国石油勘探持续有效发展的 10 年．北京：石油工业出版社，2009

[16] 李润生等．当代中国石油产业（1986－2005）．北京：当代中国出版社，2008

[17] 李小地,张永峰．中美石油生产与消费历史对比研究．北京：地质出版社，2007

[18] 冯连勇,陈大恩．国际石油经济学．北京：石油工业出版社，2009

[19] 吕贻峰．国土资源学．中国地质大学出版社，2001

[20] 陈建宏,古德生．矿业经济学．长沙：中南大学出版社，2007

[21] 邢立亭等．矿产资源开发利用与规划．武汉：冶金工业出版社，2008

[22] 埃森哲．转型期的大公司变局——国家石油公司与国际石油公司关系未来走向．中国石油企

业，2007（6）

[23] 何金祥．WTO 与中国矿产资源管理．北京：大地出版社，2006

[24] 傅英等．矿产资源法修订理论研究与制度设计．北京：大地出版社，2006

[25] 汪玉凯等．中国行政体制改革 30 年回顾与展望．北京：人民出版社，2008

[26] [美] 约瑟夫．P. 托梅因．美国能源法．北京：法律出版社，2008

[27] 清华大学环境资源与能源法研究中心．中国能源法（草案）专家建议稿与说明．北京：清华大学出版社，2008

[28] 蒋文君主编．矿业权交易法律实务操作指南．北京：中国法制出版社，2009

[29] 李晓峰．中国矿业法律制度与操作实务．北京：法律出版社，2007

[30] 张勇编著．能源资源法律制度研究．北京：中国时代经济出版社，2007

[31] 傅英等著．矿产资源法修订理论研究与制度设计．北京：中国大地出版社，2006

[32] 王卫国著．中国土地权力研究．北京：中国政法大学出版社，1997

[33] 杨维兴，关凤峻等编著．矿业权与土地使用权制度比较研究．北京：科学普及出版社，2006

[34] 宋国明．加拿大国土资源与产业管理．北京：地质出版社，2005

[35] 何金祥，李茂编著．美国国土资源与产业管理．北京：地质出版社，2007

[36] 美国．Oil & Gas，历年（1990－2008）

[37] 美国地质调查局（USGS）．世界油气资源评价，历年（1990－2008）

[38] 张秋明．俄罗斯的能源政策及其对全球能源市场的影响．能源政策，2006（7）

[39] 陈小沁．俄罗斯能源战略演进的历史脉络．教学与研究，2006（10）

[40] 王和平，魏来佳．主要发达国家石油政策．中国能源，2006（5）

[41] 唐宇华．沙特阿拉伯的经济发展与石油政策．西亚非洲，1987（2）

[42] 马秀卿．沙特阿拉伯的石油跨国经营战略．国际石油经济，1993（3）

[43] 刘波．论能源危机后西方外交石油政策的调整．河南大学学报，1996（2）

[44] 陈悠久．论欧佩克的石油政策及其发展趋势．国际贸易问题，1988（07）

[45] 刘明．美国、日本和欧盟的石油政策和能源战略．中国能源，2001（8）

[46] 白雪华．美国和欧盟的能源政策及其启示．国土资源，2004（11）

[47] 廖英敏．美国联邦政府的石油政策．中国金融，2004（23）

[48] 竹俊．美国能源政策的变化及对我国的影响和启示．宝鸡文理学院学报，2007（1）

[49] 张彬,左晖．美国石油多元化政策与中美石油关系．世界经济研究，2007（8）

[50] 刘顺鸿．美国石油政策：市场化及其有效性．云南师范大学学报，2006（2）

[51] 张西乾．尼日利亚石油财税政策浅析．石油地质与工程，2007（4）

[52] 张焱,杨朝红．尼日利亚石油政策的变化．国际石油经济，1993（1）

[53] 单卫国．欧佩克对油价的影响力及其政策取向．国际石油经济，2000（1）

[54] 付庆云．委内瑞拉能源新政策．国土资源情报，2001（9）
[55] 卢向前，刘兵，朱跃中，雪桐编译．新形势下的美国能源发展战略．国际石油经济，1998（6）
[56] 彭飞鸽等．我国国油气资源有偿使用制度研究的新进展．西安石油大学学报，2009（2）
[57] 吴磊．中国的石油安全与中东五大产油国的石油政策．西亚非洲，2002（2）
[58] 刘立力．中国石油发展战略研究．石油大学学报，2004（1）
[59] 董式庄．中外石油政策的对比分析．石油科技论坛，1997（3）
[60] 刘明．主要产油国和消费国的石油政策．国际石油经济，2001（1）
[61] 李富兵，车长波等．中国石油上游市场发展趋势分析．中国矿业，2008（6）
[62] 车长波，杨虎林等．中国石油上游市场化探索．焦点透视，2005（12）
[63] 范黎，王舒曼．对地下资源产权的探讨．资源法学，2002（4）
[64] 刘晓男．略论矿业权和土地使用权的关系．西安石油大学学报，2008（4）
[65] 王赞新．矿业权市场与矿产资源可持续发展——国际经验与中国对策．资源与产业，2007（3）
[66] 袭燕燕．关于我国矿业用地取得制度构建的思考．资源行政管理与法制建设，2004（12）
[67] 杨新建．我国矿业权制度建设中存在的问题及改革方向．中国地质矿产经济，2003（2）
[68] 杨德栋，牛海霞．矿业权取得和流转遇到的法律性问题分析．资源行政管理与法制建设，2006（11）
[69] 骆云中等．我国现行矿业用地制度存在的问题及其对策．资源科学，2004（3）
[70] 孙习稳，李晓妹．探矿权、采矿权与相关土地权利关系法律调整．中国土地，2003（4）
[71] 李寿武．我国油气资源矿权制度中存在的问题及完善对策．技术经济与管理研究，2009（2）
[72] 韩洪今，韩明今．论矿业权与土地上相关权利群的关系．理论探索，2006（11）
[73] 马健，杨爱丽．垄断竞争格局——经济开发我国油气资源．特区经济，2007（12）
[74] 潘继平，张应红．我国油气资源管理改革探讨．国际石油经济，2007（2）
[75] 岳来群．我国油气资源管理的基本框架及改革方向．国家石油经济，2008（2）
[76] 周进生、陈晨．国内外矿业权比较及改进建议．中国矿业，2008（9）
[77] 胡健等．世界各国油气矿权制度与矿权收益的比较分析——兼论对我国建立油气矿权制度的启示．西安石油大学学报，2004（4）
[78] 王金洲．我国现行矿业权制度与矿业用地制度的冲突及其对策．长江大学学报，2006（3）
[79] 孙宏涛，高健．空间权理论在矿业权中的应用和创新——论我国应当建立区分矿业权和矿区役权制度．广西政法管理干部学院学报，2006（2）
[80] 陈元千．储量评审工作改革之路．石油科技论坛，2003（5）
[81] 赵亚利，卜小平．我国矿业权评估业存在的问题及对策．资源产业经济，2007（7）

后　记
Postscript

本书是国务院发展研究中心资源与环境政策研究所上述承担课题的研究成果之一，主要执笔人和各自负责的内容为：郭焦锋（课题执行人，负责课题总体设计，本书总报告、第一章、第三章部分、第四章部分、第六章的执笔人）、洪涛（负责管理体制、国际经验部分，本书第二章、第四章部分、第五章部分的执笔人）、武旭（负责流通体制与部分财税政策，本书第三章部分、第四章部分、第五章部分的执笔人）。

在“我国石油资源合理开发利用的体制和政策研究”课题研究报告初稿完成后，得到了国家能源局石油天然气司司长张玉清、国务院发展研究中心社会发展研究部研究员林家彬等专家学者的批评指正，课题组在此表示衷心感谢。

参加本课题研究的还有谭敦阳、张涛、尚宇、李莹莹、马之巽等，在本书出版之际向他们表示感谢。

深化我国石油上游领域改革是一项复杂、艰巨的任务，需要更多的有识之士躬身其中。我们期待国家的石油资源得到最优化的合理配置与开发利用。

国务院发展研究中心资源与环境政策研究所

“我国石油资源合理开发利用的体制和政策研究”课题组

2010 年 6 月 18 日